中小学运动场地管理与实务

谢玉清　著

山东大学出版社
SHANDONG UNIVERSITY PRESS
·济南·

图书在版编目(CIP)数据

中小学运动场地管理与实务 / 谢玉清著. —济南：山东大学出版社，2022.7

ISBN 978-7-5607-7617-0

Ⅰ. ①中… Ⅱ. ①谢… Ⅲ. ①体育运动—场地—运营管理—中小学 Ⅳ. ①G637.6

中国版本图书馆 CIP 数据核字(2022)第 166566 号

策划编辑 张韶明
责任编辑 李昭辉
封面设计 王秋忆

中小学运动场地管理与实务

ZHONGXIAOXUE YUNDONG CHANGDI GUANLI YU SHIWU

出版发行 山东大学出版社
社 址 山东省济南市山大南路 20 号
邮政编码 250100
发行热线 (0531)88363008
经 销 新华书店
印 刷 山东和平商务有限公司
规 格 787 毫米×1092 毫米 1/16
12.25 印张 243 千字
版 次 2022 年 7 月第 1 版
印 次 2022 年 7 月第 1 次印刷
定 价 60.00 元

前 言

中小学运动场地是保证师生开展日常体育教学、竞技性比赛训练及相关课外活动的物质基础，但总的来看，目前我国现有的中小学运动场地设施还难以满足广大中小学师生的使用需求，主要表现在硬件建设不规范、不符合标准，尚未建立科学、系统的日常管理制度体系等方面。这不仅对提升广大中小学的教学硬件水平构成了阻碍，也不利于中小学师生身体素质的提高，难以达成让广大中小学生德、智、体、美、劳全面发展的教育教学目标。

基于此，笔者专门编写了本书，旨在为各类中小学建设运动场地并将其投入使用提供一定的借鉴和指导。本书主要分管理和实务两大部分，分别从设计、选材、建设、监理、检测与认证、维护与保养等方面进行了论述，详细地向读者介绍了中小学运动场地的布局设计、基本丈量、点位线计算、排水设计、安全设计、材料生产质控、施工现场的组织布置、施工现场的技术管理和质量管理、施工现场的进度管理和合同管理、施工现场的安全管理和环境管理等方面的内容。为方便读者理解和实际运用，书中配有多幅运动场地设计施工线图，并在图中对相关的数据进行了标注。

本书是基于笔者多年的中小学运动场地建设与管理经验，在参考了大量相关资料与案例的基础上编写而成的。由于笔者的水平所限，再加上编写时间较为仓促，书中的不足之处在所难免，在此敬请广大读者予以批评指正。

谢玉清

2022 年 5 月

目　录

第一章　中小学运动场地的设计

第一节　设计原则及要求

中小学运动场地的设计具有非常强的专业性，但目前来看，各省、市的多数设计院在设计中小学运动场地时，都是以工民建设计为主，拥有专业体育场地设计人员的设计院很少。中小学运动场地中的很多问题来自设计方面，一些从业人员的专业水平也有待提高。为此，笔者整理了一些关于设计的基本要求，供大家参考。

一、田径运动场地的演变过程

田径运动场地经过了很长时间的发展，才演变为目前国际上普遍认可的标准场地样式。田径运动场地曾使用过的形状有很多，其中包括马蹄形田径运动场地、四角式田径运动场地、三圆心式田径运动场地等，后来出现的半圆式跑道的内凸沿半径为 36 m，周长为 400 m，这种类型的场地一直被认为是最符合人体力学原理的跑道形式，直到后来出现了半径为 37.898 m 的半圆式 400 m 场地，以及目前使用的半径为 36.50 m 的半圆式 400 m场地。目前国际上普遍认可半径为 36.50 m 的半圆式 400 m 场地，此种形式的田径运动场地更有利于运动员的发挥。

随着科学技术的不断革新，以及人们对于运动及人体力学方面的研究不断取得新的进展，相信在不久的将来，经过专业性技术研究，田径运动场地的结构和形式也会不断变化。也就是说，田径运动场地将更有利于运动员的发挥，使人类创造一个个崭新的运动纪录。因此，未来的田径运动场地设计规则将会更加科学。

二、田径运动场地的设计原则

田径运动场地的设计原则有以下两点：

第一，田径运动场地应按照国际田径协会联合会颁发的《田径场地设施标准手册》（以下简称《标准手册》）和《田径竞赛规则》（以下简称《规则》）中对田径运动场地设施的各项要求进行设计。

第二，田径运动场地的设计和布局应最大限度地利用场地，既要满足径赛项目和田赛项目同时进行比赛的要求，同时也要在保证安全的情况下满足各项比赛的要求。

三、田径运动场地的设计要求

田径运动场地的设计要求有以下两点：

第一，在设计上，田径运动场地应合理设置各比赛项目的运动区域，各项田赛项目运动区域应布置在跑道外侧及两弯道内侧至足球场两端线之间的半圆区内。很多项目的投掷落地区可以放在足球场内，且不得影响跑道上项目的进行。

第二，对于比赛中场地内各种设备设施的设计，应严格执行相关技术标准，包括通信、供电、供水等管线和装置，以及打好场地基准桩等。

第二节 田径运动场地布局设计

田径运动场地包括田赛场地和径赛场地。

一、田赛场地平面布局设计

（一）田赛场地平面布局原则

田赛场地平面布局原则有以下几点：

(1)田径场地中比赛项目繁多，进行项目设计时必须保证运动员的安全。

(2)跑道外侧四周应留有不少于 1 m 宽的安全空地，在此范围内不应有任何障碍物。

(3)其场地方向应背向或侧向太阳光线，并侧向当地的季候风。

(4)根据体育场的综合使用性质，充分利用场地空地，统筹考虑进行布置。

(5)投掷距离：一般比赛按超过全国纪录 2 m 考虑，重大比赛按超过世界纪录 2 m 考虑。

下图所示是一个 400 m 标准田径场的布局设计和尺寸的平面图，供读者参考（见图 1.2.1）。

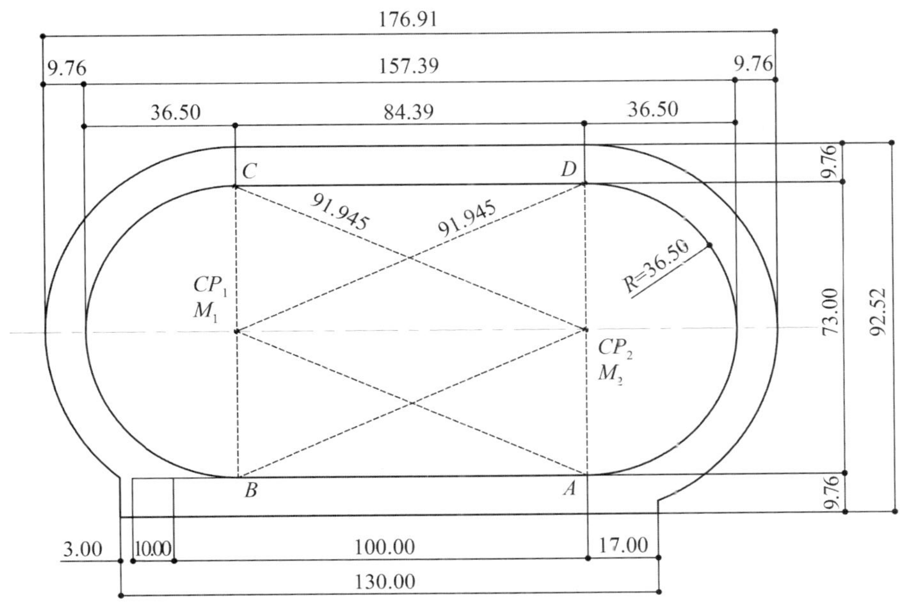

图 1.2.1　400 m 标准田径场的布局设计和尺寸(单位:m)

(二)田赛场地的布局形式

在田径场地的布局中,径赛场地及其他设施的位置相对来说比较固定,而田赛几个项目的场地位置安排却是一项变化较多又比较复杂细致的工作。目前田径场地主要有以下几种布置形式。

1.跳高场地

跳高场地一般布置在竞赛场道的半圆区内。由于跳高架和落地垫可任意移动,因此设置的助跑场地坡度不应超过 1/250,半圆形助跑道的半径至少为 20 m(在大型比赛中不短于 20 m 或 25 m),满足这些条件即符合使用要求,允许在任何一个方向上助跑。

跳高场地应布置两块,场地条件应尽量相等。为了保证跳高运动员的安全,落地垫应采用既可吸收高处落下的运动员的冲击能量,又能在重压后迅速恢复形状的垫子,且应定期检查。

2.撑竿跳高场地

在撑竿跳高运动中,要想保证安全,相当重要的一点是落地垫应既可吸收高处落下的运动员的冲击能量,又能在重压后迅速恢复形状。应定期检查落地垫的状况,立柱安装应不易倾斜。插斗在不用时,要用一块与地面水平的板覆盖。

3.跳远场地

跳远场地一般布置在东跑道或西跑道的外侧,由于西跑道布置了 100 m 跑等项目的起点和各竞赛项目的终点，使用频率较高，而跳远场地也是使用频率较高的场地，因此为了避免人员过于集中，如无特殊要求，最好将跳远场地布置在东跑道外侧。对于专用田径场，也可将其布置在东、西跑道的内侧。

4.三级跳远场地

除了需要可移动起跳板，三级跳远基本与跳远项目使用相同的场地。

5.标枪投掷场地

标枪投掷场地可根据需要灵活地安排使用。标枪投掷落地区白色标志线外 2.00 m 为安全区。

标枪投掷落地区表面应平整柔软，保证裁判员可以清楚地判断器材的第一落点。落地区表面可以阻止器材反弹，避免测量点痕迹被抹除。除此之外，分界线沿圆心与投掷弧和助跑道标志线交叉处连线的延长线画定。落地区分界标志线的长度根据比赛水平而定。

为了保证安全，在半圆区域与弯道之间，必须保证可移动的凸沿周围地带是平坦过渡区。护笼的设置与安装对掷标枪设施的安全至关重要。必须保证落地区的中轴与网的开口中心的正确相对位置。为保证安全，在投掷时，不允许有人进入危险区。因此，建议在落地区线外至少 1.00 m 处建立附加隔离栅，这样也能阻挡飞行的标枪。每次比赛前都要检查护笼，以保证安装正确、状态良好。在训练、进行准备活动和比赛时，都必须正确地使用护笼。

6.铁饼投掷场地

铁饼投掷场地一般布置两处，在南、北竞赛跑道半圆区内相向布置。在运动场地的扇形半圆区内，铁饼投掷场地最好布置在东侧，因为西侧靠近百米起跑线和终点线，应避免造成人员的交叉干扰。铁饼和链球投掷场地可根据具体情况布置，可分开布置，也可重叠布置。

掷铁饼落地区无论采用何种材料铺设，都应保证其平整度，比如种植草坪或铺设其他适宜的柔软材料，以保证裁判员可以清楚地判断器材的第一落点。落地区表面可以阻止器材反弹，避免测量点痕迹被抹除。

掷铁饼护笼的设置与安装对掷铁饼设施的安全至关重要，必须保证落地区的中轴与网的开口中心的正确相对位置。为保证安全，在投掷时，不允许有人进入危险区。因此，建议在落地区线外至少 1.00 m 处建立附加隔离栅，其也可阻挡滚滑的铁饼。每次比赛前都要检查护笼，以保证安装正确、状态良好。在训练、进行准备活动和比赛时，都必须正确地使用护笼。

7.链球投掷场地

链球投掷场地投掷圈环内圈必须漆成白色，如果环的顶部已漆成白色，那么必须将表示圈后部的0.05 m宽的白线用其他显著的颜色延伸越过环。推铅球投掷圈也可以用作掷链球投掷圈(不安装抵趾板)。掷链球混凝土投掷圈的表面应该比掷铁饼投掷圈的表面略微光滑。当二者共用一个投掷圈时,需要相互让步,采用折中方案。

链球投掷场地必须设有掷链球护笼,按照《标准手册》对竞赛设施规格的要求正确安装和操作。必要保护设施的安装和固定应与投掷圈的建造共同进行,具体规定以现行的国际田联竞赛规则为标准。

掷链球落地区无论采用何种材料铺设,都应保证其平整度,比如种植草坪或铺设其他适宜的柔软材料,以保证裁判员可以清楚地判断器材的第一落点。落地区表面可以阻止器材反弹,避免测量点痕迹被抹除。

掷链球设施的安全方面,掷链球护笼的设置与安装对掷链球设施的安全至关重要。必须保证落地区的中轴与网的开口中心的正确相对位置。为保证安全,在投掷时不允许有人进入危险区。因此,建议在落地区线外至少1.00 m处建立附加隔离栅,其也可阻挡滚滑的链球。每次比赛前都要检查护笼,以保证安装正确、状态良好。在训练、进行准备活动和比赛时,都必须正确地使用护笼。

8.铅球投掷场地

铅球投掷场地的位置有两种选择:如田径场中间设足球场并使用频繁,则铅球落地区应布置在半圆区内;如田径场中间不设足球场或使用不频繁,则铅球落地区可布置在足球场的端区。铅球投掷圈的位置取决于其他田赛项目设施的设置,一般位于半圆区域内;落地区一般位于跑道内侧的草地上。

铁饼投掷圈的标准一般都适用于铅球投掷圈,推铅球落地区的设置要求与掷铁饼落地区的设置要求一致。推铅球落地区无论采用何种材料铺设,都应保证平整度,比如种植草坪或铺设其他适宜的柔软材料,以保证裁判员可以清楚地判断器材的第一落点。落地区表面可以阻止器材反弹,避免测量点痕迹被抹除。为保证安全,投掷时要禁止他人进入落地区。

二、径赛场地平面布局设计

(一)径赛场地布局设计类型

径赛场地跑道的设计有多种形式。大量研究表明,半圆式跑道比较科学,因为弯道只有一个圆心,便于运动员掌握转弯时的重心,有利于提高成绩。其他类型的跑道目前已不作为正式比赛用跑道使用。

（二）径赛场地布局设计要求

1.跑道的周长

《标准手册》规定，椭圆跑道的尺寸要按照其他项目的需要而定。椭圆跑道中的直道和障碍赛跑跑道一体化后，纵向倾斜度在某些地方会升高。尽管 400 m 跑道有很多种布置方法，但是国际田联建立统一标准的目的不仅是提高成绩的可靠性，使场地更适于比赛和为所有的运动员创造必要的公平条件，而且还在于从原则上简化设施的建设、检测和认证程序。

2.径赛场弯道半径的确定

世界各国曾采用不同半径的跑道。美国的一些专家提出，弯道和直道的比例应为 1∶1（即 400 m 跑道，弯道和直道各 200 m），其半径当为 35 m 左右；日本田联推荐半径为 37.898 m（直道 80 m）的田径场为标准设计；德国的一些专家则推荐半径为 36.50 m 的田径场为标准设计。目前，半径为 36.50 m 的田径场在世界各地应用较为普遍。各国田径场弯道半径习惯取值如表 1.2.1 所示。

表 1.2.1　各国田径场弯道半径习惯取值

国别	场地	弯道半径习惯取值
中国	国家体育馆（“鸟巢”）	36.5 m
中国	北京工人体育场	36 m
日本	东京 1958 年亚运会	37.898 m
日本	第十二届奥运会	36.5 m
美国	400 m 标准场	32.31 m
美国	400 m 标准场	33.5 m
德国	400 m 标准场	36.5 m
英国	400 m 标准场	36.5 m

3.径赛场地弯道半径大小

《标准手册》对径赛场地“标准跑道”的弯道半径大小有明确的规定：产生世界纪录的跑道，其外道半径不得大于 50.00 m。弯道半径的大小对运动员的竞赛成绩有很大影响，主要是跑进弯道时，运动员身体的倾斜度和离心作用对速度有很大的影响。

运动员在跑道上跑动时，遇到跑道弯道部分，身体会自然地向内侧（圆心）倾斜，以克服弯道的离心作用。相关角度可以用下式计算出来：

$$\tan\alpha = \frac{v^2}{rg} \tag{1.2.1}$$

式中，α 为身体内倾角；v 为跑进弯道的平均速度，一般为 9 m/s；r 为弯道半径；g 为重力加速度，一般取 9.8 m/s^2。

根据公式 2.1，不同半径的不同内倾角如表 1.2.2 所示。

表 1.2.2　不同半径的不同内倾角

弯道半径	运动员身体的内倾角
15 m	28°
20 m	22°
30 m	15°
36 m	13°
37.898 m	12°

从表 1.2.2 可以看出，弯道半径的大小对运动成绩有一定的影响。相对说来，在一定范围内，弯道半径大有利于提高运动成绩。另外，以质量为单位，运动员通过弯道时的离心作用 C 最大不得超过 21 kg(约合 206 N)，相关公式如下：

$$C=\frac{v^2Q}{Rg} \tag{1.2.2}$$

式中，v 为运动员的速度(最大一般为 10 m/s)；R 为弯道半径，单位为米(m)；Q 为运动员体重，一般取 75 kg；g 为重力加速度，一般取 9.8 m/s^2。

综上所述，我们认为田径场弯道半径以 36～38 m 为宜。

4.径赛场地弯道长度的计算

跑道第一道(最里圈)的长度是以离开跑道牙内缘 0.30 m 为准计算的，因此跑道第一道中，弯道的长度计算公式为：

$$C_1=2\pi(R+0.30) \tag{1.2.3}$$

将 $R=36.50$ m 代入，得弯道第一道路线的一周总长，即 $C_1=2\times3.1416\times(36.50\text{ m}+0.30\text{ m})=231.22$ m。

弯道第二道路线以及外圈其他各条跑道的长度，都是以离开该条跑道左边分道线 0.20 m为准计算的。实际计算时，是以其相邻里圈一条跑道的长度为基础，然后累加外圈各条跑道长度增加的数值。

5.径赛场地跑道的道次和道宽

跑道的直道部分可根据需要设多条分道。考虑到第一条跑道经常重复使用，损坏的可能性最大，因此在直道项目比赛时可以不使用第一道，以减少第一道的损坏程度。

目前《标准手册》中规定，跑道的宽度应为 1.22 m。

6.直道的长度与缓冲区

为了满足 100 m 和 110 m 栏的比赛要求，需要在起点处增设运动员、裁判员的活动余地，在终点处增设运动员的缓冲地带。因此，应在两条直道的两端分别延长 30～40 m。同时，东西两侧都要设直线跑道，增加安排比赛和训练的选择余地，这样使用起来比较方便。

日本有些体育场地只安排西面为直跑道区，而且没有将直线跑道引至缓冲区。这种安排的优点是占地面积小，节约投资。3 万座位以下的体育场可考虑此种类型的布局方法。

7.跑道的倾斜度

《标准手册》规定，400 m 标准跑道的凸沿自始至终必须水平铺设，跑道的纵向倾斜度不超过 1/1000，横向倾斜度不超过 1/100。建议在设计时横向倾斜度略小于 1/100，以保证出现建造误差时倾斜度也不超过 1/100，部分跑道的倾斜度可有误差。相对来说，跑道宜向内倾斜，这样有助于运动员克服弯道离心作用而提高成绩。

8.障碍赛跑设栏和水池

根据《规则》的规定，3000 m 障碍赛跑水池的布置有三种方案：第一种是布置在北弯道外侧；第二种是布置在北弯道内侧；第三种是布置在北弯道内侧，但水池障碍道为直道。

下面介绍三种田径场障碍赛跑的场地设计：

(1)水池在北弯道外侧的跑道设计：在场地长轴线上跑 400 m，离标准跑道北弯道圆心 8 m 处作为 3000 m 障碍赛北弯道的圆心。以 36 m 为半径画弧，并与东、西两直跑道的延长线相交，其一圈 3000 m 障碍赛的长度为 400 m＋2×8 m＝416 m，全程需跑 7 圈另外附加 88 m。这种方案的优点是水池设在场外，不影响半圆弧内其他田赛项目的场地布局，缺点是占地面积大。

(2)水池在北弯道内侧的跑道设计：利用 400 m 标准跑道的最里圈路线，分别从东北角和西北角的直跑道和弯道的交界线起，向北弯道丈量 9.50 m 长的弧线(若丈量内跑道道牙内沿则为 9.40 m)，取得 A、B 两点；然后以场地纵轴线上距弯跑道圆心 10.48 m 处为圆心，40 m 长为半径画弧，得该弯道弧度为 120°54′，弧长为 85.04 m。其 3000 m 障碍赛的跑道每圈长度为 85.04 m＋2×9.50 m＋2×85.09 m＋114.04 m＝390 m，全程需跑 7 圈，另外附加 270 m。

(3)第三种设计是将水池障碍道设计为直道，其优点是运动员在过水池前有一段直线加速距离，有利于运动员提高成绩。需要注意的是，障碍水池必须设在距长轴线前 2.50 m以上的位置，以免影响标枪助跑道的位置。

按田径规则规定，3000 m 障碍赛跑全程须越过 28 次栏架和 7 次水池，共 35 个障碍物。水池为起跑后的第 4 个障碍物，各障碍物之间的距离约为一圈标准长度的五分之一。具体选择哪种布置方式，应根据场地的几何形状灵活掌握。

9.径赛场地终点

径赛场地终点设在西直跑道南边与弯道的分界线处。另外，在东直跑道北边与弯道的分界线上可设第二终点以备用。

各项目的起跑点位置及国际标记见《标准手册》。

三、田径运动场地设计实例

(一)国家体育场("鸟巢")

我国的国家体育场(见图 1.2.2)位于首都北京，在 2008 年举行了奥运会、残奥会开/闭幕式，田径比赛及足球比赛决赛。举办完奥运会之后，"鸟巢"作为综合性场所使用，也成了北京的大型地标性建筑之一。

图 1.2.2　国家体育场("鸟巢")

(二)国家奥林匹克体育中心田径场

在第 11 届亚运会期间，有 87 个项目在国家奥林匹克体育中心田径场(见图 1.2.3)举行。国家奥林匹克体育中心田径场占地 5 公顷，总建筑面积将近 30000 m^2。场内草坪由 9 种草混植而成，有 8 条 400 m 塑胶跑道。田径场以椭圆形比赛场为中心，四周环绕的高架桥宽敞美观。

图 1.2.3　国家奥林匹克体育中心田径场

（三）英国伦敦奥林匹克体育场

英国伦敦奥林匹克体育场（见图 1.2.4）因其构造形似一只大碗，故被昵称为“伦敦碗”。

图 1.2.4　英国伦敦奥林匹克体育场

（四）加拿大蒙特利尔的奥林匹克体育场

加拿大蒙特利尔的奥林匹克体育场（见图 1.2.5）中，矗立着一座高 175 m 的高塔，为目前世界上最高的倾斜建筑物。

图 1.2.5 加拿大蒙特利尔的奥林匹克体育场

（五）北京工人体育场田径场

北京工人体育场田径场（见图 1.2.6）是一座能容纳 8 万人的椭圆形体育场，是 20 世纪 50 年代北京的“十大建筑”之一，也是新中国第一届至第四届全国运动会的主会场。经过精心改建后，该场馆不但能满足亚运会的需要，还为举办奥运会创造了条件。

图 1.2.6　北京工人体育场田径场

（六）法国法兰西体育场

法国法兰西体育场（见图 1.2.7）位于法国巴黎市郊的圣但尼，曾是世界田径锦标赛的举办场地。

图 1.2.7　法国法兰西体育场

第三节 田径运动场地的基本丈量方法

一、丈量田径运动场地的基本依据

400 m标准跑道包括两个半径为36.50 m的半圆形跑道和与之相连的长度为84.389 m的两个直段。跑道内圈有一个高约0.05 m、宽至少为0.05 m的内凸沿(见图1.3.1)。

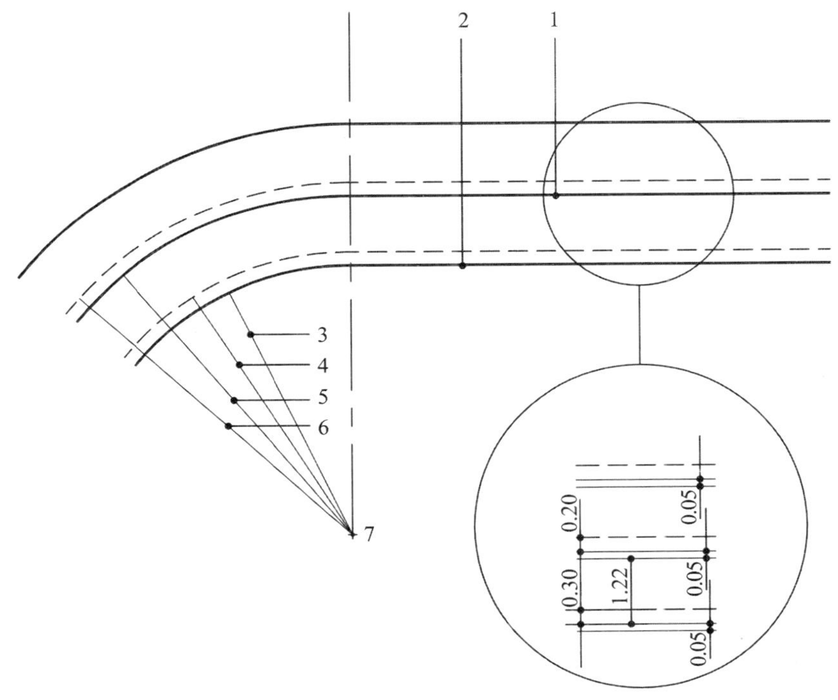

图1.3.1 400 m标准跑道的组成部分长度(单位:m)

1:分道线标记 2:凸沿 3:凸沿外侧(半径36.50 m) 4:第一跑道丈量线(半径36.80 m) 5:分道外沿(半径37.72 m) 6:第二道丈量线(半径37.92 m) 7:半圆圆心

(一)基准点

田径场设置有多个标准的固定点,在测量和划线时以此为基准,这些固定点称为"基准点"(见图1.3.2)。

在图1.3.2中,O、O'为南北两个半圆的圆心,A、B、C、D为直道和弯道交于内凸沿外侧上的分界点,E、F为O、O'的连线延长线与内凸沿的外沿交点。

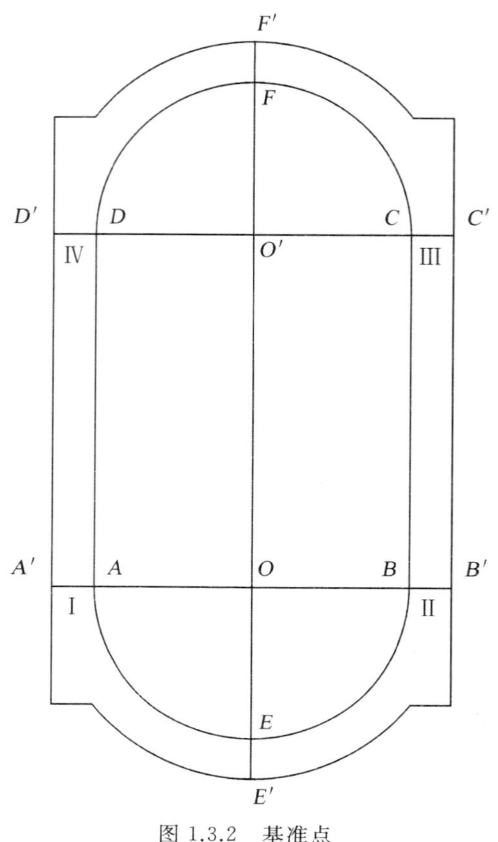

图 1.3.2　基准点

(二)分界线

分界线即直道与弯道的分界线。以图 1.3.2 所示的田径场为例,AA'为第一分界线(Ⅰ),BB'为第二分界线(Ⅱ),CC'为第三分界线(Ⅲ),DD'为第四分界线(Ⅳ)。

(三)直道延长

应在两条直道两端分别延长 30～35 m,作为运动员冲过终点的减速距离。

(四)分道线

《规则》中规定,400 m 以下的各项径赛均采用分道比赛的方法,每条跑道宽度均为 1.22 m。分道线宽 50 mm,各分道左侧(即内侧)的分道线宽度不计入道宽,右侧(即外侧)的分道线应包括在该跑道的宽度之内(见图 1.3.3)。

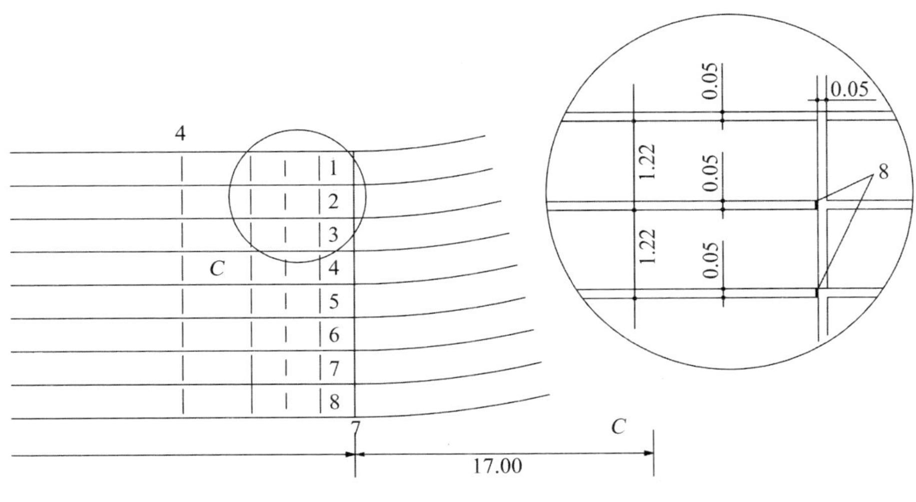

图 1.3.3　分道线

二、弯道丈量方法

田径场跑道中的直道可直接用钢卷尺丈量。弯道测量是通过科学的数学论证方法，把弯道上运动员实际跑的弧线段换算成相应的角度或弦长，再运用经纬仪、钢卷尺或其他测量工具进行测量。

(一)弯道的类型

根据《规则》的要求，弯道可有两种类型：一种是由一个半径形成的半圆式弯道，另一种是由两个半径形成的弯道。

1.半圆式弯道

半圆式弯道使用的半径有 36.000 m、36.500 m、37.000 m、37.700 m、37.898 m、38.000 m、39.000 m、40.000 m等，较多采用的是 36.500 m 和 37.898 m。北京工人体育场的田径场弯道半径是36.000 m，1990 年召开的第 11 届亚运会的田径比赛是在北京奥体中心田径场举行的，其弯道半径是 37.898 m，国家体育场(“鸟巢”)的田径场弯道半径是 36.500 m。

2.两个半径形成的弯道

由两个半径形成的弯道中，两个半径的大小不同，根据《规则》的要求，其又有以下两种类型：

(1)篮曲式弯道。这种弯道的大半径弧不超过 60°，其外道半径可以超过 60 m，它和两个小半径弧构成一个弯道(见图 1.3.4)。

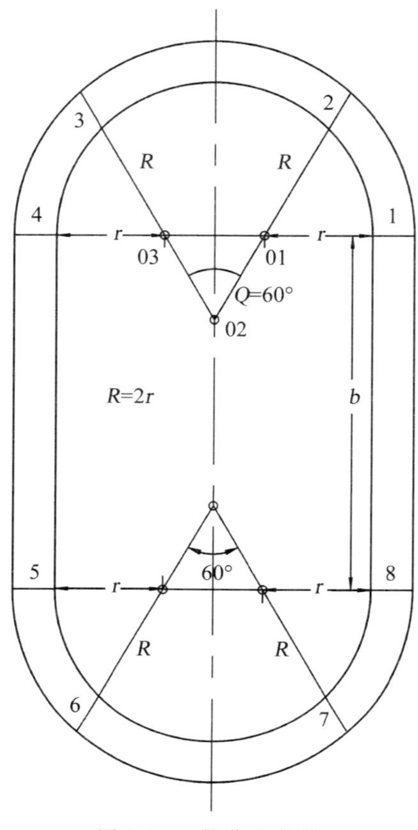

图 1.3.4　篮曲式弯道

(2)三圆心式弯道。这种弯道的大半径弧超过 60°,其外道大半径不能超过 60 m,它也是和两个小半径构成一个弯道。

这两种由两个半径和三个圆弧构成的弯道在 20 世纪 30～40 年代曾流行于世界,我国在 20 世纪 50 年代初期也建设过这种弯道,但现在大部分弯道都是半圆式的。

(二)直弦丈量法

直弦丈量法又称“正弦丈量法”,它是根据某段弧长所对的角度,利用正弦定理计算该弧弦长的一种方法。

如图 1.3.5 所示,O 为半圆式田径场的圆心;CD 为第 n 条跑道分道线弧长;AB 为第 n 条跑道的实跑线;OC 和 OD 为半圆式田径场第 n 条跑道的半径,长度为 $r+(n-1)d$(其中 r 为半圆式田径场的半径,n 为第 n 条跑道数,d 为分道差)。

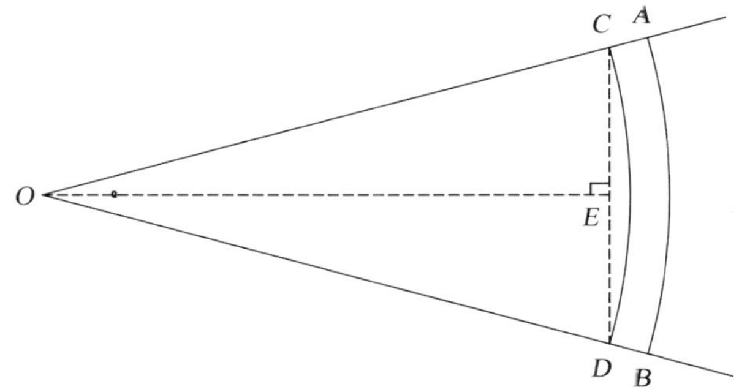

图 1.3.5 直弦丈量法

(三)经纬仪丈量法

1.经纬仪丈量法的基本原理

经纬仪丈量法是利用经纬仪来测量各条弯道上一定弧长的方法,这种方法的测量结果较为准确。测量时,用经纬仪测量弯道上一定弧长所对的角度,确定该弧长在弯道上所处的位置。

2.经纬仪的使用和测量

(1)先将经纬仪安放在弯道半径圆心 O 或 O' 上,做好仪器的"对中""整平"和"对光"(即调整十字丝的清晰度)工作。

(2)固定水平度盘,调整好仪器(调整方法详见经纬仪使用说明书)。

(3)将仪器平转到所测弯道弧长所对的测量角度,然后通过目镜挪动立在该分道线上的垂直标杆,使望远镜中的十字纵丝与标杆中心线相重合,就可以得出所需要测量的弯道弧长。

例如,将水平游标盘沿逆时针方向平转至 $108°58'20''$ 的位置,使目镜中的十字纵丝与立在第一分道线上的标杆重合,此标杆的位置就是第一分道 400 m 栏的第一栏位。

为了保证测量准确,在测量每一个角度时,均应进行"盘左观测"和"盘右观测",若有误差,应取其平均值。

(四)放射式丈量法

放射式丈量法是根据已知的基准点至圆心和由放射点至圆心的半径及其构成的夹角,利用余弦定理求出从基准点至放射点的放射线长度的一种丈量方法。此方法按分道线和实跑线计算均可,在此按分道线计算来介绍。

1.放射式丈量法的基本原理

如图 1.3.6 所示,已知△AOB 中 OA 和 OB 的长度及其夹角 β,求 AB 的长度。

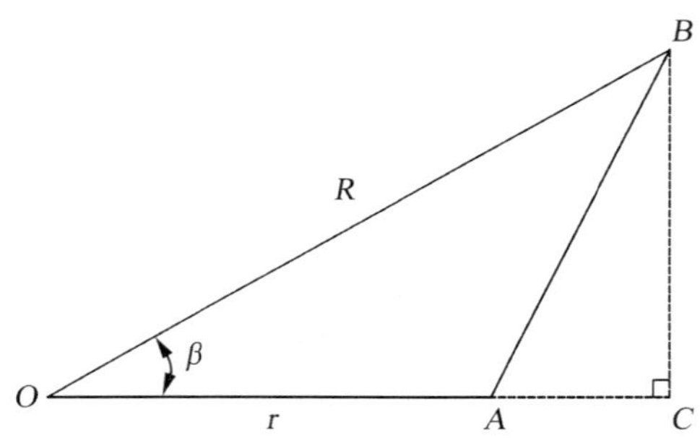

图 1.3.6 放射式丈量法

具体计算方法如下：

(1)从 B 点作一条与 OA 的延长线相垂直的线，两线相交于 C 点。

(2)在直角△ABC 中，由勾股定理得 $AB^2=AC^2+BC^2$，

因为 $AC=OC-AO$，

所以 $AB^2=(OC-AO)^2+BC^2=OC^2-2\cdot OC\cdot AO+AO^2+BC^2$， (1.3.1)

在直角△OBC 中，$BC^2+OC^2=OB^2=R^2$， (1.3.2)

$\cos\beta=\dfrac{OC}{OB}=\dfrac{OC}{R}$，$OC=R\cos\beta$， (1.3.3)

$OA=r$ ， (1.3.4)

将式 1.3.2、式 1.3.3、式 1.3.4 式分别代入式 1.3.1，

则 $AB=R^2-2\cdot r^2\cdot R\cdot\cos\beta+r^2$，

$AB=\sqrt{R^2+r^2-2Rr\cos\beta}$. (1.3.5)

若已知△AOB 中 $OA=OB$，则该三角形为等腰三角形，那么余弦公式可简化为：

$AB=\sqrt{R^2+r^2-2Rr\cos\beta}$

$=\sqrt{2r^2-2r^2\cos\beta}$

$=\sqrt{2r^2(1-\cos\beta)}$

$=r\sqrt{2(1-\cos\beta)}$ (1.3.6)

式 1.3.6 适用于第一分道，式 1.3.5 适用于其他分道。

(3)查余弦函数值，即可得到 AB 的长。

2.放射式丈量法的应用与计算

用放射线进行丈量的方法也有多种，丈量时都是把基准点选在跑道内沿，向各分道线做放射式丈量。目前常用的有固定基准点放射式丈量法、相应基准点放射式丈量法和移动基准点放射式丈量法三种方法。

(1)固定基准点放射式丈量法。固定基准点就是使用预先设置的基准点进行测量计算,如使用图1.3.2中的A、B、C、D、E、F六个固定的基准点,利用余弦定理公式求出各固定基准点至弯道上各径赛项目位线的放射线长度。这种方法的优点是基准点固定且少,计算和丈量简单方便而且比较准确,省时省力,因而是使用较为普遍的丈量方法。但是,由于基准点少,由每个基准点引申出来的放射点就较多(包括各种径赛的位线),前后交错,容易造成混乱。因此在丈量前,测量者必须熟悉各种径赛项目的要求,明确它们各自丈量的位线,以免出现丈量错误。

固定基准点放射式丈量法的具体步骤如下:

第一步,确定固定基准点。由于要测量计算的放射线长度一般不超过35 m,所以要从A、B、C、D、E、F中选择符合这一要求的基准点,这就要求把各弯道的实跑线长和二分之一实跑线长计算出来。

第二步,计算各弯道实跑线每米所对的角度。

第三步,根据所求距离确定某个基准点,并且求其弧长和所对的角度,代入余弦公式,得到该放射线的长度。

(2)相应基准点放射式丈量法。相应基准点放射式丈量法是以相应的项目为基础,把基准点选定在该项目第一道的起点及各位线的跑道内沿上,利用余弦公式,求出这些选定的基准点至其他各分道的放射线段的长度(如400 m跨栏跑,只要找到第一道栏位,即以此为相应基准点,通过该点求向其他各分道栏位的放射线长度)。这种方法使每一组的放射线集中,不容易遗漏,但基准点要经常挪动,有时容易出现误差,其优点是丈量时放射线比较短,丈量较简便、准确。

相应基准点放射式丈量法的具体步骤如下:

第一步,根据第一分道位线至临近分界线实跑线的弧长,计算所对的角度及余弦函数值。

第二步,利用余弦公式计算该弧长所对的弦长,从而确定相应基准点。

第三步,计算其他各分道上放射点与圆心的连线和该相应基准点与圆心连线的夹角,该夹角有以下两种计算方法:

第一种方法是利用大角减小角的方法,即第一分道至临近分界线实跑线所对的角减去放射点与圆心连线和分界线的夹角。如图1.3.7所示的$\angle GOI$即是这种情况,$\angle GOI=\angle BOG-\angle BOI$,然后查出其余弦函数值。

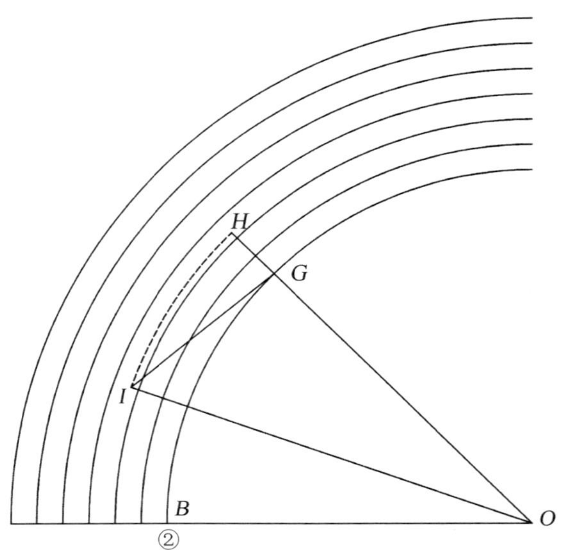

图 1.3.7　相应基准点放射式丈量法

第二种方法是通过“单位前伸数”求未知角度的方法。“单位前伸数”是指在弯道中第一道每前进 1 m 时，其他各道相应前伸的距离，其计算方法是各外道的前伸数除以第一弯道总长度，即：

$$\text{单位前伸数}=\frac{\text{某外道的前伸数}}{\text{第一弯道总长度}}$$

求得单位前伸数，即能求得两个半径（R 和 r）的夹角，由该角度查出余弦函数值。

第四步，利用余弦公式求出放射线长度，即可进行丈量。

（3）移动基准点放射式丈量法。移动基准点放射式丈量法也是以相应的项目为基础，首先是把基准点选定在该项目第一分道的起点及各位线的跑道内沿上，然后在丈量第二分道、第三分道……直至第八分道时，基准点分别从第一分道移向第二分道、第三分道……直至第七分道起点和位线的内侧。利用余弦公式，移动基准点求出相邻两分道的放射线长度。

这种方法的优点是使每一组的放射线比较集中，丈量距离比较短，丈量方便，不容易遗漏；缺点是基准点每丈量一次需要移动一次，有时容易出现误差。

移动基准点放射式丈量法的具体步骤如下：

第一步、第二步与相应基准点放射式丈量法的第一步和第二步相同。

第三步，计算第二分道放射点和第一分道相应基准点与圆心连线的夹角。

第四步，利用余弦公式求出放射线长度。

第五步，以第二分道的放射点为基准点，求第三分道的放射点，其计算步骤同第一步至第四步。

（五）丈量弯道时应注意的事项

丈量弯道时，应注意的事项有以下三点：

第一，各“弦长”和“放射线长度”所对的角度均统一以“经纬仪丈量法”所计算的角度为准。

第二，本书中介绍的“弦长”和“放射线长度”都是“分道线”的长度，而不是“实跑线”的长度，故丈量时，起点一律在跑道内凸沿外侧的基准点（固定基准点、相应基准点和移动基准点皆是）上，止点则在各分道线的外侧。

第三，使用放射式丈量法（不包括移动基准点放射式丈量法）时，必须计算“R^2+r^2”和“$2Rr$”这两个数据，它们在各分道中的数值是固定的。

（六）钢卷尺丈量方法及要求

国际田联《标准手册》第 27 页指出，在用钢卷尺丈量时，必须遵循以下原则：

(1)应使用标准钢卷尺以及温度均衡表。

(2)用接触式温度计测量尺子的温度。注意：如果使用不涨钢卷尺（含 36% 的镍），那么温度控制这一步可省略。

(3)根据钢卷尺温度和温度均衡表纠正读数。

(4)在没有温度均衡表的情况下，采用下列公式计算由温度引起的钢卷尺长度变化：

20 ℃下的长度变化＝尺的温度（0 ℃）与 20 ℃的偏差×丈量长度（单位为 m）×0.0115 mm。

(5)如尺的温度高于 20 ℃，则用丈量长度读数减去计算出的差值，温度低于 20 ℃时则加上差值。

例如，若尺的温度为 15 ℃，丈量距离为 36.50 m，则尺的长度变化为 5×36.50×0.0115 mm＝2.09 mm，读数应增加 2 mm 至 36.502 m。

在实际测量过程中，遵循此规定才能准确无误地丈量或测量场地点位。

第四节　田径运动场地点位线计算和测画方法

一、弯道上径赛项目起跑线点位线的计算

弯道上起跑的项目有 200 m 跑、400 m 跑、800 m 跑和 4×100 m 接力跑。现根据前

伸数计算出测量角度和放射线，如表 1.4.1 所示。

表 1.4.1 弯道上起跑项目各点位线数据 单位：m

道次	200 m 起跑线		400 m 起跑线		800 m 起跑线	
	放射线	测量角(O_2)	放射线	测量角(O_1)	放射线	测量角(O_1)
一	0	180°00′00″	0	180°00′00″	0	180°00′00″
二	③↑3.652	174°41′01″	①↑6.983	169°22′02″	①↑3.658	174°40′20″
三	③↑7.480	169°14′19″	①↑14.289	158°28′38″	①↑7.509	169°11′29″
四	③↑11.191	164°07′22″	①↑21.266	148°14′45″	①↑11.257	164°01′01″
五	③↑14.788	159°18′26″	①↑27.895	138°36′53″	①↑14.905	159°07′20″
六	③↑18.274	154°45′59″	①↑34.170	129°31′58″	①↑18.454	154°29′00″
七	③↑21.655	150°28′37″	①↑40.089	120°57′15″	①↑21.908	150°04′45″
八	③↑24.933	146°25′09″	①↑45.659	112°50′18″	①↑25.270	145°53′27″
九	③↑28.115	142°34′27″	①↑50.890	105°08′55″	①↑28.543	141°54′05″

说明：

(1)表 1.4.1 中的“测量角(O_1)”表示相对第一弯道(南弯道)的圆心，“测量角(O_2)”表示相对第二弯道(北弯道)的圆心，都可直接用经纬仪按数据测量在弯道上的所有点位。

(2)表中数据前面有①②③④的，分别表示第一、二、三、四直/曲段分界线固定基准点；没有的，即为从相应基准点向前(↑)或向后(↓)丈量。基准点一般都在第一道第一条线右侧。

(3)前伸数据在弯道上的，可先根据测量角的数据，用经纬仪测量定位；然后在相应基准点或固定基准点用放射式丈量法进行复核。

二、接力区各点位线的计算

(一)4×100 m 接力跑

1.第一接力区

(1)中线。第一道中线位于第二分界线后 $\pi(r+0.3)-100=15.611$ m 处，以此处为基准点，第二道至第五道中线的前伸数等于第一道剩余的弯道长度乘以该道的单位前伸数值。第一道基准点剩余的弯道长度为 $2\pi(r+0.3)-100$，各分道单位前伸数值 m_n 可查表1.4.2。

表 1.4.2　各分道单位前伸数值　　单位:m

道次	$r=36.00$ m	$r=36.50$ m	$r=37.898$ m
一	0	0	0
二	0.030853994	0.030434783	0.029321521
三	0.064462810	0.063586957	0.061261035
四	0.098071625	0.096739130	0.093200549
五	0.131680441	0.129891304	0.125140063
六	0.165289256	0.163043478	0.157079577
七	0.198898072	0.196195652	0.189019090
八	0.232506887	0.229347826	0.220958604
九	0.266115702	0.262500000	0.252898118

第二道至第五道单位前伸数计算公式为 $C_n=[2\pi(r+0.3)-100]\times m_n$，由基准点向前丈量。第二道至第五道前伸数还可以这样计算：$\pi[r+(n-1)d+0.2]-2\pi[(n-1)d-0.1]-100$，但这是由第二分界线向后丈量。

第六道以后的各道已过第一弯道进入第一直道，前伸数可直接用钢卷尺由第二分界线向前丈量。

第六道以后各道的单位前伸数等于该道起跑线前伸数减去该道一个弯道长与 100 m 之差，即 $C_n=2\pi[(n-1)d-0.1]-\{\pi[r+(n-1)d+0.2]-100\}$。

(2)后沿。第一道后沿在中线后 10 m，或位于第二分界线后 $\pi(r+0.3)-90=25.611$ m 处，以此为基准点。

第一道基准点剩余的弯道长度为 $2\pi(r+0.3)-90$，其他各道的单位前伸数值 m_n 可查表 1.4.2，计算公式为 $C_n=[2\pi(r+0.3)-90]\times m_n$，由基准点向前丈量。

(3)预跑线。第一道预跑线在后沿向后 10 m，或位于第二分界线后 $\pi(r+0.3)-80=35.611$ m 处，以此为基准点。

第一道基准点剩余的弯道长度为 $2\pi(r+0.3)-80$，其他各道单位前伸数值 m_n 可查表 1.4.2，计算公式为 $C_n=[2\pi(r+0.3)-80]\times m_n$，由基准点向前丈量。

(4)前沿。第一道前沿位于第二分界线后 5.611 m 处。

第二道前沿的前伸数为 $\pi\times[r+(n-1)d+0.2]-2\pi[(n-1)d-0.1]-110$，但这是由第二分界线向后丈量。

第三道以后的各道运动员已跑过第一弯道进入第一直道，各道的单位前伸数计算公式为 $C_n=2\pi[(n-1)d-0.1]-\{\pi[r+(n-1)d+0.2]-100\}$。各道由第二分界线向前丈量。

4×100 m 接力跑第一接力区的数据如表 1.4.3 和图 1.4.1 所示。

表 1.4.3　4×100 m 接力跑第一接力区数据表

单位：m

道次	预跑线			后沿		
	前伸数	放射线	测量角(O_1)	前伸数	放射线	测量角(O_1)
一	35.611	②↓33.958	55°26′38″	25.611	②↓24.892	39°52′28″
二	4.602	↑4.663	48°29′24″	4.298	↑4.377	33°22′49″
三	9.616	↑9.555	41°22′04″	8.980	↑8.969	26°43′45″
四	14.629	↑14.279	34°40′35″	13.662	↑13.407	20°28′49″
五	19.642	↑18.832	28°22′39″	18.343	↑17.693	14°35′52″
六	24.656	↑23.218	22°26′16″	23.025	↑21.828	09°03′03″
七	29.669	↑27.442	16°49′38″	27.707	↑25.818	03°48′41″
八	34.682	↑31.507	11°31′10″	②↑0.904	—	—
道次	中线			前沿		
	前伸数	放射线	测量角(O_1)	前伸数	放射线	测量角(O_1)
一	15.611	②↓15.368	24°18′18″	5.611	②↓5.560	08°44′08″
二	3.994	↑4.092	18°16′14″	2.092	②↓2.383	03°09′40″
三	8.344	↑8.385	12°05′26″	②↑1.741	—	—
四	12.694	↑12.538	06°17′02″	②↑5.573	—	—
五	17.044	↑16.555	00°49′06″	②↑9.406	—	—
六	②↑3.239	—	—	②↑13.239	—	—
七	②↑7.072	—	—	②↑17.072	—	—
八	②↑10.904	—	—	②↑20.904	—	—

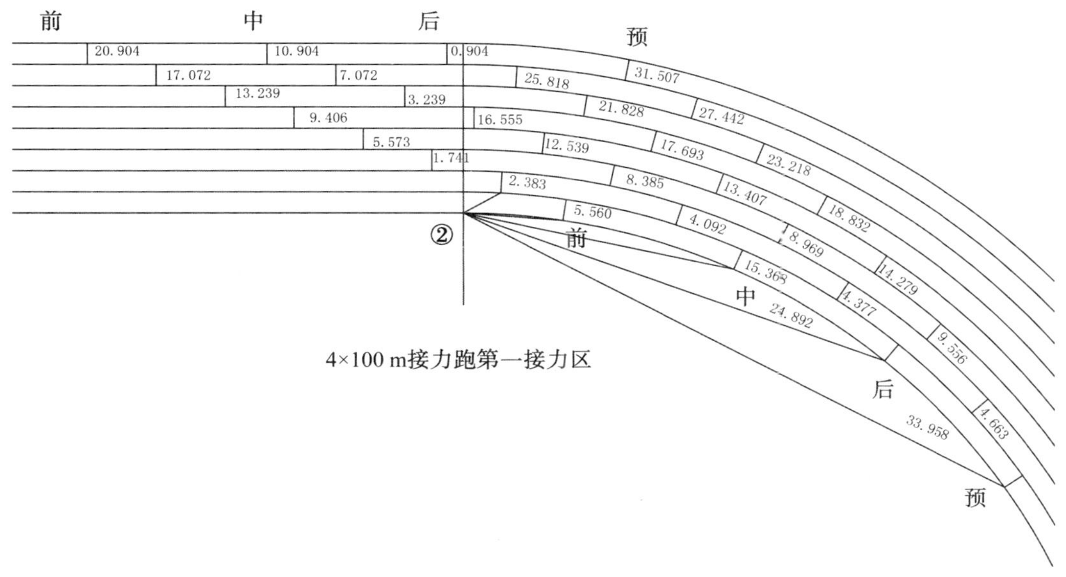

图 1.4.1　4×100 m 接力跑第一接力区点位(单位:m)

2.第二接力区

(1)中线。中线同 200 m 起跑线。

(2)预跑线。第一道预跑线在中线后 20 m。第二道至第六道前伸数在第一直道上,由第三分界线向后丈量 $20-\pi[(n-1)d-0.1]$。第七道以后各道前伸数已进入第二弯道,以第三分界线③点为基准点,单位前伸数等于该道一个弯道前伸数减 20 m,计算公式为$C_n=\pi[(n-1)d-0.1]-20$。

(3)后沿。第一道后沿在中线后 10 m,第二道至第三道前伸数在第一直道上,由第三分界线向后丈量 $10-\pi[(n-1)d-0.1]$。第四道以后各道前伸数已进入第二弯道,以第三分界线③点为基准点,单位前伸数等于该道一个弯道前伸数减 10 m,计算公式为 $C_n=\pi[(n-1)d-0.1]-10$。

(4)前沿。第一道前沿在中线前 10 m,以此为基准点。

第一道基准点剩余的弯道长度为 $\pi(r+0.3)-10$,各道单位前伸数值 m_n 可查表 1.4.2,计算公式为 $C_n=[\pi(r+0.3)-10]\times m_n$。

4×100 m 接力跑第二接力区的数据如表 1.4.4 和图 1.4.2 所示。

表 1.4.4　4×100 m 接力跑第二接力区数据　　单位：m

道次	预跑线			后沿		
	前伸数	放射线	测量角(O_2)	前伸数	放射线	测量角(O_2)
一	③↓20.000	—	—	③↓10.000	—	—
二	③↓16.481	—	—	③↓6.481	—	—
三	③↓12.649	—	—	③↓2.649	—	—
四	③↓8.816	—	—	1.184	③↑3.829	178°19′09″
五	③↓4.983	—	—	5.017	③↑6.766	173°05′13″
六	③↓1.150	—	—	8.850	③↑10.171	168°09′12″
七	2.682	③↑7.715	176°30′32″	12.682	③↑13.617	163°29′34″
八	6.515	③↑10.342	171°44′56″	16.515	③↑17.017	159°05′02″

道次	中线			前沿		
	前伸数	放射线	测量角(O_2)	前伸数	放射线	测量角(O_2)
一	0	0	180°00′00″	③↑10.000	③↑9.888	164°25′50″
二	3.519	③↑3.652	174°41′01″	3.214	↑3.373	159°34′26″
三	7.351	③↑7.480	169°14′19″	6.715	↑6.906	154°36′00″
四	11.184	③↑11.191	164°07′22″	10.217	↑10.336	149°55′36″
五	15.017	③↑14.788	159°18′26″	13.718	↑13.665	145°31′40″
六	18.849	③↑18.274	154°45′59″	17.219	↑16.897	141°22′46″
七	22.682	③↑21.655	150°28′37″	20.720	↑20.036	137°27′40″
八	26.515	③↑24.933	146°25′09″	24.222	↑23.088	133°45′15″

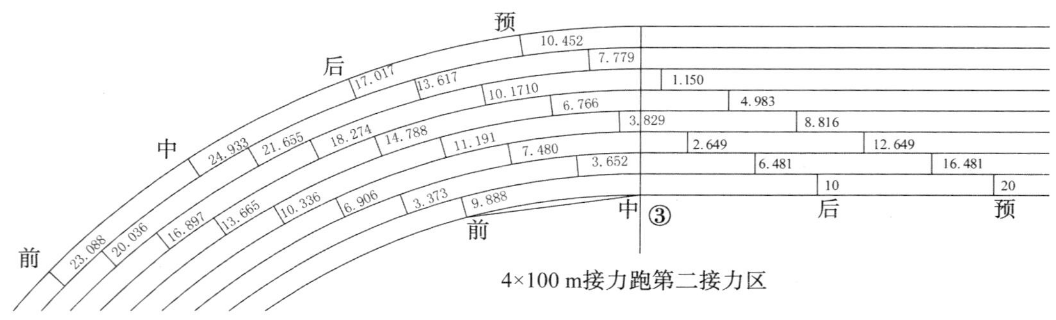

图 1.4.2　4×100 m 接力跑第二接力区点位(单位：m)

3.第三接力区

各道预跑线位于第四分界线后 $\pi(r+0.3)-80$ m,各道后沿位于第四分界线后$\pi(r+0.3)-90$ m,各道中线位于第四分界线后 $\pi(r+0.3)-100$ m,各道前沿位于第四分界线后 $\pi(r+0.3)-110$ m。

4×100 m 接力跑第三接力区的数据如表 1.4.5 和图 1.4.3 所示。

表 1.4.5　4×100 m 接力跑第三接力区数据　　单位:m

道次	预跑线			后沿		
	前伸数	放射线	测量角(O_2)	前伸数	放射线	测量角(O_2)
一	35.611	④↓33.958	55°26′38″	25.611	④↓24.892	39°52′28″
二	1.084	↑1.616	53°48′23″	0.779	↑1.439	38°41′48″
三	2.264	↑3.273	52°07′45″	1.629	↑2.901	37°29′26″
四	3.445	↑4.906	50°33′12″	2.478	↑4.349	36°21′26″
五	4.626	↑6.518	49°04′13″	3.327	↑5.786	35°17′26″
六	5.806	↑8.111	47°40′17″	4.176	↑7.211	34°17′04″
七	6.987	↑9.684	46°21′01″	5.025	↑8.625	33°20′04″
八	8.167	↑11.241	45°06′01″	5.874	↑10.030	32°26′08″
道次	中线			前沿		
	前伸数	放射线	测量角(O_2)	前伸数	放射线	测量角(O_2)
一	15.611	④↓15.368	24°18′18″	5.611	④↓5.560	08°44′08″
二	15.611	④↓15.216	23°35′13″	5.611	④↓5.619	08°28′39″
三	15.611	④↓15.135	22°51′07″	5.611	④↓5.925	08°12′47″
四	15.611	④↓15.165	22°09′40″	5.611	④↓6.456	07°57′54″
五	15.611	④↓15.304	21°30′39″	5.611	④↓7.161	07°43′52″
六	15.611	④↓15.549	20°53′52″	5.611	④↓7.993	07°30′39″
七	15.611	④↓15.894	20°19′07″	5.611	④↓8.918	07°18′10″
八	15.611	④↓16.332	19°46′14″	5.611	④↓9.909	07°06′21″

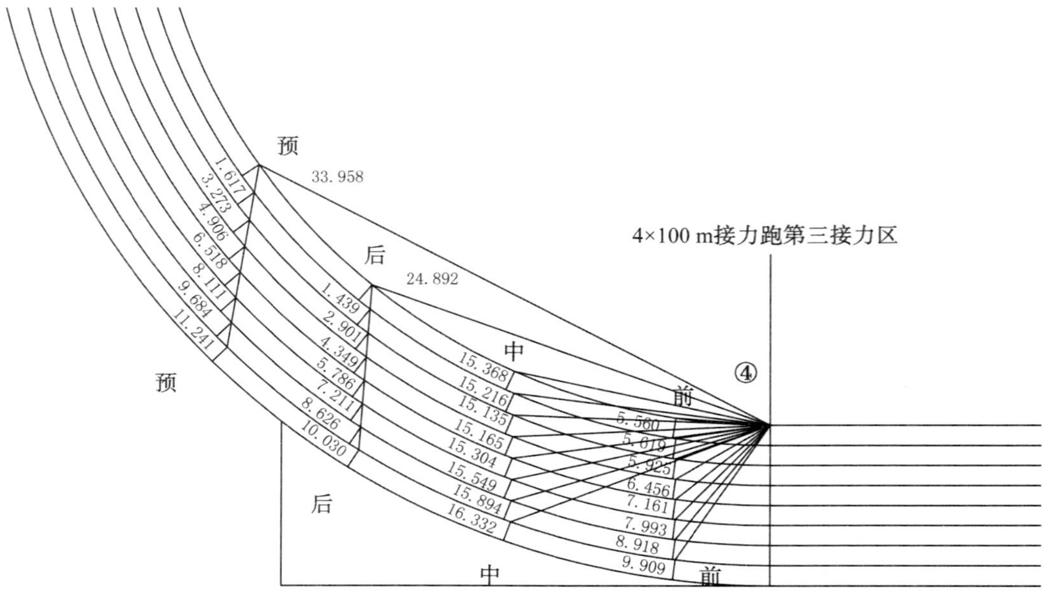

图 1.4.3　4×100 m 接力跑第三接力区点位(单位:m)

(二)4×400 m 接力跑

1.起跑线前伸数

起跑线前伸数的计算公式为 $C_n=3\pi[(n-1)d-0.1]$+切入差。

2.第一接力区

第一接力区位于第一直/曲分界线前后。

(1)后沿。第一道后沿在终点线后 10 m,第二道至第三道后沿在第二直段上,前伸数是$10-\pi[(n-1)d-0.1]$-切入差;从终点线向后直接丈量。

第四道进入弯道,以第一直曲分界①点为基准点,以后各道单位前伸数等于该道一个弯道前伸数加切入差减 10 m,即 $C_n=\pi[(n-1)d-0.1]$+切入差-10。

(2)前沿。第一道前沿在终点线前 10 m,以此点为基准点,各道单位前伸数等于第一道一个弯道长减 10 乘以该道的单位前伸数值再加切入差,即 $C_n=[\pi(r+0.3)-10]\times m_n$+切入差。

4×400 m 接力跑起跑线和第一接力区的数据如表 1.4.6 和图 1.4.4、图 1.4.5 所示。

表 1.4.6　4×400 m 接力跑起跑线和第一接力区的数据　　单位：m

道次	起跑线		后沿		前沿	
	放射线	测量角(O_1)	放射线	测量角(O_1)	放射线	测量角(O_1)
一	0	180°00′00″	① ↓ 10.000	—	① ↑ 9.888	164°25′50″
二	① ↑ 10.375	164°02′22″	① ↓ 6.474	—	↑ 3.379	159°33′46″
三	① ↑ 21.134	147°40′07″	① ↓ 2.617	—	↑ 6.935	154°33′10″
四	① ↑ 31.200	132°15′46″	① ↑ 3.850	178°12′47″	↑ 10.401	149°49′15″
五	① ↑ 40.480	117°44′13″	① ↑ 6.853	172°54′07″	↑ 13.780	145°20′33″
六	① ↑ 48.927	104°00′58″	① ↑ 10.327	167°52′13″	↑ 17.075	141°05′47″
七	① ↑ 56.522	91°02′00″	① ↑ 13.850	163°05′42″	↑ 20.288	137°03′48″
八	① ↑ 63.273	78°43′45″	① ↑ 17.336	158°33′20″	↑ 23.423	133°13′34″

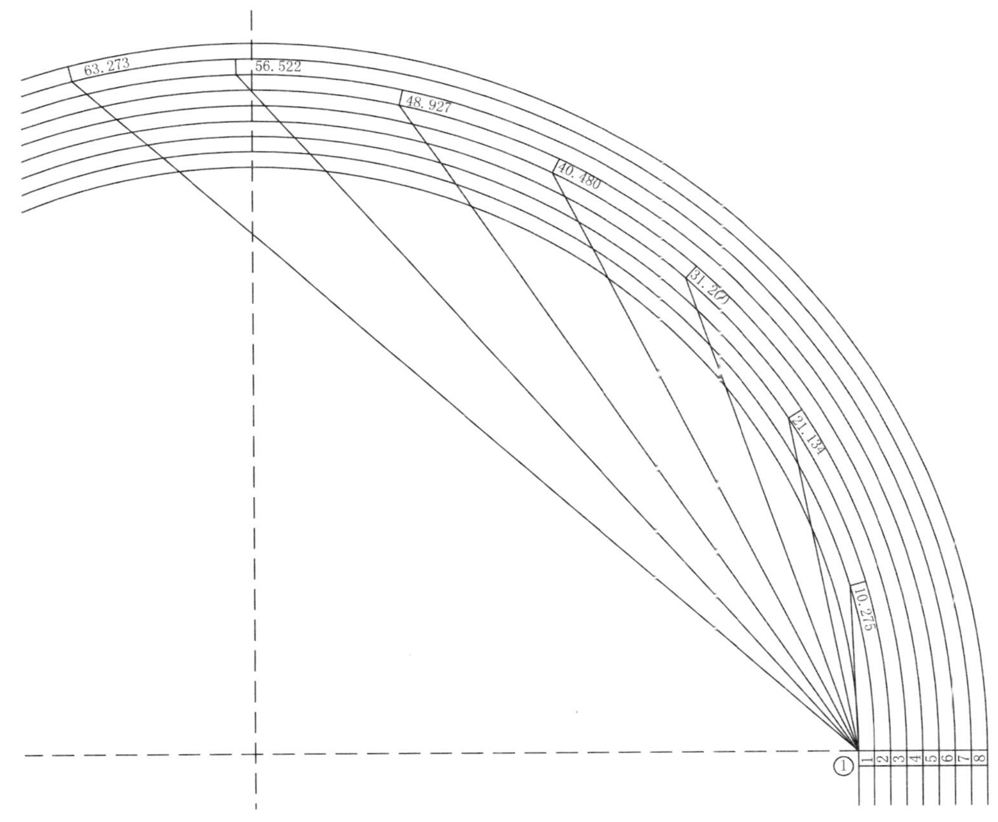

图 1.4.4　4×400 m 接力跑起跑线(单位：m)

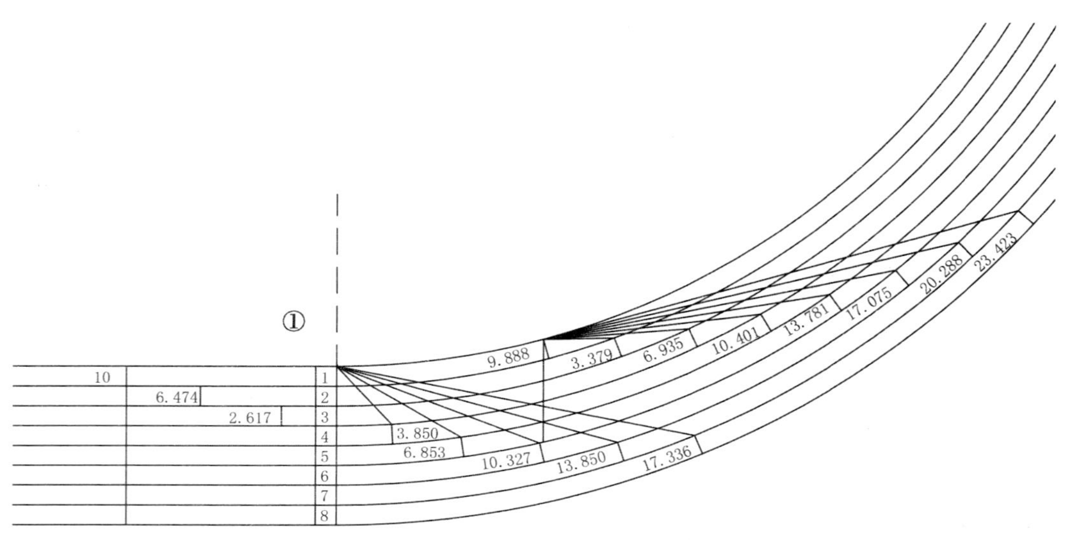

图 1.4.5　4×400 m 接力跑第二接力区点位(单位:m)

3.第二、第三接力区

第二、第三接力区位于第一直、曲分界线前后,第二棒完成交接棒、跑过抢道线后可不分道跑,在第二、第三接力区进行交接棒。

(1)后沿。各道接力区后沿在终点线后,距终点线 10 m 且平行于终点线,第一道为 0.80 m 的蓝色箭头,其他各道为长 0.80 m 且位于跑道中间的蓝线。

(2)前沿。第一道前沿为 0.80 m 长的蓝色箭头,第二道至第五道各道接力区前沿在终点线前的弯道上,距终点线 10 m 且平行于终点线,为长 0.80 m 且位于跑道中间的蓝线。

(三)1000 m(100 m+200 m+300 m+400 m)异程接力跑

根据 2014～2015 年颁布的《规则》第 170 条第 14 项规定,异程接力赛前两棒为分道跑,第三棒运动员可按《规则》第 163 条第 5 项的规定,在越过抢道线后即可切入里道(两个弯道为分道跑)。

据此分析,1000 m 异程接力跑应跑两圈半,第一道起点应在 200 m 起跑线处,即在第三直、曲分界线前的弯道上。起跑后,第一棒分道跑 100 m;第二棒分道跑 200 m;第三棒完成交接棒、跑过抢道线后,可不分道跑 300 m;第四棒交接棒的接力区和 4×400 m 接力跑相同,跑 400 m 直至终点。因此,各道起跑线是跑两个弯道的前伸数+切入差(见图 1.4.6)。

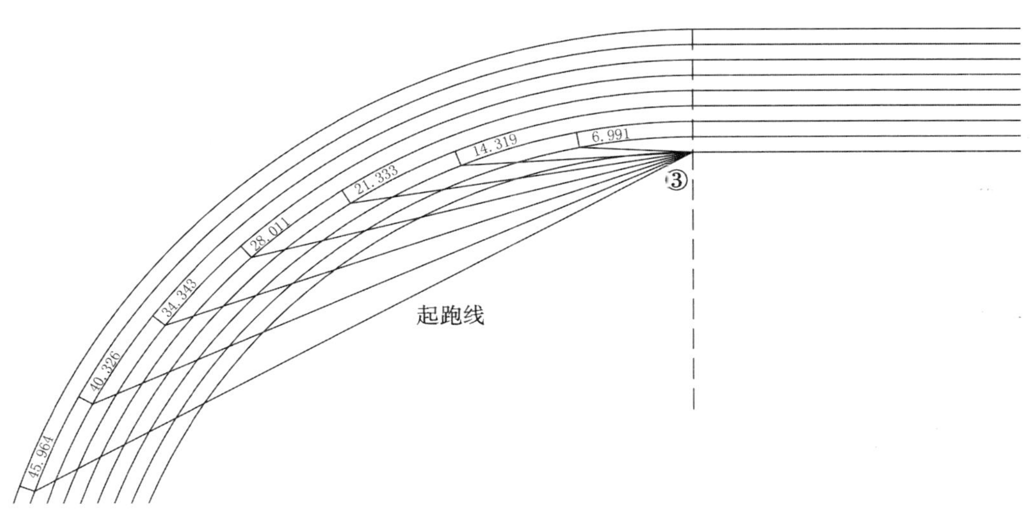

图 1.4.6　1000 m 异程接力跑起跑线放射线(单位:m)

1.起跑线前伸数

起跑线前伸数为 $2\pi[(n-1)d-0.1]$＋切入差,起跑线数据如表 1.4.7 所示。

表 1.4.7　1000 m 异程接力跑起跑线数据　　单位:m

道次	前伸数	放射线	测量角(O_2)
一	0	0	180°00′00″
二	7.04459	6.991	169°21′21″
三	14.73497	14.319	158°25′48″
四	22.44281	21.333	148°08′23″
五	30.16801	28.011	138°25′46″
六	37.91051	34.343	129°14′59″
七	45.67026	40.326	120°33′23″
八	53.44720	45.964	112°18′36″

2.第一接力区

(1)中线。第一道中线位于第四分界线后 15.611 m 处,以此处为基准点,第二道至第五道中线的前伸数等于第一道剩余的弯道长度乘以该道的单位前伸数值＋切入差。

第一道基准点剩余的弯道长度为 $2\pi(r+0.3)-100$,第二道第五道中线前伸数值 m_n 可查表 1.4.2。单位前伸数计算公式为 $C_n=[2\pi(r+0.3)-100]\times m_n$＋切入差。第二道至第五道中线前伸数还可是 $\pi[r+(n-1)d+0.2]-2\pi[(n-1)d-0.1]-100$－切入差,但它是由第四分界线向后丈量。

第六道以后的各道已过第二弯道进入第二直道,各道的单位前伸数 $C_n=2\pi[(n-1)$

$d-0.1]-\{\pi[r+(n-1)d+0.2]-100\}-$切入差。前伸数由第四分界线向前直线丈量。

(2)后沿。第一道后沿在中线后 10 m，或在第四分界线后 25.611 m 处，以此为基准点。

第一道基准点剩余的弯道长度为 $2\pi(r+0.3)-90$，第二道至第七道单位前伸数值 m_n 可查表 1.4.2，计算公式为 $C_n=[2\pi(r+0.3)-90]\times m_n+$切入差，由基准点向前放射丈量。第八道以后的各道已过第二弯道进入第二直道，前伸数由第四分界线向前直线丈量，计算公式为 $C_n=2\pi[(n-1)d-0.1]-\{\pi[(n-1)d+0.2]-90\}-$切入差。

(3)预跑线。第一道预跑线在后沿向后 10 m，或在第四分界线后 35.611 m 处，以此为基准点。

第一道基准点剩余的弯道长度为 $2\pi(r+0.3)-80$，各道单位前伸数值 m_n 可查表 1.4.2，计算公式为 $C_n=[2\pi(r+0.3)-80]\times m_n+$切入差。

(4)前沿。第一道前沿位于第四分界线后 5.611 m 处。

第二道前沿的前伸数为 $\pi[r+(n-1)d+0.2]-2\pi[(n-1)d-0.1]-110-$切入差，由第四分界线向后丈量。

第三道后的各道运动员已跑过第二弯道进入第二直道，各道的单位前伸数计算公式为 $C_n=2\pi[(n-1)d-0.1]-\{\pi[r+(n-1)d+0.2]-110\}-$切入差，各道由第四分界线向前直线丈量。

异程接力第一接力区分布和设置如表 1.4.8、图 1.4.7 及图 1.4.8 所示。

表 1.4.8　1000 m 异程接力跑第一接力区(在第四直曲分界线前、后)　　单位：m

道次	预跑线			后沿		
	前伸数	放射线	测量角(O_2)	前伸数	放射线	测量角(O_2)
一	35.611	④↓33.958	55°26′38″	25.611	④↓24.892	39°52′28″
二	4.610	↑4.670	48°28′43″	4.305	↑4.384	33°22′09″
三	9.648	↑9.585	41°19′14″	9.012	↑8.999	26°40′55″
四	14.704	↑14.346	34°34′13″	13.736	↑13.474	20°22′27″
五	19.777	↑18.950	28°11′32″	18.478	↑17.810	14°24′46″
六	24.867	↑23.399	22°09′17″	23.237	↑22.008	08°46′05″
七	29.975	↑27.694	16°25′46″	28.013	↑26.071	03°24′49″
八	35.099	↑31.841	10°59′28″	32.806	④↑1.322	—
道次	中线			前沿		
	前伸数	放射线	测量角(O_2)	前伸数	放射线	测量角(O_2)
一	15.611	④↓15.368	24°18′18″	5.611	④↓5.560	08°44′08″
二	4.001	↑4.099	18°15′34″	3.697	④↓2.376	03°08′59″

续表

道次	预跑线			后沿		
	前伸数	放射线	测量角(O_2)	前伸数	放射线	测量角(O_2)
三	8.376	↑8.414	12°02′35″	7.740	④↑1.773	—
四	12.769	↑12.605	06°10′41″	11.802	④↑5.648	—
五	17.179	↑16.673	00°37′59″	15.880	④↑9.541	—
六	21.606	④↑3.450	—	19.976	④↑13.450	—
七	26.051	④↑7.377	—	24.089	④↑17.377	—
八	30.512	④↑11.322	—	28.219	④↑21.322	—

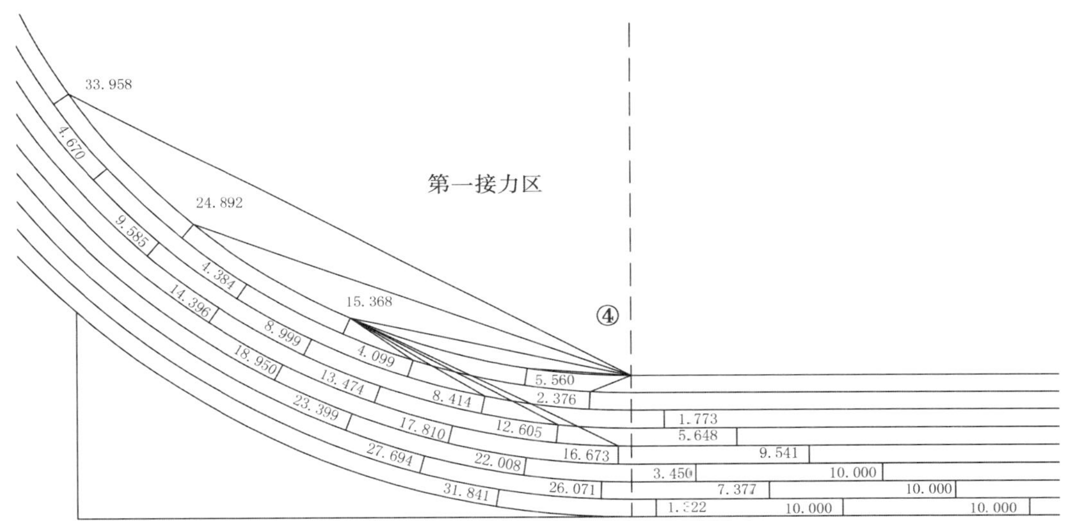

图 1.4.7　1000 m 异程接力跑第一接力区示意图(单位:m)

3.第二接力区

(1)中线。第一道中线位于第二分界线后 15.611 m 处,其他各道中线的前伸数等于 15.611 m－切入差。

(2)后沿。第一道后沿位于中线后 10 m,或位于第二分界线后 25.611 m 处,以此为基准点,其他各道后沿的前伸数 $C_n=[\pi(r+0.3)-90]\times m_n+$切入差。

(3)预跑线。第一道预跑线位于后沿后 10 m,或位于第二分界线后 35.611 m 处,以此为基准点。其他各道预跑线的前伸数 $C_n=[\pi(r+0.3)-80]\times m_n+$切入差。

(4)前沿。第一道前沿位于第二分界线后 5.611 m 处,其他各道前沿的前伸数等于 5.611 m－切入差。

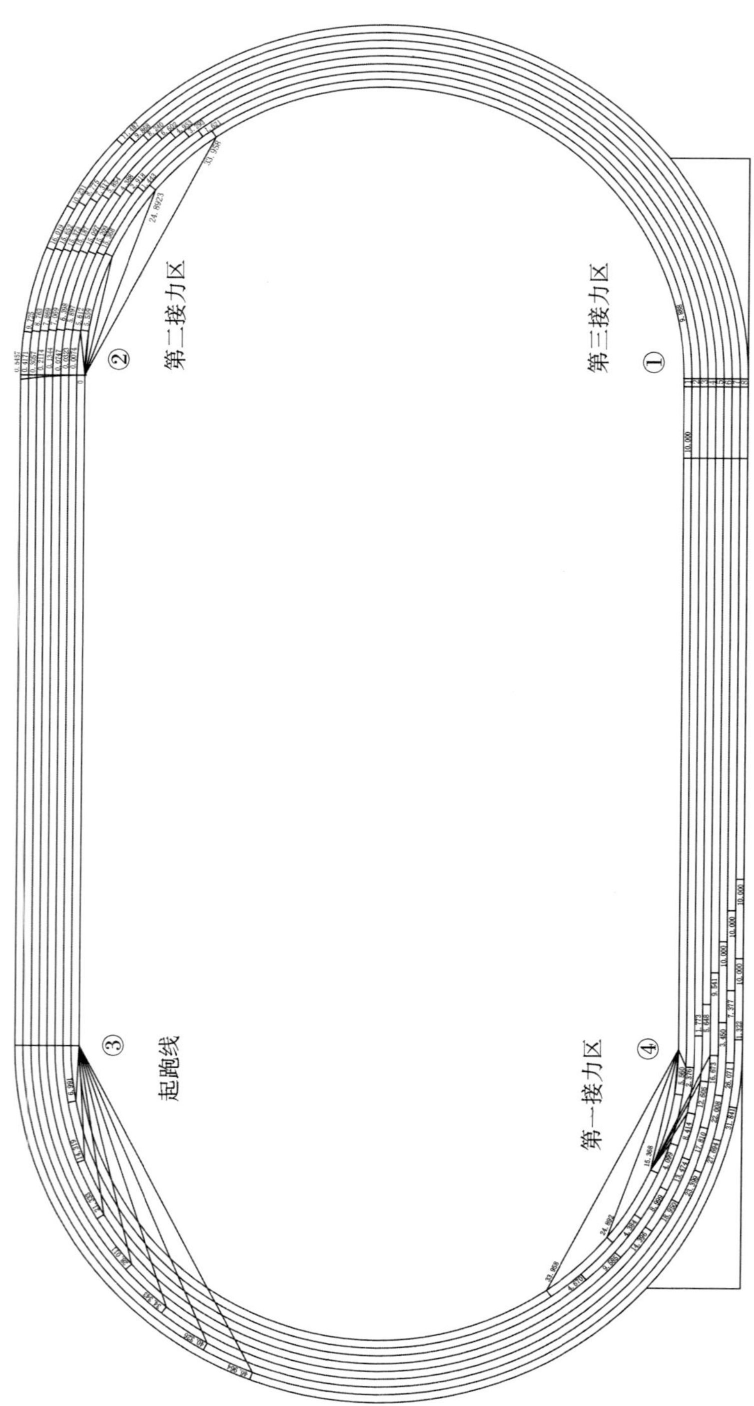

图 1.4.8　1000 m 异程接力跑起跑线和接力区点位线示意图(单位为 m，$R=36.50$ m)

第二、第三接力区的分布和设置如表 1.4.9 和图 1.4.9 所示，并参见图 1.4.8。

表 1.4.9　1000 m 异程接力跑第二、第三接力区的分布和设置　　单位：m

道次	预跑线			后沿		
	前伸数	放射线	测量角(O_1)	前伸数	放射线	测量角(O_1)
一	35.611	②↓33.958	55°26′38″	25.611	②↓24.892	39°52′28″
二	1.091	↑1.621	53°4743″	0.787	↑1.443	38°41′08″
三	2.297	↑3.293	52°04′55″	1.661	↑2.918	37°26′36″
四	3.520	↑4.953	50°26′51″	2.552	↑4.388	36°15′05″
五	4.760	↑6.602	48°53′06″	3.461	↑5.854	35°06′19″
六	6.017	↑8.240	47°23′18″	4.387	↑7.317	34°00′06″
七	7.292	↑9.868	45°57′09″	5.330	↑8.775	32°56′12″
八	8.584	↑11.487	44°34′19″	6.291	↑10.231	31°54′26″
道次	中线			前沿		
	前伸数	放射线	测量角(O_1)	前伸数	放射线	测量角(O_1)
一	15.611	②↓15.368	24°18′18″	5.611	②↓5.559	08°44′08″
二	15.603	②↓15.209	23°3433″	5.603	②↓5.612	08°27′58″
三	15.578	②↓15.105	22°48′16″	5.578	②↓5.897	08°09′57″
四	15.536	②↓15.097	22°03′18″	5.536	②↓6.398	07°51′32″
五	15.476	②↓15.187	21°19′32″	5.476	②↓7.069	07°32′46″
六	15.399	②↓15.373	20°36′53″	5.399	②↓7.869	07°13′40″
七	15.305	②↓15.652	19°55′15″	5.305	②↓8.763	06°54′17″
八	15.193	②↓16.019	19°14′32″	5.193	②↓9.725	06°34′39″
	异程第三接力区(在第一直曲分界线前、后，同 4×400 m 接力跑第二、第三接力区)					
道次	预跑线			后沿		
	前伸数	放射线	测量角(O_2)	前伸数	放射线	测量角(O_1)
一	①↓10			10①↑9.888　164°25′50″		

注：其他各道接力区前、后沿是平行于终点线且距终点线 10 m 的直线(与 4×400 m 接力跑第二、第三接力区相同)。

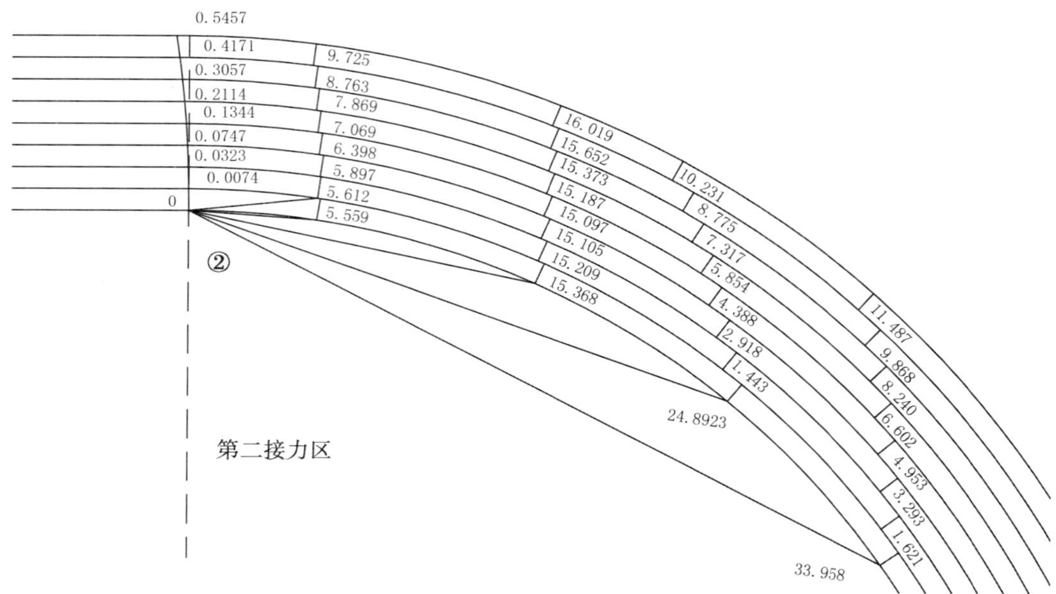

图 1.4.9　1000 m 异程接力跑第二接力区示意图(单位:m)

4.第三接力区

第三接力区在终点附近,接力区设置同 4×400 m 接力跑第二、第三接力区,接力方法也相同。

(四)4×800 m 接力跑

4×800 m 接力跑的起跑线同 800 m 跑,为部分分道起跑。第一棒运动员跑过抢道线后,可抢道而切入里道跑进;每棒运动员跑两圈。各接力区同 4×400 m 接力跑第二、第三接力区,接力方法也相同。

(五)4×1500 m 接力跑

4×1500 m 接力跑的起跑线同 10000 m 跑,为不分道起跑。第一棒跑三圈+300 m,接力区中线、前沿、后沿均同 4×100 m 接力跑第一道第四棒;第二棒跑三圈+300 m,接力区中线、前沿、后沿均同 4×100 m 接力跑第一道第三棒;第三棒跑三圈+300 m,接力区中线、前沿、后沿均同 4×100 m 接力跑第一道第二棒;第四棒跑三圈+300 m,直到终点。

三、跨栏跑栏架点位前伸数的计算

(一)男子 110 m 栏和女子 100 m 栏

这两个项目分别在主跑道直道上跑,各栏架点位按《标准手册》的规定数据直接丈量。测量时，钢卷尺应从终点线向后拉出 100 m 并拉紧，按表 1.4.10 所示的数据在跑道上丈量，做好记号，然后从起点线倒过来复核丈量 1～2 次，最后确定栏间距离。

表 1.4.10 直道跨栏跑项目栏架丈量数据 单位：m

项目	第十栏	第九栏	第八栏	第七栏	第六栏	第五栏	第四栏	第三栏	第二栏	第一栏
100 m 栏	10.50	19.00	27.50	36.00	44.50	53.00	61.50	70.00	78.50	87.00
110 m 栏	14.02	23.16	32.30	41.44	50.58	59.72	68.86	78.00	87.14	96.28

（二）男子、女子 400 m 栏

第一栏：第一道距起跑线 45 m，以此为基准点，其他各道单位前伸数等于第一道剩余的弯道长度乘以该道的单位前伸数值，计算公式为 $C_n=[2\pi(r+0.3)-45]\times m_n$。

第二栏：第一道位于第二分界线后 $\pi(r+0.3)-80=35.611$ m 处，以此为基准点，其他各道单位前伸数等于第一道剩余的弯道长度乘以该道的单位前伸数值，即同 4×100 m 接力第一接力区预跑线，计算公式为 $C_n=[2\pi(r+0.3)-45-35]\times m_n$。

第三栏：第一道距第二分界线距离$=\pi(r+0.3)-(45+35+35)$，第二道之后已进入第一直段，各道的单位前伸数=起跑线前伸数－[该道一个弯道长－(45+35+35)]，计算公式为 $C_n=2\pi[(n-1)d-0.1]-\{\pi[r+(n-1)d+0.2]-115\}$。

从第二道开始，各道以第二分界线向前丈量单位前件数。

第四栏：在第一直段上，从各道第三栏向前丈量 35 m。

第五栏：第一道在第三分界线后 15 m，第二道至第四道前伸数在第一直段上，从第三分界线向后丈量$15-\pi[(n-1)d-0.1]$。第五道以后，各道前伸数已进入第二弯道，以分界③点为基准点，单位前伸数等于该道一个弯道的前伸数减 15 m，计算公式为 $C_n=\pi[(n-1)d-0.1]-15$。

第六栏：第一道在第三分界线前 20 m 的弯道上，以比为基准点。第一道基准点剩余的弯道长度$=\pi(r+0.3)-20$，各道单位前伸数值 m_n 可查表 1.4.2，计算公式为 $C_n=[\pi(r+0.3)-20]\times m_n$。

第七栏：第一道在第六栏前 35 m，以此为基准点。各道单位前伸数值 m_n 可查表 1.4.2，计算公式为 $C_n=[\pi(r+0.3)-20-35]\times m_n$。

第八栏：各道前伸数同 4×100 m 接力跑第三接力区预后沿，在此不再分述。

第九栏、第十栏在第二直段上，从终点线向后分别丈量 75 m 和 40 m。

400 m 栏的栏架位置如表 1.4.11 和图 1.4.10 至图 1.4.14 所示。

表 1.4.11　400 m 栏的栏架点位线数据　　单位：m

道次	第一栏		第二栏		第三栏	
	放射线	测量角(O_1)	放射线	测量角(O_1)	放射线	测量角(O_1)
一	① ↑ 41.904	109°56′14″	② ↓ 33.958	55°26′38″	② ↓ 0.606	00°57′02″
二	↑ 5.673	101°22′25″	↑ 4.663	48°29′24″	② ↑ 2.908	—
三	↑ 11.621	92°36′12″	↑ 9.555	41°22′04″	② ↑ 6.741	—
四	↑ 17.338	84°21′47″	↑ 14.279	34°40′35″	② ↑ 10.573	—
五	↑ 22.819	76°36′23″	↑ 18.832	28°22′39″	② ↑ 14.406	—
六	↑ 28.061	69°17′31″	↑ 23.218	22°26′16″	② ↑ 18.239	—
七	↑ 33.069	62°22′58″	↑ 27.442	16°49′38″	② ↑ 22.072	—
八	37.848	55°50′47″	↑ 31.507	11°31′10″	② ↑ 25.904	—
道次	第五栏		第六栏		第七栏	
	放射线	测量角(O_2)	放射线	测量角(O_2)	放射线	测量角(O_2)
一	③ ↓ 15.000	—	③ ↑ 19.594	148°51′40″	六 ↑ 33.421	94°22′04″
二	③ ↓ 11.481	—	↑ 3.097	144°27′51″	↑ 2.179	91°34′50″
三	③ ↓ 7.649	—	↑ 6.339	139°57′41″	↑ 4.441	88°43′33″
四	③ ↓ 3.816	—	↑ 9.489	135°43′50″	↑ 6.654	86°02′38″
五	③ ↑ 4.880	179°58′37″	↑ 12.552	131°44′53″	↑ 8.820	83°31′09″
六	③ ↑ 7.056	174°50′48″	↑ 15.531	127°59′33″	↑ 10.942	81°08′19″
七	③ ↑ 10.108	170°00′03″	↑ 18.430	124°26′43″	↑ 13.023	78°53′24″
八	③ ↑ 13.374	165°24′59″	↑ 21.252	121°05′22″	↑ 15.064	76°45′45″

注：各道第四栏在第三栏前 35 m，第八栏同 4×100 m 接力跑的第三接力区后沿，第九栏距终点 75 m，第十栏距终点 40 m。表中第七栏第一道的“六”表示从第六栏第一道的基准点向前放射丈量。

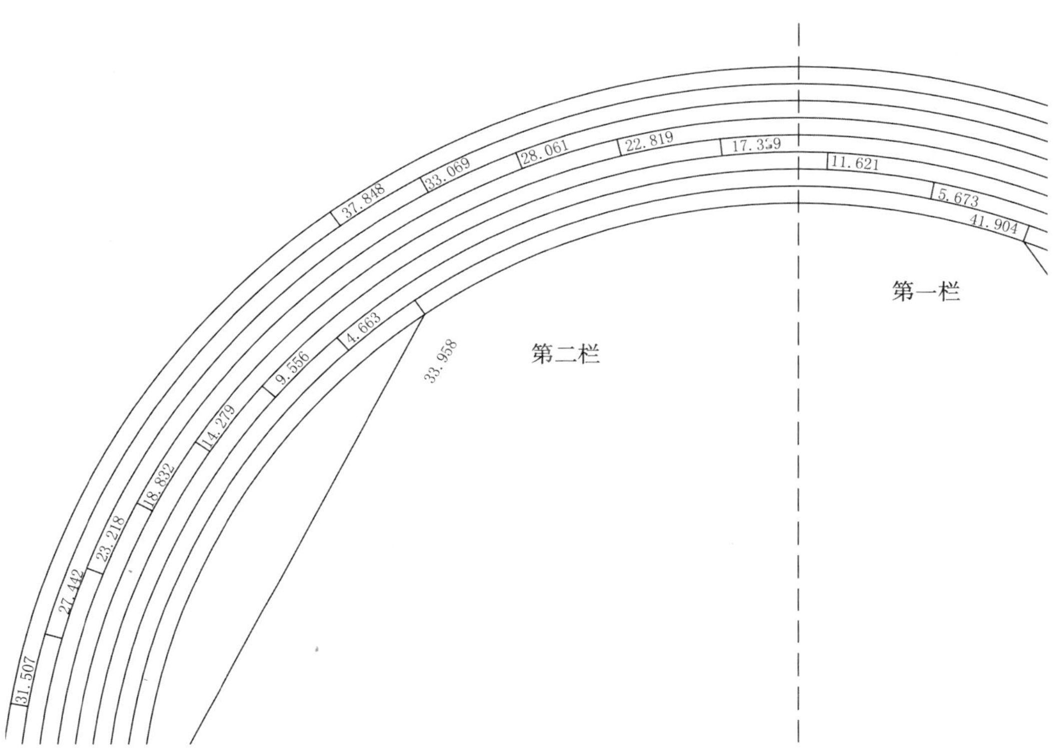

图 1.4.10　400 m 栏第一栏和第二栏的点位(单位:m)

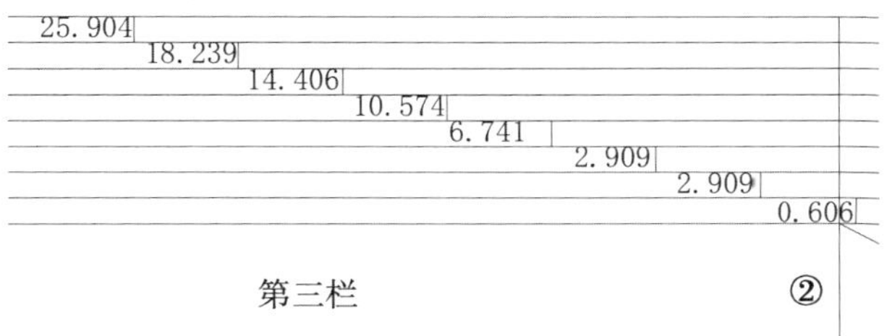

图 1.4.11　400 m 栏第三栏的点位(单位:m)

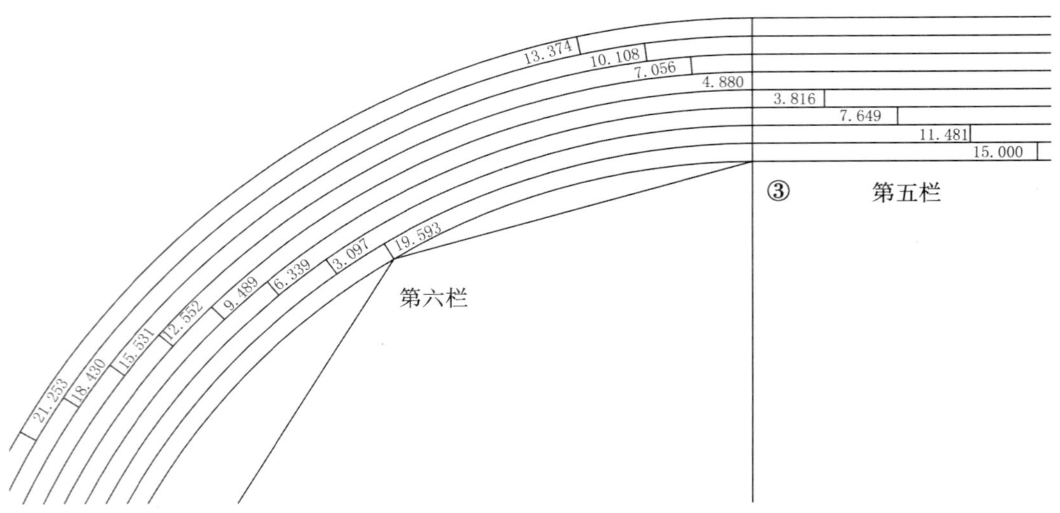

图 1.4.12　400 m 栏第五栏和第六栏的点位(单位:m)

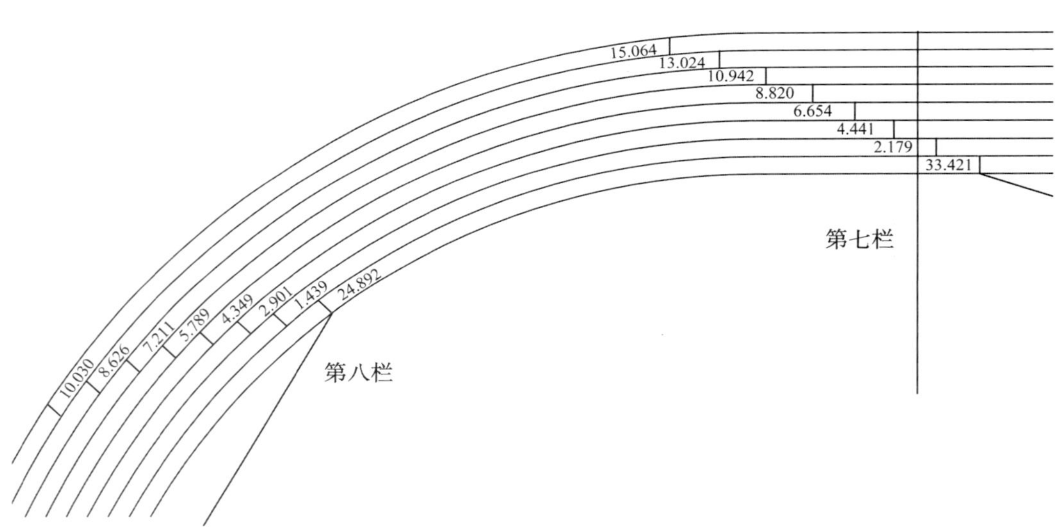

图 1.4.13　400 m 栏第七栏和第八栏的点位(单位:m)

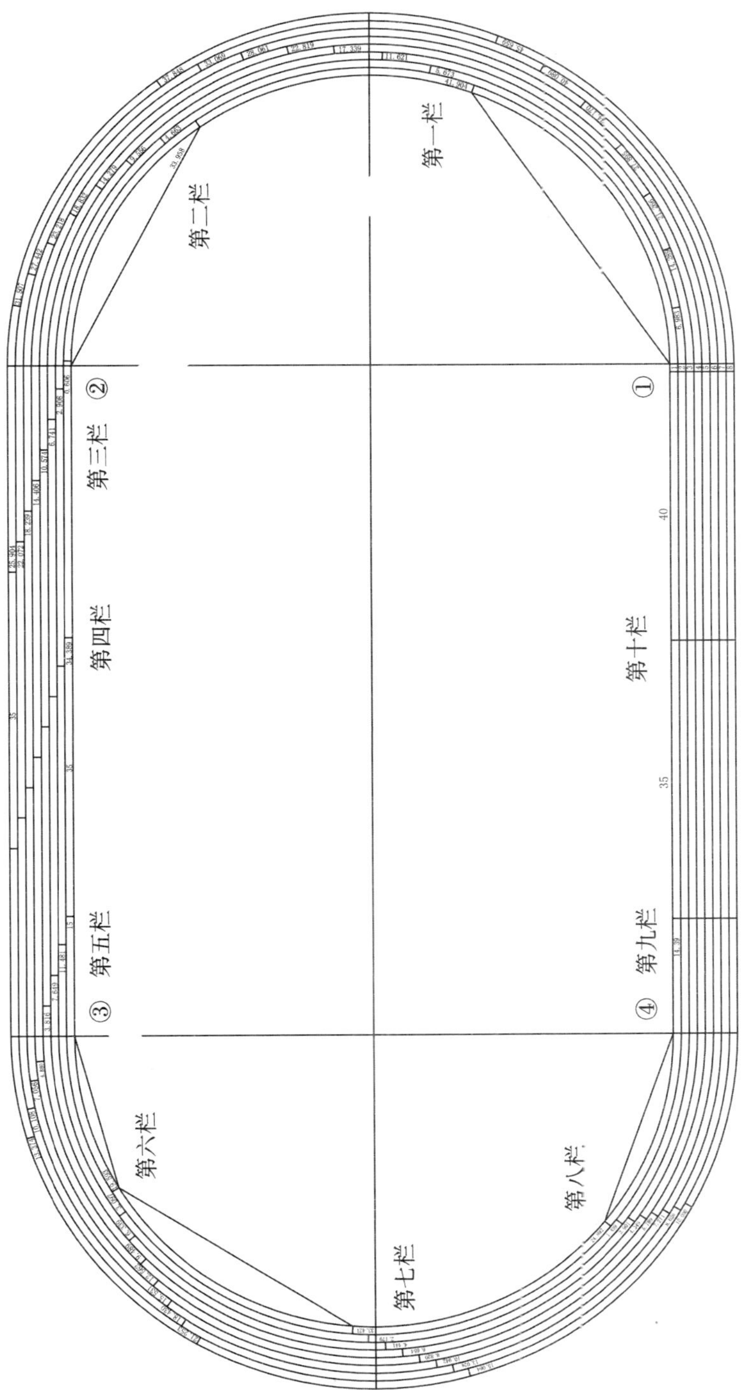

图 1.4.14　400 m 栏的点位示意图(单位:m,R=36.50 m)

（三）少年乙组男子、女子 300 m 栏

1.起跑线

起跑线同 4×100 m 接力跑的第一接力区中线。

2.架置

300 m 栏全程八个栏，第一栏同 400 m 栏第三栏，第二栏至第八栏及以后各栏的位置同 400 m 栏的第四栏至第十栏。

（四）少年男子、女子 200 m 栏

1.起跑线

200 m 栏起跑线同 200 m 跑的起跑线。

2.栏架位置

第一栏：栏架位置在第二弯道上，第一道距起点 16 m，以此为基准点向前丈量。其他各道单位前伸数等于第一道剩余的弯道长度乘以该道的单位前伸数值，计算公式为$C_n=[\pi(r+0.3)-16]\times m_n$。

第二栏：栏架位置在第二弯道上，第一道距第一栏 19 m，以此为基准点向前丈量。其他各道单位前伸数等于第一道剩余的弯道长度乘以该道的单位前伸数值，计算公式为$C_n=[\pi(r+0.3)-(16+19)]\times m_n$。

第三栏：栏架位置在第二弯道上，第一道距第二栏 19 m，以此为基准点向前丈量。其他各道单位前伸数等于第一道剩余的弯道长度乘以该道的单位前伸数值，计算公式为$C_n=[\pi(r+0.3)-(16+2\times 19)]\times m_n$。

第四栏：栏架位置在第二弯道上，第一道距第三栏 19 m，以此为基准点向前丈量。其他各道单位前伸数等于第一道剩余的弯道长度乘以该道的单位前伸数值，计算公式为$C_n=[\pi(r+0.3)-(16+3\times 19)]\times m_n$。

第五栏：栏架位置在第二弯道上，各道距第四直、曲分界线 $\pi(r+0.3)-(16+4\times 19)=23.611$ m。以④为基准点向后丈量。

第六栏：栏架位置在第二弯道上，各道距第四直、曲分界线 $\pi(r+0.3)-(16+5\times 19)=4.611$ m。以④为基准点向后丈量。

第七栏：栏架位置在第二直段上，各道距第四直、曲分界线 $19-\pi(r+03)-(16+5\times 19)=14.389$ m。

第八栏、第九栏、第十栏在第二直段上，分别距上一个栏 19 m，第十栏距终点 13 m。

200 m 栏的栏架位置如表 1.4.12 和图 1.4.15 所示。

表 1.4.12　200 m 栏的栏架位置数据　　单位：m

道次	第一栏		第二栏		第三栏	
	放射线	测量角(O_1)	放射线	测量角(O_1)	放射线	测量角(O_1)
一	③↑15.745	155°05′20″	一↑18.636	125°30′24″	二↑18.636	—
二	↑3.207	150°30′29″	↑2.692	121°47′59″	↑2.203	—
三	↑6.565	145°49′00″	↑5.504	118°00′12″	↑4.492	—
四	↑9.826	141°24′32″	↑8.243	114°26′11″	↑6.731	—
五	↑12.996	137°15′36″	↑10.913	111°04′43″	↑8.921	—
六	↑16.076	133°20′51″	↑13.516	107°54′44″	↑11.067	—
七	↑19.071	129°39′06″	↑16.057	104°55′18″	↑13.169	—
八	↑21.985	126°09′19″	↑18.539	102°05′32″	↑15.232	—
道次	第五栏		第六栏		第七栏	
	放射线	测量角(O_2)	放射线	测量角(O_2)	放射线	测量角(O_2)
一	↑18.636	66°20′33″	④↓23.019	36°45′38″	④↓4.570	7°10′43″
二	↑1.760	64°22′59″	④↓22.764	35°40′29″	④↓4.671	6°57′59″
三	↑3.572	62°22′35″	④↓22.531	34°33′46″	④↓5.065	6°44′58″
四	↑5.355	60°29′27″	④↓22.381	33°31′05″	④↓5.701	6°32′43″
五	↑7.109	58°42′57″	④↓22.313	32°32′05″	④↓6.509	6°21′12″
六	↑8.837	57°02′32″	④↓22.327	31°36′26″	④↓7.432	6°10′20″
七	↑10.540	55°27′41″	④↓22.423	30°43′52″	④↓8.433	6°00′04″
八	↑12.221	53°57′57″	④↓22.597	29°54′09″	④↓9.486	5°50′21″

注：表中各栏位第一道放射线下面的一、二、三分别表示第一栏、第二栏、第三栏；第七栏在第二直段上，距第四分界线④14.389 m；第八栏、第九栏、第十栏在第二直段上，距上一个栏 19 m，第十栏距终点 13 m。

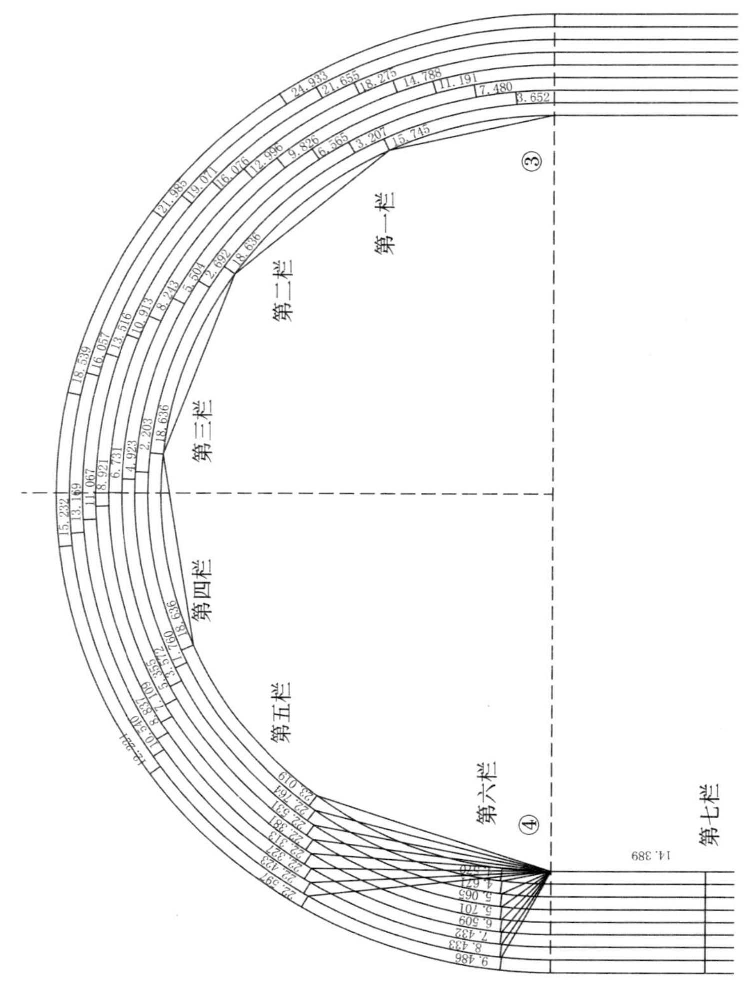

图 1.4.15　200 m 栏点位示意图(单位为 m,R＝36.50 m)

四、径赛不分道项目的起跑线及抢道线

(一)径赛不分道跑项目的起跑线及抢道线

经验表明,将径赛不分道项目的起跑线和抢道线画成一个等半径的圆弧会有一定的误差,虽然误差不大,但是也影响了比赛的公平性。因此,不应该用此方法画不分道起跑线和抢道线。

根据相关规定,应当运用科学的数学计算方法求得渐开弧线与各跑道线之间的交点的坐标,依次将所求的点连接起来,形成渐开线形式的不分道起跑线或抢道线,这种画法是最准确的。

(二)径赛不分道项目的起跑线及抢道线的类型

依第一道起点的位置，径赛不分道项目的起跑线及抢道线类型可分为以下三种。

1.第一种类型：800 m 跑抢道线

该类型涉及最内道起点在直段上的不分道项目的起跑线、抢道线，有 2000 m 障碍跑、3000 m 障碍跑起跑线和 800 m 跑抢道线，下面以半径为 36.50 m、跑道宽 1.22 m 场地的 800 m 跑抢道线为例进行分析。

如图 1.4.16 所示，假设$\overset{\frown}{AB}$是 800 m 跑抢道线，根据竞赛原则，其几何意义是从 B 点到基圆⊙O 最短距离的切线 BD 的长，应该等于第一道直段 $AC+\overset{\frown}{DC}$的长，$\overset{\frown}{AB}$就是我们所要求的抢道线。抢道线与各道实跑线交点至第二分界线的距离通常也称“切入差”。

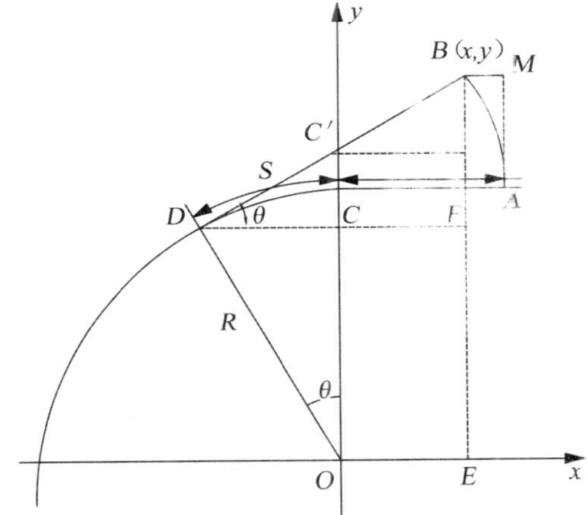

图 1.4.16 抢道线示意图

以半径 $R=36.80$ m 的基圆圆心 O 为原点，建立坐标系。设 A 点为 800 m 抢道线的第一道抢道点，C 点为从直道进入弯道的切入点。设 $AC=l$，$\overset{\frown}{DC}=s$，B 点(x,y)为 800 m抢道线的第 n 道抢道点，过 B 作基圆的切线 BD，切点为 D，则 $BD=AC+\overset{\frown}{DCB}=l+s$，$OD$ 与 y 轴的夹角为θ(弧度)。现要求在 BD 上找一点 C'，使 $BC'=AC=l$，$DC'=\overset{\frown}{DC}=s=R\times\theta$。

对此，可以列出 B 点坐标关于θ 的参数方程：

$$\begin{cases} x=(l+R\cdot\theta)\cdot\cos\theta-R\cdot\sin\theta & ① \\ y=(l+R\cdot\theta)\cdot\sin\theta+R\cdot\cos\theta & ② \end{cases} \qquad (\text{I})$$

第 n 道起点 B 的 y 坐标由图 1.4.16 可知为：

$$y=EF+BF=R+(n-1)\times1.22 \qquad ③$$

设计算出的 $y=k$，将其带入式②，得到：

$$(l+R\cdot\theta)\cdot\sin\theta+R\cdot\cos\theta-k=0 \qquad ④$$

式④是一个非线性方程，求解非线性方程不能用直接法，而要用迭代法，笔者应用牛顿迭代法求解式④，从而求得角度(弧度)。因计算过程较为复杂，故笔者通过C++语言编制程序，利用计算机进行计算，结果如表1.4.13所示，

笔者计算的切入差 BM 数据与800 m跑、4×400 m接力跑各起跑线前伸数和4×400 m接力跑接力区以及异程接力起跑线和接力区等有一定关系，在测画抢道线时，应在第二分界线前的各跑道线右侧0.20 m处向前丈量 BM 长度，然后顺次连接 B_2B_3，B_3B_4，…，$B_{n-1}B_n$，即可划出所求的抢道线 $\overset{\frown}{AB}$(见图1.4.17)。从第二道跑道线外0.20 m处开始起弧。

表1.4.13　800 m跑切入差 *BM* 和垂直点量法数据　　单位：m

道次	R=36.00		R=36.50		R=37.898	
	BM	垂直点量	BM	垂直点量	BM	垂直点量
一	0	0	0	0	0	0
二	0.007286	0	0.007418	0	0.007820	0
三	0.031746	0.026549	0.032319	0.027039	0.034072	0.028507
四	0.073350	0.065335	0.074668	0.066534	0.078696	0.070126
五	0.132024	0.121197	0.134385	0.123409	0.141596	0.130036
六	0.207704	0.194068	0.211401	0.197595	0.222687	0.208150
七	0.300337	0.283894	0.305659	0.289030	0.321899	0.304396
八	0.409879	0.390631	0.417112	0.397669	0.439174	0.418713
九	0.536300	0.514244	0.545726	0.523473	0.574468	0.551055

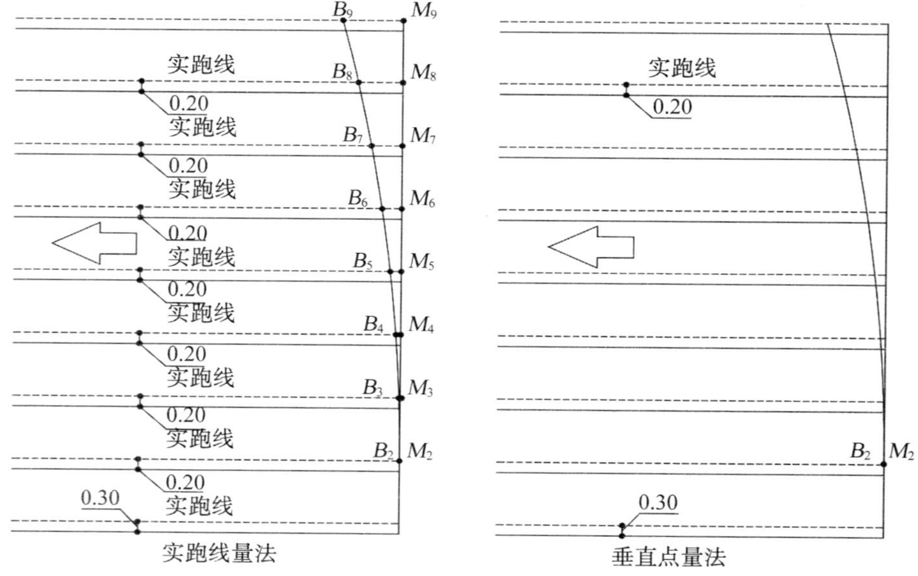

图1.4.17　切入差画法示意图(单位：m)

为了方便测画，应用所编的程序计算，求出垂直点量法数据（见表 1.4.13），便可在跑道线上直接丈量，然后顺次连接各点，从而划出所求的抢道线$\overset{\frown}{AB}$（见图 1.4.17）。从第二道跑道线外 0.20 m 处开始起弧，抢道线是 0.05 m 宽的绿线。

2.第二种类型：10000 m 跑起跑线

该类型涉及最内道起点在基圆上不分道项目的起跑线，有 1000 m、3000 m、5000 m 和 10000 m 四种，下面以 10000 m 跑起跑线测画为例进行分析。

如图 1.4.18 所示，当 A 点在基圆上时，也就是 A 点向前移动与 C 点重合时（可参看图 1.4.16），那么这一条起跑线就是以⊙O 为基圆的渐开线。

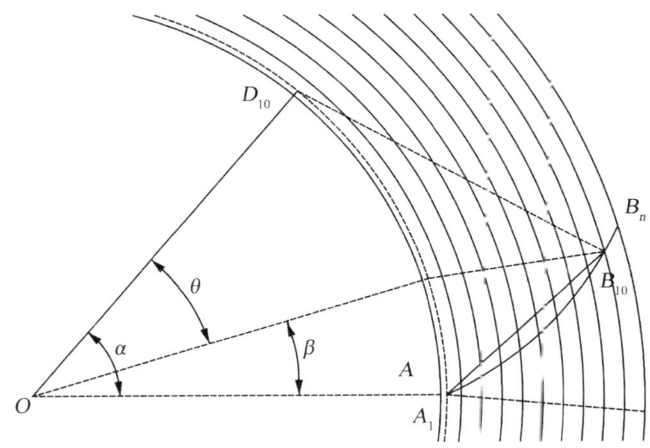

图 1.4.18　10000 m 跑起跑线示意图

其几何意义是：假设曲线 AB 是以⊙O 为基圆的渐开线，B 是曲线 AB 上的一点，BD 切⊙O 于 D，那么 $BD=\overset{\frown}{A_1D}$。$B$ 点坐标关于 θ 的参数方程为：

$$\begin{cases}x=R\cdot\theta\cdot\cos\theta-R\cdot\sin\theta\\y=R\cdot\theta\cdot\sin\theta+R\cdot\cos\theta\end{cases}\qquad(\text{Ⅱ})$$

B 点位于半径为 R_n（第 n 道跑道）的圆弧上，将参数方程Ⅱ的 x，y 代入以⊙O 为圆心、R_n 为半径的圆的方程 $x^2+y^2=R_n^2$，求得角 θ（弧度）和 θ（角度）。

因为 BD 长可通过直角△BOD 求得，即：

$$BD=R\cdot\tan\theta,\angle\alpha=\frac{360^\circ}{2\pi R}\times\overset{\frown}{A_1D}=\frac{360^\circ}{2\pi R}\times BD,$$

则$\angle\beta=\angle\alpha-\angle\theta$。$\angle\beta$ 就是 BO 与 OA 的夹角，CA 是已知的，那么 B 点通过测量就可求得。

还可通过直角△BOD 中已知 OD，OB 长，通过$\frac{OD}{OB}=\cos\theta$，求得$\angle\theta$。因为 $BD=\overset{\frown}{A_1D}$，通过$\overset{\frown}{A_1D}$便可求得$\angle\alpha$，而$\angle\beta=\angle\alpha-\angle\theta$，于是便求得$\angle\beta$。此法计算起来更简便些。

计算求得∠β，根据余弦定理可求得放射线长 $AB_n=\sqrt{R_n^2+r^2-2\cdot R_n\cdot r\cdot \cos\beta}$，则测量角为 180°－∠β。

现根据上述方法，用计算机计算 10000 m 跑起跑线测量数据，如表 1.4.14 所示。

表 1.4.14　10000 m 跑起跑线测量数据　　单位：m

道次	R＝36.00		R＝36.50		R＝37.898	
	测量角	放射线	测量角	放射线	测量角	放射线
一	180°00′00″	0	180°00′00″	0	180°00′00″	0
二	179°47′04″	1.22774	179°47′19″	1.22764	179°48′01″	1.22736
三	179°14′47″	2.48856	179°15′42″	2.48791	179°18′04″	2.48618
四	178°32′18″	3.78480	178°34′03″	3.78313	178°38′36″	3.77870
五	177°42′20″	5.11604	177°45′03″	5.11290	177°52′08″	5.10456
六	176°46′26″	6.48182	176°50′12″	6.47677	177°00′07″	6.46333
七	175°45′35″	7.88164	175°50′29″	7.87424	176°03′26″	7.85457
八	174°40′32″	9.31498	174°46′40″	9.30483	175°02′47″	9.27782
九	173°31′51″	10.78130	173°39′14″	10.76800	173°58′42″	10.73260
道次	R＝36.00		R＝36.50		R＝37.898	
	测量角	放射线	测量角	放射线	测量角	放射线
五	158°52′17″	14.88910	159°07′22″	14.90420	159°47′22″	14.94790
六	158°39′45″	1.22935	158°55′03″	1.22924	159°35′39	1.22894
七	158°12′00″	2.48935	158°27′48″	2.48876	159°09′41″	2.48719
八	157°35′54″	3.78081	157°52′20″	3.77938	158°35′53″	3.77555
九	156°53′35″	5.10337	157°10′45″	5.10073	157°56′13″	5.09367

1000 m 跑、3000 m 跑、5000 m 跑的起跑线画法与 10000 m 跑相同，它们应该在第三分界线前的第二弯道上。

3.第三种类型：1500 m 跑起跑线

1500 m 跑起跑线是在直段的向后延长线上，它的计算和测画包含参数方程Ⅰ、Ⅱ。在此，仍以半径 36.50 m 的标准田径场 1500 m 跑起跑线的画法为例进行分析（见图 1.4.19）。

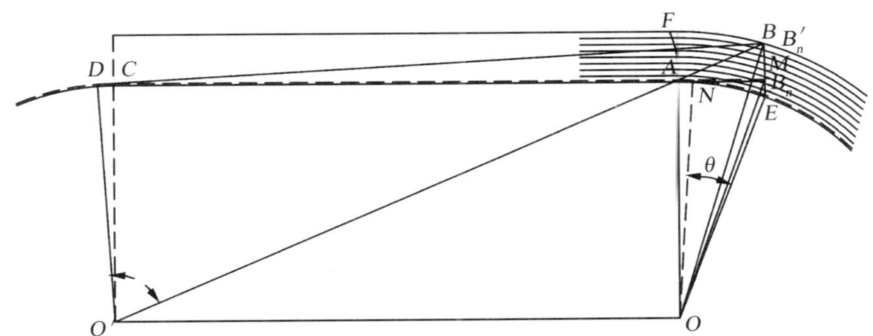

图 1.4.19　1500 m 跑起跑线示意图

设 C 是基圆⊙O'与直段 CA 的交点，A 为基圆⊙O 与直段的另一个交点，M 为 CA 延长线与弯道的交点，且 $CM=100$ m，$OO'=CA=84.39$ m。

由于 1500 m 跑的起跑线（渐开弧线$\overset{\frown}{BE}$）是在第二曲、直交界线后的弯道上，它与弯道上各跑道线的交点是以 M 点为界，在跑进方向左侧的渐开弧线 $\overset{\frown}{ME}$ 适用于参数方程Ⅱ，在跑进方向右侧的渐开弧线$\overset{\frown}{BE}$适用于参数方程Ⅰ，因此应先判断 M 点在第几道上。通过计算可知：

$OA=36.80$ m，$AM=CM-CA=100$ m-84.389 m$=15.611$ m，$OM^2=AM^2+OA^2$，求出 $OM=39.974$ m，第三道半径为 38.94 m，第四道半径为 40.16 m，38.94 m$<OM(OM=39.974$ m$)<40.16$ m，由此推定 M 点在第三道上。

另外通过计算可推定：当 $R=36$ m 时，M 点在第三道上；当 $R=37.898$ m 时，M 点在第六道上。

(1)如图 1.4.20 所示，第一至第三跑道线与起跑线（渐开线$\overset{\frown}{ME}$）交于点 B_n，B_n 到⊙O 的切点为 N，令$\angle NOB_n=\angle\theta$，$\angle B_nOE=\angle\beta$，用参数方程Ⅱ计算求得$\angle\theta$，$NB_n=R\cdot\tan\theta$。

因为$\angle NOE=\dfrac{360^\circ}{2\pi R}\times\overset{\frown}{ME}=\dfrac{360^\circ}{2\pi R}\times NB_n$，所以$\angle\beta=\angle NOE-\angle\theta$，求得$\angle\beta$，则测量角$\angle AOB_n=\angle AOM+\angle\beta$。

求得$\angle AOB_n$，根据余弦定理，求得放射线$AB_n=\sqrt{R_n^2+r^2-2\cdot R_n\cdot r\cdot\cos\angle AOB_n}$。

(2)第 $4-n$ 道跑道线与渐开线$\overset{\frown}{MB}$的交点 B_n 是关于基圆⊙O'，用参数方程Ⅰ计算求$\angle\theta'$。

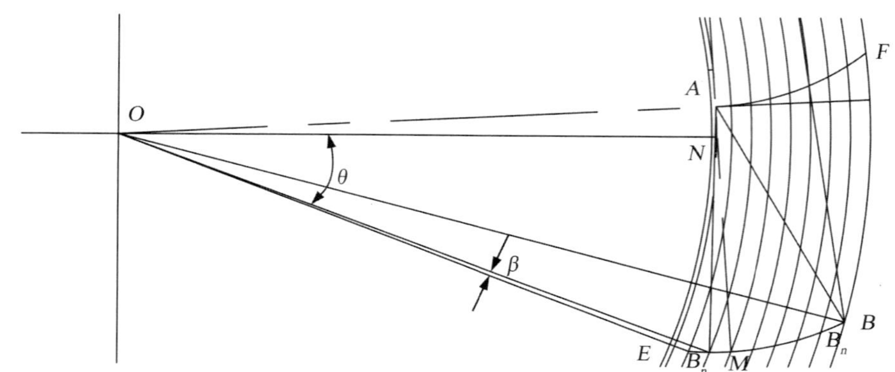

图 1.4.20　1500 m 跑起跑线示意图

设场地直段长 $l=100$ m，两圆心距离 $=84.389$ m，第 n 道半径为 R_n，则有：

4－n 道各跑道线圆的轨迹为 $(x-m)^2+y^2=R_n^2$ ⑤

将式①②代入式⑤得到式⑥：

$2Rl\theta'+R^2\theta'^2-2\cos\theta'-2Rm\cos\theta'+2Rm\sin\theta'+(l^2+R^2+m^2-R_n{}^2)=0$ ⑥

应用迭代法和 C＋＋语言编制的程序计算式⑥，求得 $\angle\theta'$，代入参数方程Ⅰ，得到点 $B_n'(x,y)$ 的坐标，则测量角 $\angle AOB_n'=\arctan(\frac{y}{x})$。

相关计算结果如表 1.4.15 所示。

表 1.4.15　1500 m 跑起跑线计算结果　　单位：m

道次	R＝36.00		R＝36.50		R＝37.898	
	测量角	放射线	测量角	放射线	测量角	放射线
一	22°09′37″	13.83716	24°18′18″	15.36752	30°00′00″	19.61703
二	21°56′42″	13.98783	24°05′38″	15.53650	29°48′01″	19.83814
三	21°24′25″	14.03176	23°33′59″	15.58966	29°18′04″	19.92756
四	20°43′40″	14.05924	22°52′22″	15.61110	28°38′38″	19.97192
五	20°03′14″	14.17461	22°08′42″	15.67297	27°52′10″	19.99674
六	19°23′50″	14.39196	21°26′13″	15.82866	27°01′49″	20.01976
七	18°45′22″	14.70702	20°44′50″	16.07562	26°12′42″	20.11214
八	18°07′47″	15.11390	20°04′27″	16.40992	25°24′57″	20.27908
九	17°30′59″	15.60567	19°25′00″	16.82655	24°35′26″	20.51880

第五节　给水排水设计

一、给水设计要求

(一)运动场地表面喷水

运动场地表面喷水可以起到以下作用：清洁合成材料面层和投掷圈；如运动场地表面铺设草皮，则可保证草的生长；湿润落地区沙坑；为障碍水池供水等。需要设置喷水洒水点的地方有环绕运动场区域，邻近投掷圈、落地区沙坑和障碍水池处等。运动场表面可以通过如下方法供水：从上方，水由压力喷水器供给；从下方，水由封闭的水体通过土壤结构下层的渗透作用供给。

1.草皮的根部区域

动力层和非合成矿物面层表面，从下方供水的供水系统不适合使用人工草皮。对运动场表面供水时，应优先选择喷水器供水，而且最好是使用自动升降式喷水器的固定系统。

非固定供水系统常在下列情况下使用：喷水器连接铺设在地上的水管，由水管供水或临时铺设的供水线路供水；喷水器连接在临时铺设的管道的三脚架上，或者通过绳索牵拉，连接在水压泵驱动的移动底盘上。水可以通过主要管道供给，或者由天然水源(河流、水池、湖泊)供给，或者由水台供给。在特定的环境下，也可使用工业用水。

对喷水系统的要求如下：

(1)均匀喷洒：喷水器供水系统应该保证均匀地提供所需水量的±50%，以保证草皮生长和运动场面层的稳定。水量的均匀分配会受到风和气压条件的影响，可以通过将喷水器更紧密地排列来减少这种影响。

(2)喷洒时间：喷水供给系统必须在12～18 h内给草皮面层供应足量的水，对非合成矿物层表面则需供水15～20 h。

(3)草皮面层：草皮面层在漫长的无雨季节必须适时喷水，喷的水必须能够渗透到建造的结构中。例如，草皮支撑层必须充分潮湿，为此要求每平方米喷水15～25 L，最迟当草皮显露初始的枯萎迹象时，必须往草皮上喷水。否则，草皮表面就会出现直径0.10～0.30 m的暗灰色斑痕(灰化现象)，草的叶片也将卷曲。喷水间隔时间(喷水周期)取决于白天的最高温度，可以根据表1.5.1中的参考数值来确定。

表 1.5.1 白天最高温度和喷水间隔时间的关系

白天最高温度	喷水间隔时间
30 ℃以上	大约 5 天
25～30 ℃	6～8 天
20～25 ℃	8～12 天
20 ℃以下	12 天以上

2.非合成矿物面层

非合成矿物面层按照每平方米 10～15 L 的量喷水，力争避免灰化现象以及表面抗撕裂力降低现象的出现。表面抗撕裂力降低本身就表明了运动场面层的松动。

(二)喷水系统

1.非固定喷水系统

由三脚架支撑或在压力管道上设置的临时的喷水管必须固定，供给线和连接部分不能渗水。只有在地面硬实、不再湿透时，方能移动吸水设备。在喷水速度不依赖于水压时，必须保证活动喷水器有尽量大的喷水量。经验表明，即使有理想的水压，也远低于实际所需要的水压，所以每一区域的喷水都须反复进行。由于成本高、水量分配不均匀，所以不建议使用非固定喷水系统。

最常见的非固定喷水方法如图 1.5.1、图 1.5.2 和图 1.5.3 所示。

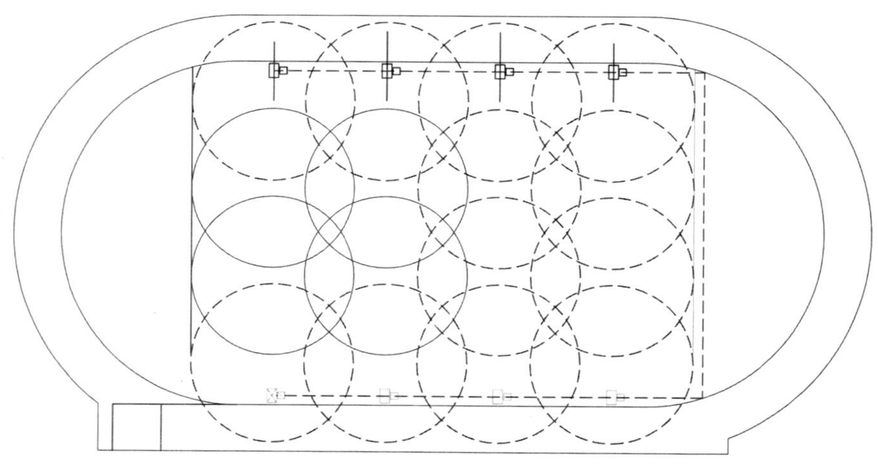

图 1.5.1 软管供水三脚架喷水系统

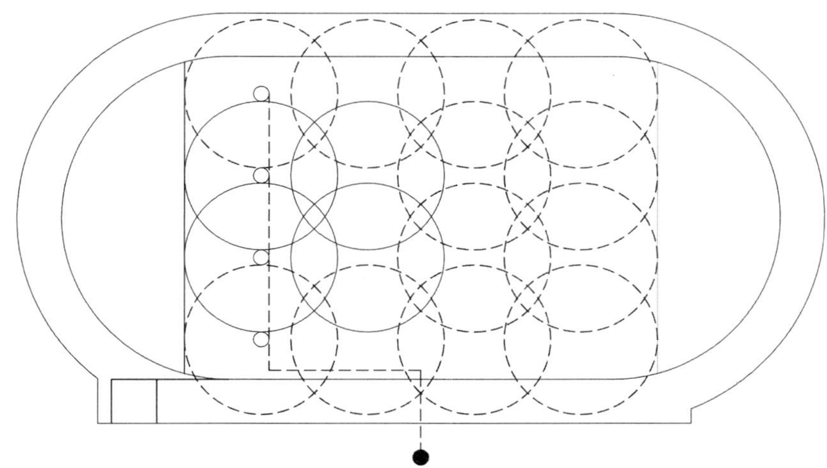

图 1.5.2　临时水压管喷水系统

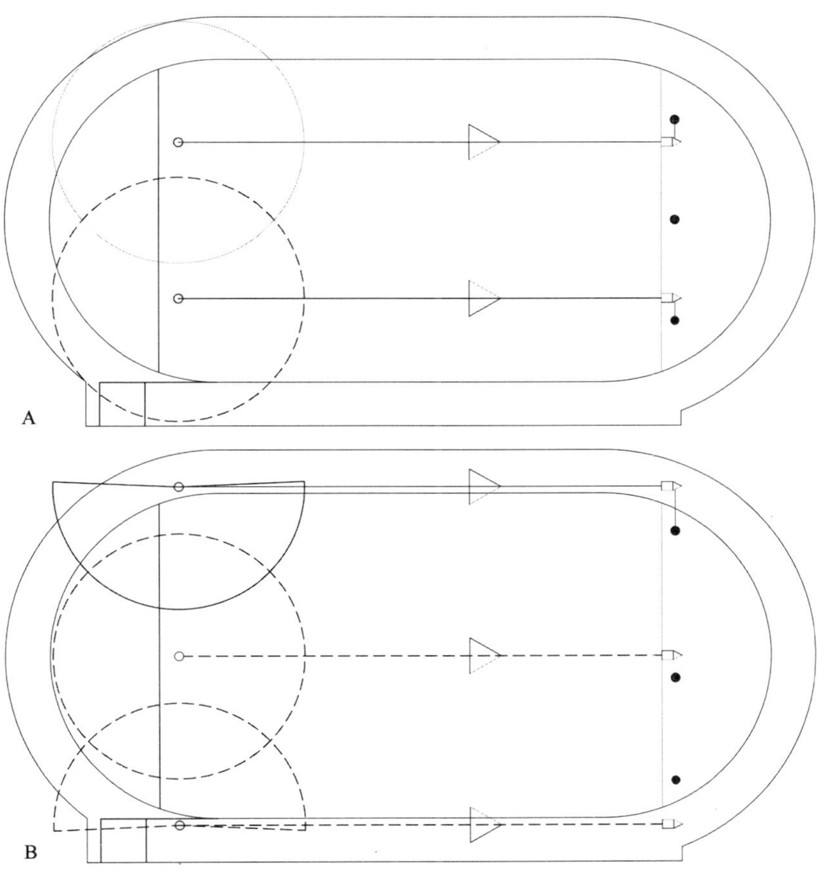

图 1.5.3　滑车喷水系统(注:A 用作场地上的全圈喷水装置,B 用作场地中央的全圈喷水装置和设置在跑道上的半圈侧面喷水装置)

2.固定喷水系统

固定喷水系统由塑料或钢铁供水管制成，放置在沟渠中，向喷水器输送加压的水，管道的直径大于 65 mm。放置管道的沟渠须宽 0.30 m，深 0.30～0.50 m。为防止发生霜冻，在放置管道时，应该尽可能把管道中的水排除，如将管道置于斜坡上或用压缩空气排除之。当喷水器关闭时，盖子与运动场表面齐平；当喷水器启动时，水压使盖子自动打开。在运动区域中间，有 360°的喷水器；在运动区域边缘或跑道内沿，有 180°的喷水器；90°的喷水器设置在运动区域的各个角落。

整个喷水系统可以采用水压或电控的方法分成几个喷水区，以便更有效地利用水量和水压。喷水器的出水量由阀门调节，它的开关受水压或电脉冲控制。有时阀门装在运动区域外的供水线上，因此每个喷水器应有自己的供水线。喷水器的运行时间常常由带计时器的控制线路控制。

根据运动场地面层类型和均匀喷水的需要，建议作下列安排：

(1)人工草皮和合成跑道面层的大运动场如图 1.5.4 所示。

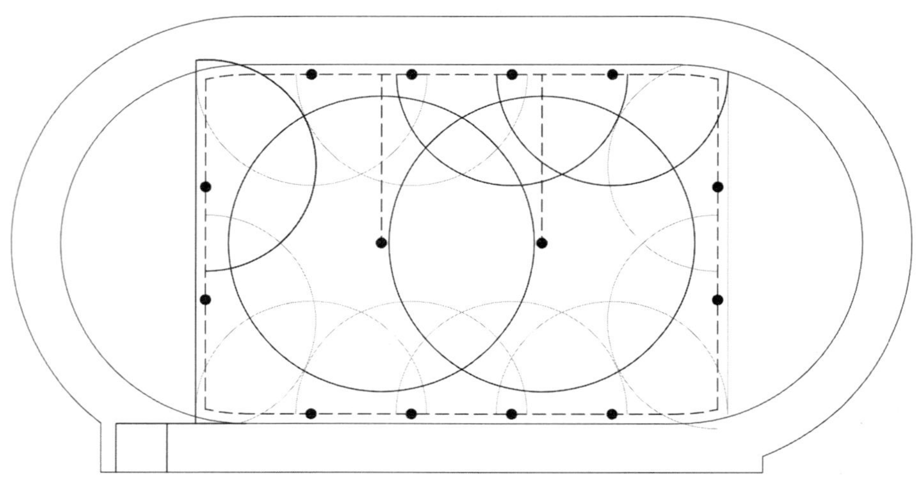

图 1.5.4　人工草皮场地和合成面层跑道大运动场的固定喷水系统安排

(2)草皮和合成跑道的大运动场，高度均匀的喷水点如图 1.5.5 所示。

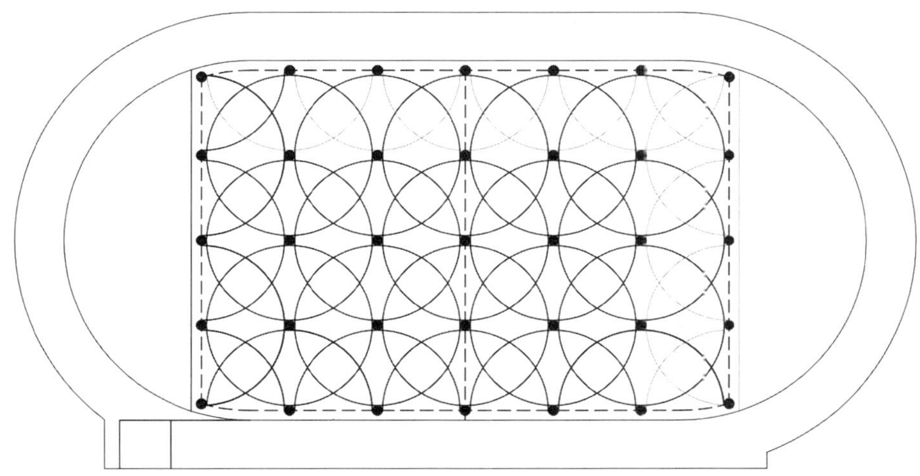

图 1.5.5　自然草皮场地和合成面层跑道大运动场，高度均匀喷水的固定喷水系统安排

（三）供水速率和水压

喷水系统供水的速率至少为 20 m^3/h。非固定喷水系统的供水速率较低，供水量常常不足。假如所需的供水速率达不到，就必须提供一个大的贮水池。

喷水的范围依赖于喷水器中的水流压力。在固定喷水系统中，要求提供至少 5.5 Pa 的压力，连接在主管道处的供应线压力要求至少为 6.5 Pa 或 7 Pa。如果水压不足，需要安装一台升压器。

（四）供水

无论是何种来源，水的选用都必须征得有关管理机构的同意。

1.主管道供水

水常常是由主管道供给的。安装一个单程阀门可以阻止医喷水器供给线或蓄水池的回流导致的饮用水污染。

在设计喷水系统之前，应了解当地的水压和水资源情况，以决定是否设置升压器或贮水箱。水的价格变化也会影响运动场面层维护的费用。

2.开放水体

可以通过水泵，用吸水管从河流、湖泊中取水。水泵、管道网络和喷水器必须采取保护措施，以防污染水源。在使用开放水体之前，必须检测它的植物适应性、污染程度及可供水量的季节性变化。采用开放水体水源通常比较便宜。

3.水井

如果有充足的地下水，则可以从打出的井中，通过装有过滤管的水泵吸水。由于相关费用取决于井的深度和供水的速率，因此建议采用测试孔。

4.现场储水

作为一种节水措施，屋顶和面层上的积水可以收集到水箱或水坝中，用来冲洗厕所、清洁面层和浇灌草皮。对此，需要建立一个独立于饮用水供应管道之外的网状系统。

二、排水设计要求

（一）排水概述

除了能够保证内场草地面层所需外，水还会影响运动训练和比赛场地，并能毁坏非合成材料面层和草地面层。在运动场表面或内部，水会改变运动场面层的特性。例如，在合成材料表面，积水还会造成障碍，所以通过各种措施除去运动场表面的积水是非常重要的。

运动场表面的水主要由于降水而聚积，如雨、雾、露水和雪等。在少数情况下，积水是由设计错误造成的。运动场表面的水也可能来自运动场表面地层等外部的水源，或者水压大于运动场的水压的地方。在这种情况下，应采取特别措施排掉聚积的水，不仅包括在运动场表面的水，还包括在观众席、邻近的交通区、附近其他运动场表面、辅助区域表面的水。图 1.5.6 所示为表面水的流向和各个区域表面的排放系数。

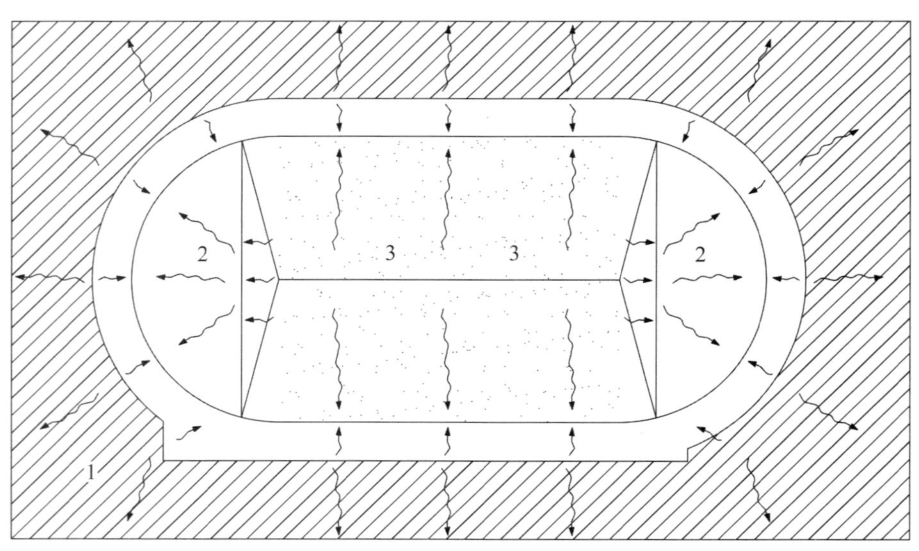

图 1.5.6　表面水的流向，括号内为各个区域表面的排水系数

1：地面水植被区（0.25）、铺设道路（0.6）、沥青路（0.8）、水泥路（0.3）。

2：非合成矿物面层（0.5）、非渗透合成表面（0.9）、渗透合成表面（0.5）、草皮（0.25）。

3：草皮（0.25）、人工草皮（0.6）。

一般情况下，排水系统存在如下区别：

表面水的排放管道接到合适的沟槽或单独的入水通道上，把水从排水管输送到水池里，通过可渗透的表层下土壤，以渗水的形式或者通过排放管系统把水引到水池里。

跑道和其他运动设施的地下排水系统包括位于其上面的表面排水系统。排放表面水时，水会渗透（渗透水）到下面去，在不渗透的地层中被收集起来，通过排水管道输送到纳水池中。在多孔隙的渗透性地带中，水可渗透到较低一层的地基中。地面的水必须排掉，这样才能让跑道维持一定的负重能力。这些渗透的地层水也能通过地下排水系统排到纳水池中。

由于生态因素无法通过排水系统排除的、在运动场地上累积的剩余水，需要检查将其排除的可能性。一般来说，只有在地层有渗透能力时才有可能将其排除。如果水聚集得很多，建议装一个纳水池。

排水系统通常由一个包括多孔隙的非合成沙砾、碎石层和排水通道组成，可将剩余的水排到纳水池中。

（二）相关定义

1.表面排水

表面排水针对的是运动场表面的非合成基层，它能通过其中的孔隙吸收渗透下来的水，并把它们送到最近的排水渠道中。

2.排水通道

排水通道由排水沟、排水管和管道填充物组成，它能吸收地表和地层下多余的水，并把这些水送到纳水池中。

3.排水填充物

排水填充物是排水沟的填充物，由混合矿物组成，具有很强的水渗透能力。

4.泄水管

泄水管可以吸收地表和出水口的水，并把这些水送到纳水池中。泄水管有透水的壁，它们可以用作可弯曲的管道或局部有孔的管道。如果排水填充物具有稳定的过滤性能，那么没有过滤罩的泄水管通常也可用在运动场上。

5.封闭管道

封闭管道吸收从泄水管来的水，并把这些水送到纳水池中，它的壁是不透水的。

6.纳水池

纳水池是蓄水的地方，连接排水网络或排水井。

7.检查井、沉淀井和渗透井

检查井是底部封闭的井状结构，与供水管线和排水管线有一样的高度。沉淀井设置在泄水管和封闭管线之间，它的封闭底部位于排水管线底部最少 0.5 m 以下。在渗透型的地表中，渗透井能够承受来自泄水管的水量，它在渗透区域有一个开放的渗透底层和一个渗透管罩。

8.外来水

外来水是由外界区域的表面水汇成的，或是由地下水顺着水位落差流到运动场的水。在流到运动场前，外来水可以通过排水管道或沟渠排掉，或是引流到纳水池里。

9.排水口

排水口是为了收集运动场表面的水并排到排水管里而设的一个结构，其形式包括围绕跑道的中空的槽、在跑道周围的单独入口管道和明沟渠。

10.环绕主管道和集水管线

环绕主管道和集水管线包括封闭管和部分有孔的管道，它们用于把水从出口和运动场下的水管汇集输送到纳水池里。

（三）要求和建造

1.表面排水管道

表面排水管道由非合成基底层组成，它必须满足的条件是最小吸水率不得低于0.0001 m^3/s。

2.排水通道

铺设的排水通道必须与地面成直角。如果跑道宽度超过 5 m，则排水管道应位于跑道的中间。

排水通道的沟底宽至少要与管道直径一样，并且与沟沿必须有 70 mm 的距离。沟底宽度的计算公式如下：

$$b=d+2\times 70 \tag{1.5.1}$$

式中，b 为沟底宽，d 为管直径，单位均为毫米(mm)。

排水通道间的距离取决于当地降水量和地层的渗透能力，应该在 6～7 m 之间。但如果必须降低地下水位，则一般可缩短排水通道间的距离。

泄水管应由塑料制成，必须有超过 250 m^3/min 的吸水能力，最小倾斜度为0.3%，最大为倾斜度为 0.5%。

泄水管必须细心维护，保证在表面水吸入的同时没有混入细粒。管道必须经常清洗。填埋泄水管至地面的高度，泄水管必须用管道填充物覆盖至少 0.2 m。

管道填充物必须有充足的渗透能力，防止从上层渗透的水聚集起来。吸水率必须高于 0.0001 m^3/s。用作建筑材料的矿渣混合物必须防霜冻，并且颗粒大小为 0.06～32 mm。8～32 mm 的颗粒混合物比其他颗粒混合物更好，因为它们不会沉淀，并且不受霜冻影响。

3.封闭管道

封闭管道的尺度设计必须保证流速不小于 0.5 m/s，最大不超过3 m/s。管道可以由塑料、混凝土、强化混凝土制作。

4.检查井、沉淀井和排水井

检查井必须沿排水收集管和封闭管道安装，相互之间的距离不超过 110 m。在任何一点上有倾斜度或方向的变化时，也应设有检查井。检查井底必须装备一个水槽。检查井的最小直径为 1000 mm，必须适合成年人使用。如果深度允许，还要安装一个搅拌器。

沉淀井与检查井的建造结构标准相似，但是沉淀井底部至少要在排放管 0.50 m 以下。

根据渗透水量，排水井直径必须在 1000 mm 和 2500 mm 之间，其还要有一个能渗透水的过滤层。

检查井、沉淀井和排水井的盖子必须与邻近区域齐平。如果这些井设置在邻近运动场的安全区里并且不在表面下，则它们必须用软表面盖子。

5.跑道环绕沟渠网(覆盖或中空形式的沟渠)

跑道四周的沟渠长度一般为 33～35 m，通过 6～8 个集水箱和水收集管线连在一起。集水箱应该设有防沙装置。集水箱通常长 0.50 m，并且和沟渠的顶部一样宽。

如果水从顶部进入沟渠，则狭缝必须在 10～15 mm 之间；如果水从侧面进入，则狭缝必须在 10～25 mm 之间。这样的沟渠大多是聚酯制成的中空沟渠，有可移动的顶盖，横截面积 125 mm^2，设计成有倾斜的角度。

如果沟渠顶盖的顶部边缘与邻近表面不在一个水平面上，那么为防止发生意外，要以至少20 mm的半径将边缘磨圆。当围绕跑道安装排水沟渠时，必须符合跑道边缘的尺寸要求。

图 1.5.7 至图 1.5.11 所示为跑道和草地的沟渠(见图 1.5.7 和图 1.5.8)、跑道及其周围部分(见图 1.5.9)、单独的设计(见图 1.5.10)和有集水箱的设计(见图 1.5.11)。

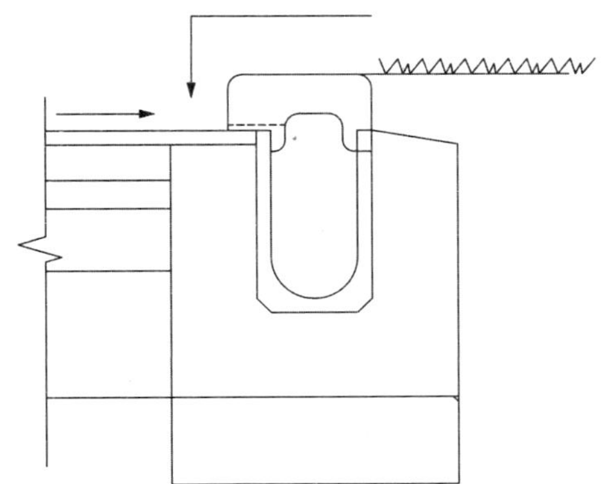

图 1.5.7　水从一边进入沟渠

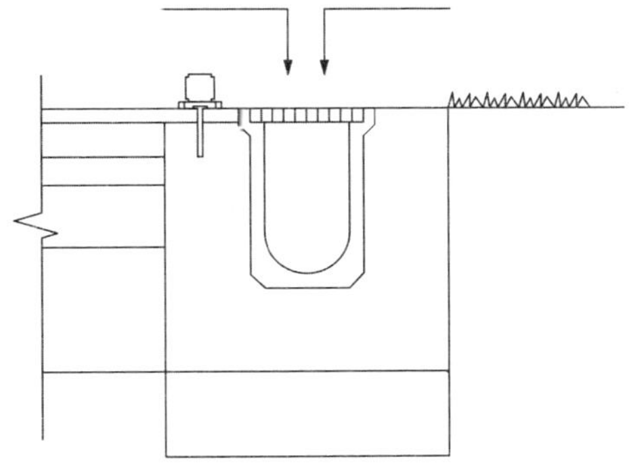

图 1.5.8　有顶部凸沿从上边入水的沟渠

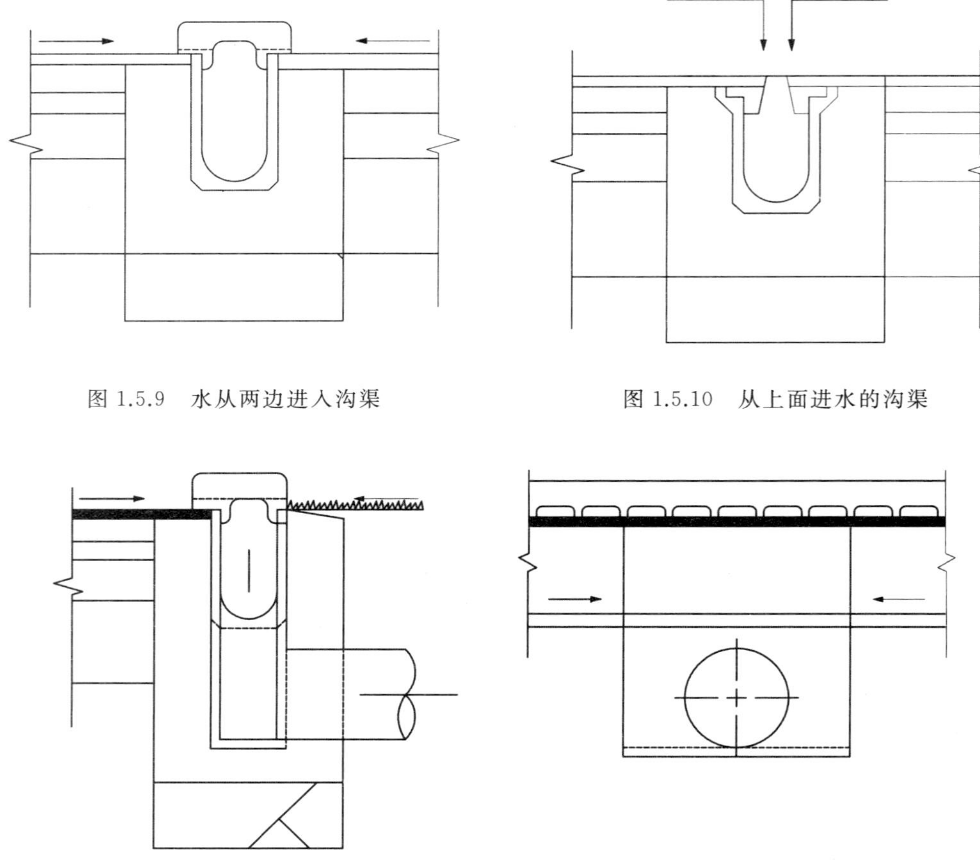

图 1.5.9　水从两边进入沟渠

图 1.5.10　从上面进水的沟渠

图 1.5.11　集水箱连有从一边入水的沟渠(A)和连在一个排水管上(B)

周围沟渠的基础通常是混凝土的(最小抗压 15 N/mm^2),沟渠底部深度至少为 200 mm,底部的支撑物厚度必须至少为 80 mm。

6.跑道的内部独立排水管

如果用单个排水管道,则它们通常是被嵌在跑道周围的土里面,与环绕主管道连在一起,且必须安装防沙装置。

单个入口管道的缝隙高度至少为 10 mm,不超过 25 mm;入水面积至少应为 0.001 m^2。在非渗透的合成表面上,两个单个的入口管道之间距离不超过 2.50 m(如果是渗水合成面层和非合成矿物面层则不超过 5.50 m)。单个入口管道(见图 1.5.12 和图 1.5.13)是由聚酯混凝土或金属做成的,以中空沟渠的形状嵌入混凝土泥基础里。

单个入口管道尚未被证明适用于竞赛跑道。

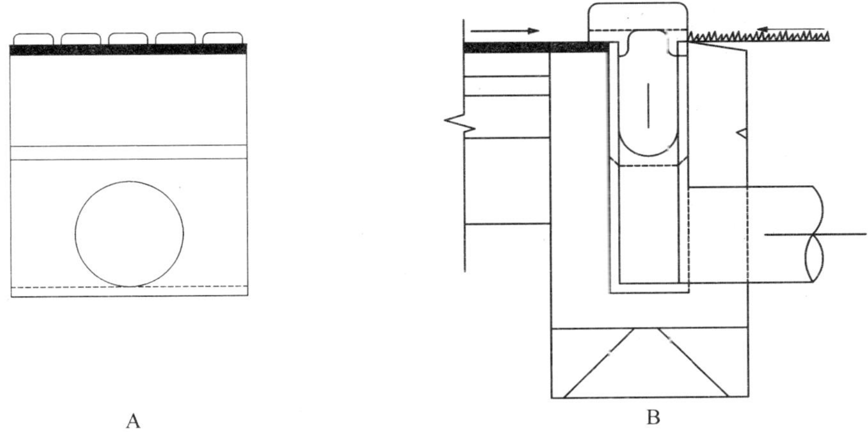

图 1.5.12　从一边给水的单个入口管道(A 为横剖面,B 为纵剖面)

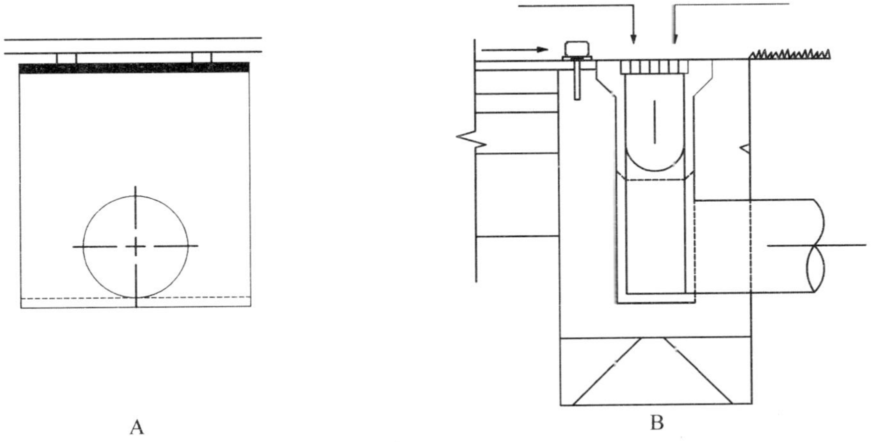

图 1.5.13　从上面给水的单个入口管道,顶部装有凸沿(A 为横剖面,B 为纵剖面)

7.明渠

明渠是用来排放辅助区域的表面水(见图 1.5.14 至图 1.5.16)的结构,它们是一些明管道,由混凝土或聚酯混凝土制成。明渠都装有排水管,如单个入口管道或者有一定间隔的集水箱。

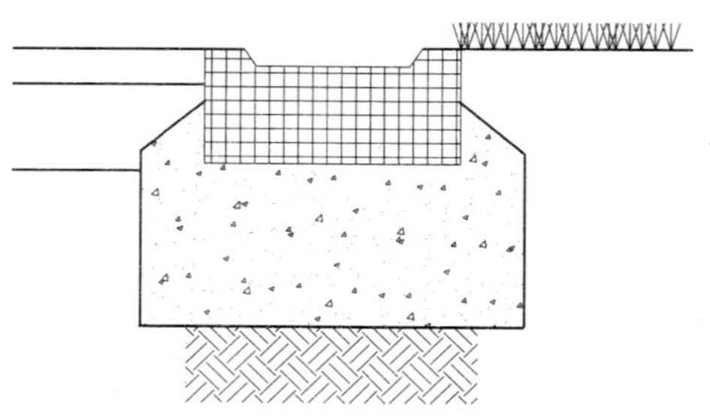

图 1.5.14　混凝土或聚酯混凝土制成的明渠

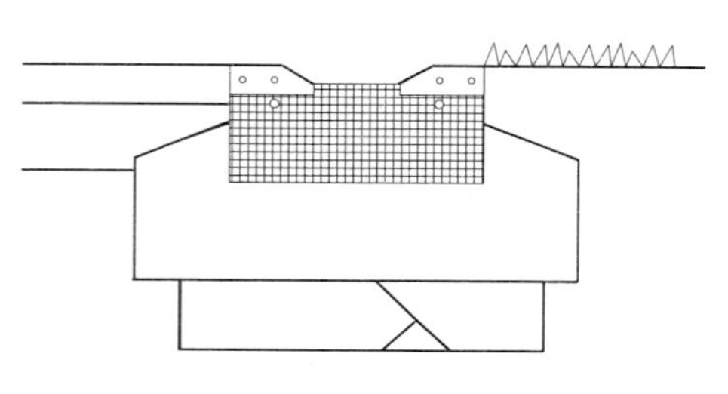

图 1.5.15　边缘是塑料或橡胶制成的明渠

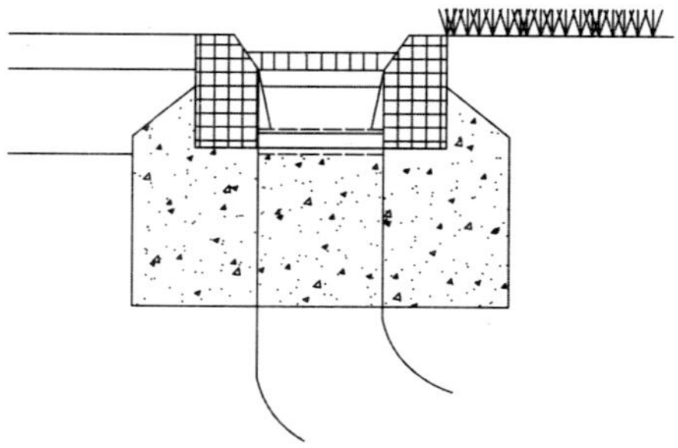

图 1.5.16　带有防沙装置的排水明渠

8.环绕主管道和集水管线

环绕主管道和集水管线包括：

(1)封闭管道，其最小流速 0.50 m/s，最大流速 3 m/s 左右，由塑料、混凝土或强力混凝土做成。

(2)排水管道，其大都是底部封闭的有孔管道。

使用上述两类管道做环绕主管道时，管道的直径是按这样的假设计算的：排水管充满水时，能够减少 50%的总供水量。用来排掉表面水的环绕管道在设计上必须有一个最小倾斜度(0.3%)和一个最大倾斜度(0.5%)。

(四)计算和设计

1.场地排水系统的尺寸

如果只排放场地表面、场地和地下的渗透水，由于运动设施的积水面积相对较小，因此不需要计算排水量。运动场排水管的直径分别为：

(1)运动场内排水管(吸入)的直径:65 mm。

(2)最大面积为 3500 m^2 的运动场,收集管和主环绕管道排除来自排水通道的水:100 mm。

(3)面积在 3501 m^2 至 5000 m^2 之间的运动场,收集管和主环绕管道排除来自排水通道的水:125 mm。

(4)面积在 5001 m^2 至 7500 m^2 之间的运动场,收集管和主环绕管道排除来自排水通道的水:150 mm。

(5)面积在 7501 m^2 至 15000 m^2 之间的运动场,收集管和主环绕管道排除来自排水通道的水:200 mm。

2.表面水排放系统的参数

需排水量取决于降水和估计值,降水量由于各地的降雨条件变化很大而各不相同,但是可以假定是每公顷每秒 120 L。

排放系数(Psi)取决于跑道面层(渗透型和非渗透型)和邻近运动场面层的类型;邻近交通的类型也要考虑,如果它们对跑道排水产生影响的话。邻近的辅助区中,水会从这里流到跑道上去。

排放系数可以合并到总排水量的计算中,相关数值如下:

合成面层(非渗透型)	0.90
合成面层(渗透型)	0.50
非合成矿物面层	0.50
人工草皮面层	0.50
自然草皮面层	0.25
铺设道路	0.60
吸水道路	0.30
沥青道路	0.80

3.管道横断面

降水估计值为 120 L/(s・ha),排水区域设定为 F(单位:m^2)。如果道路宽度不超过 2.50 m,则应该允许从附近道路排放表面水,否则应安装其他特殊的排放装置,而且要分开计算。

表 1.5.2 和表 1.5.3 表明,管道横断面的必需值取决于环绕管道的排水量,而所排的水则由具备所选择的底层倾斜度的集水箱供给。

表 1.5.2　排水管道与有孔管道的排水量

单位:L/s

管道直径/mm	底层倾斜度					管道类型
	1.0% 1∶100	0.75% 1∶133	0.50% 1∶200	0.40% 1∶250	0.33% 1∶300	
65	1.47	1.28	1.04	0.93	0.81	d
80	2.56	2.21	1.81	1.62	1.40	d/PP
100	4.64	4.02	3.28	2.94	2.54	d/PP
125	8.42	7.30	5.95	5.32	4.61	d
150	13.68	11.87	9.68	8.66	7.50	PP
160	16.25	14.09	11.49	10.29	8.91	d
200	29.47	25.56	20.84	18.64	16.15	d/PP
250	53.44	46.34	37.79	33.80	29.27	PP

注:d 表示排水管道,PP 表示部分有孔的管道,后同。

表 1.5.3　封闭管道的排水量

单位:L/s

管道直径/mm	底层倾斜度						
	1.0% 1∶100	0.66% 1∶150	0.50% 1∶200	0.40% 1∶250	0.36% 1∶275	0.33% 1∶300	0.30% 1∶333
100	5.11	4.17	3.61	3.23	3.08	2.95	2.80
125	9.26	7.56	6.56	5.85	5.58	5.34	5.07
150	15.05	12.29	10.64	9.52	9.08	8.69	8.25
200	32.42	26.47	22.92	20.50	19.55	18.72	17.77
250	58.78	47.99	41.56	37.18	35.45	33.94	32.21
300	95.58	78.04	67.59	60.45	57.64	55.18	52.38
350	144.18	117.72	101.95	91.19	86.94	83.24	79.01
400	205.85	168.08	145.56	130.19	124.13	118.85	112.80

4.表面水排放系统

(1)跑道区域:图 1.5.17 所示为从跑道外沿到内沿的排水沟渠的排水方向和倾斜度。

(2)半圆区域:半圆区域内的表面水向跑道内沿排放,图 1.5.17、图 1.5.18、图 1.5.19 和图 1.5.20 所示为不同的沟渠类型。

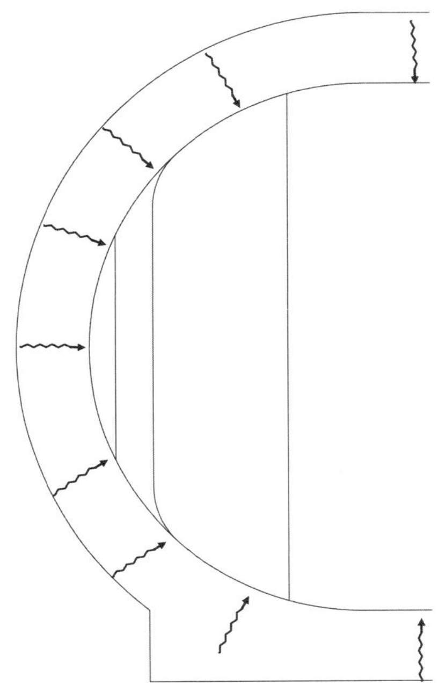

图 1.5.17　由跑道外沿向排水沟渠排水的倾斜度和方向

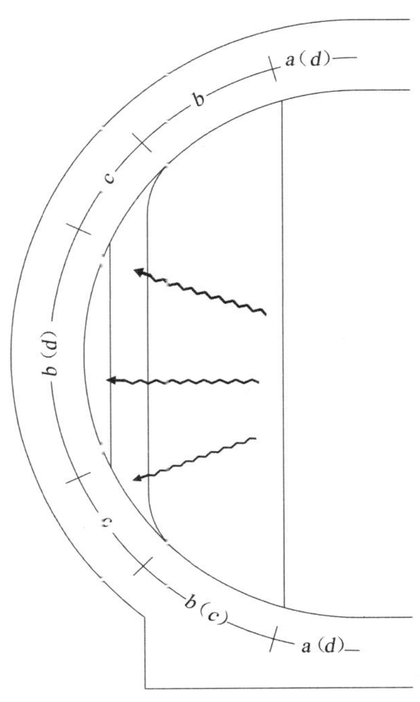

图 1.5.18　半圆区的排水

(3)障碍水池:障碍水池和排水管道系统的连接如图 1.5.19 所示。铸铁制成的出口或塑料管(直径 100 mm)由一个滑动的阀门控制。

(4)跳远和三级跳远落地区域:排水管安装在落地区域的中间,通过下面的排水层,表面的水从周围的隔沙栅流下去(见图 1.5.20)。

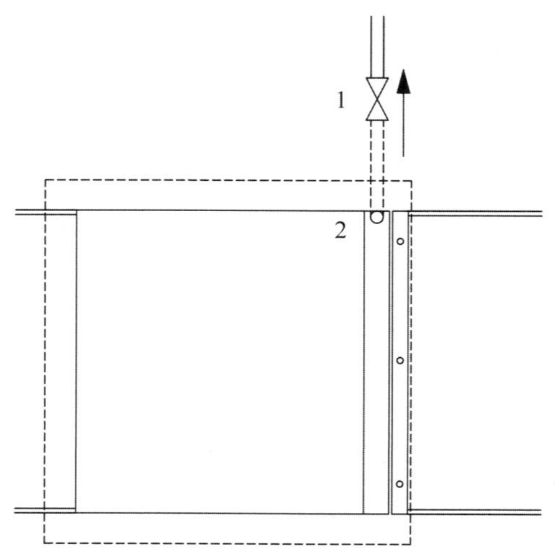

图 1.5.19　障碍水池的排水

1:活塞　2:排水管(铸铁或合成)

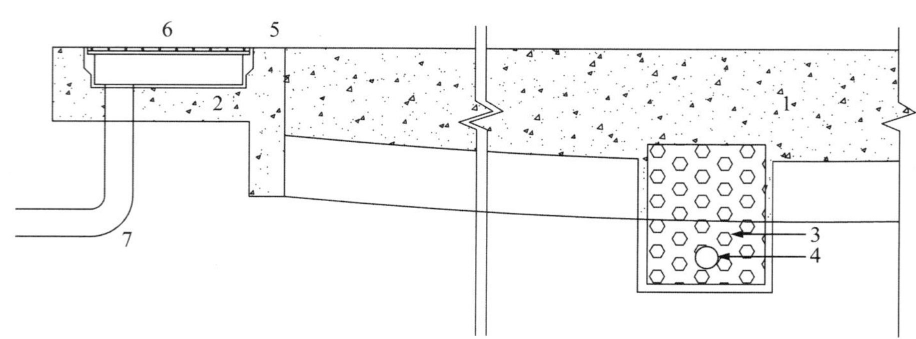

图 1.5.20　跳远和三级跳远沙坑及其邻近隔沙栅的排水横剖面

1:沙子　2:混凝土　3:排水层　4:排水沟和管　5:软保护区　6:隔沙栅　7:铸铁或合成管

(5)田赛落地区:图 1.5.21 所示为掷标枪、掷铁饼、掷链球和推铅球训练设施落地区排水的两种方法,左边是有裂缝栅的沟渠,右边是由明渠收集水并通过一个出口排放。

(6)推铅球投掷圈:图 1.5.22 和图 1.5.23 所示为推铅球投掷圈(也可用于掷铁饼和掷链球投掷圈)的排水管和排水系统。水泥板面下的三个出口通过管道(直径 65 mm)与排水系统连在一起。

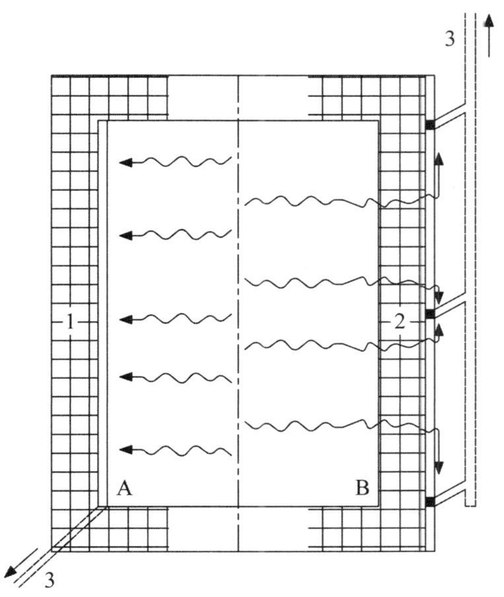

图 1.5.21　掷标枪、掷铁饼、掷链球、推铅球训练设施落地区的两种排水方法

A:覆盖裂缝栅的沟渠排放系统　B:明沟渠排水系统

1:铺设裂缝栅的通道　2:铺设明渠的通道　3:渗透管

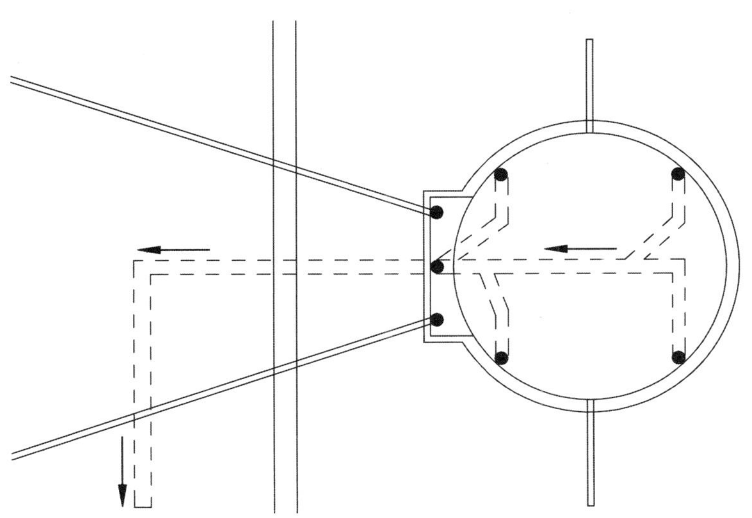

图 1.5.22　推铅球投掷圈的排水系统(也可用于掷铁饼和掷链球投掷圈)

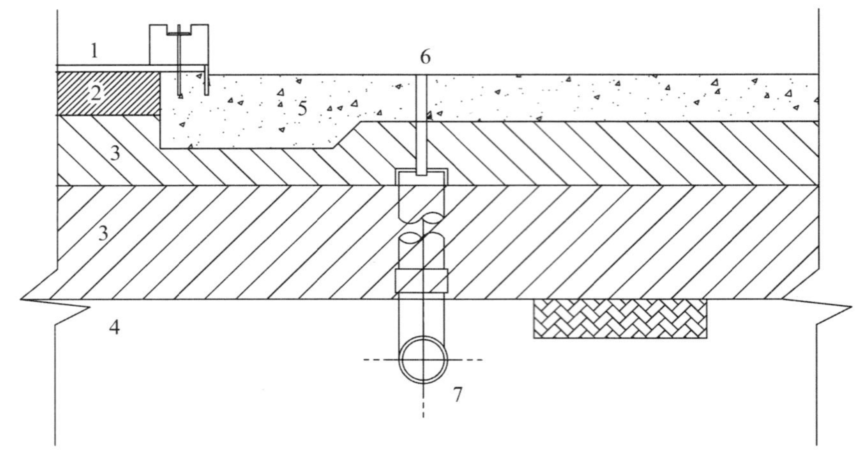

图 1.5.23　推铅球投掷圈的排水系统(横剖面,也可用于掷铁饼和掷链球投掷圈)
1:合成面层　2:沥青混凝土　3:碎石基础层　4:地基　5:混凝土基础　6:排水孔　7:排水管

第六节　安全设计

一、安全防火设计

(一)建筑防火的主要内容

体育建筑应根据地理位置、使用级别、适用人群、管理方式等,合理确定建筑的等级和规模。体育建筑的各种结构类型及相关建筑位置、项目特点、使用要求应注意其合理性、经济性和先进性。

一个场地上应安排不同的运动项目的使用分区。此外,应划分建筑功能分区,以满足比赛和训练的使用要求;各功能分区应该分别设置出入口,并根据其相关用途合理安排。

(二)建筑防火级别划分

体育建筑应按其主要用途,确定其适用的建筑技术标准。体育建筑的等级划分应符合表 1.6.1 的规定。

表 1.6.1　体育建筑的等级划分

等级	主要使用要求
特级	举办亚运会、奥运会及世界级比赛

续表

等级	主要使用要求
甲级	举办全国性和单项国际比赛
乙级	举办地区性和全国单项比赛
丙级	举办地方性、群众性运动会

体育建筑结构设计的使用年限和耐火等级应符合表1.6.2的规定。

表1.6.2　体育建筑结构设计的使用年限和耐火等级

建筑等级	主体结构设计使用年限	耐火等级
特级	超过100年	不低于一级
甲级、乙级	50～100年	不低于二级
丙级	25～50年	不低于二级

(三)体育建筑防火分区

体育建筑防火分区是指采用一定的防火隔离措施，防止或减缓火灾向其他防火分区蔓延。在体育建筑物内划分防火分区，可以有效地在一定区域内控制火势，减少损失，增加消防救援的时间。

(四)消防设置

体育建筑及相关功能区的设计、施工应符合相应的耐火等级规定。选择比赛及训练用途的室内墙面和顶棚装饰装修材料时，应采用不燃烧或难燃烧材料。其中，比赛或训练部位的装修及墙面材料应采用不燃烧体材料，比赛或训练部位的吊顶应采用时长不短于0.5 h的不燃烧体材料。

比赛和训练建筑的声光控制室以及各种重要设备间、车房等应采取相应的防火保护措施。比赛、训练大厅等人员密集的室内场所应有相应的排烟条件；如无法自然排烟，应设置相应的排烟系统。

二、安全防盗系统

(一)安全防盗系统的设计

安全防盗系统是体育场馆的重要设置，它不仅能防止财物丢失，还能提升场馆形象，提高公众对场馆的信任度。安全防盗系统在设计上主要围绕反应和预警两个要素来进行。

(1)反应：当遇到突发事件时，能做到及时、有效地反应。安全防盗系统是核心的应急体制。

(2)预警:在预警方面,要求快速、准确地发现各种不安全因素,并能够判断其相应的发展趋势。

(二)安全防盗系统的组成

体育场馆的安全防盗系统应由以下几部分组成:出入及周界管理系统、安全检查设备(系统)、动态的实时监控系统、通信指挥系统、应急反应的技术支持。

三、安全疏散设计

体育场馆是人员密集的公共建筑,它的安全疏散设计尤为重要。在场馆建筑、火灾特征、场馆流线及疏散方式等方面,应遵循安全疏散设计的特殊性,并将其作为场馆安全疏散设计的理论依据。

(一)场馆建筑的特殊性

1.体育场馆建筑空间的特征

(1)建筑跨度大。为了满足观众观看比赛的要求,以及适应多功能使用要求,体育场馆往往设计尺度及跨度大,所以多采用轻质、高强度的大跨度结构,如钢结构。

(2)建筑空间大。体育场馆观众容量大,座席数量多,厅堂体积大,因此内部空间高大是体育场馆建筑的一大特征。体育馆比赛大厅通常净高达 12.5 m 以上,面积一般在 1000 m^2 以上,其面积通常要超过防火规范规定的防火分区面积,这给防火工作带来了相当大的难度。

(3)水平向空间相似,垂直向空间复杂。体育场馆作为城市中的标志性建筑,其独特性是毋庸置疑的。但是,从建筑本身的特征来看,为了体现体育建筑的张力和结构特点,其在水平向往往呈现连续的重复元素或有节奏韵律的立面单元,使空间表现极具相似性。

2.体育场馆建筑功能结构的特征

体育场馆建筑的功能复杂,人数众多,在发生突发状况时,不同区域的危险程度不一样,因此在进行安全疏散设计时应该有所侧重。

(1)运动员区:运动员区主要包括比赛场地、训练场地及休息室等,该区域人员数量少,并有相应的疏散通道,危险系数低。

(2)竞赛管理区:竞赛管理区的电子设备多,引发火灾的危险性大。

(3)新闻记者区:新闻记者区包括记者工作室、采访室、编辑室、新闻发布厅及广播转播室等,该区域线路、电子设备集中,具有一定的火灾发生危险。

(4)贵宾区:贵宾区主要包括休息室、会议室和包厢座席等,该区域人员很少,密度低，在设计上有专门的通道通向室外安全区域。

（5）来宾区：来宾区包括接待厅、休息室及餐饮服务等，该区域人员较少，疏散时的危险性较低。

（6）观众区：观众区包括休息厅、看台区及相应的服务设施（如卫生间、小卖部等），其中观众主要的活动区域是在看台。看台区人员密集度高，人流量大，这是体育场馆建筑与其他类型建筑的主要区别之一。

从以往的体育场馆事故来看，大多数事故都是发生在看台区。因此，在进行安全疏散设计时，应该重点研究看台区的人员疏散问题。

3.体育场馆建筑的多功能使用特征

体育场馆建筑的多功能使用特征主要体现在三个方面：场馆比赛空间多功能化，专门场馆赛时和赛后的功能变化，场馆附设多种功能设施。

（1）场馆比赛空间多功能化。有些体育场馆不仅举办体育赛事，还承办多种多样的文艺活动或者政治集会等。例如，国家体育场（“鸟巢”）作为经常举办明星演唱会的场所，要设置特殊的灯光系统，灯光系统包括大量的灯具、各种设备线路等，容易发生火灾等安全事故。

（2）专门场馆赛时和赛后的功能变化。这些场馆主要是为举行某些国际、国内重大赛事而兴建的，比如奥运会、大学生运动会、亚运会等。为了提高赛后场馆的利用率，赛后场馆的功能会有所变化。

（3）场馆附设多种功能设施。有些场馆除了举办体育比赛之外，还会提供休闲健身、餐饮娱乐和购物等综合性服务，比如将一层外围的房间作为商场，面向社会开放，可以布置超市、餐饮等多项设施。

体育场馆的多功能使用，使得人、车、货等多种流程重叠化、复杂化，这对场馆的安全疏散设计提出了更高的要求。在进行安全疏散设计时，必须从全局出发，明确主体，始终以人的安全为出发点，统筹考虑各个影响因素，才能将发生事故的危险降到最低。

（二）场馆火灾的特殊性

由于体育场馆建筑的特殊性，决定了其发生的建筑火灾的特征与其他建筑有着明显的区别，主要表现为以下三个方面：

（1）火灾荷载大。体育场馆的火灾荷载大主要体现在两个方面：一方面，体育场馆内照明及音响设备多，各种管线多，用电负荷大，发生电气火灾的危险性大；另一方面，体育场馆的观众座椅一般采用胶合板，运动器材、木地板、屋顶薄膜及演出道具等都是由易燃材料制作的，因此发生火灾后火势会迅速蔓延，造成极大的危害。

（2）容纳烟气的空间大。烟气控制的问题主要存在于封闭的体育馆内，体育场由于是开敞的室外空间，因此一般不考虑烟气控制的问题。相关规范规定，综合体育馆比赛厅的最低高度为15 m，这就造成观众所在的大部分区域顶棚高度较高。在发生火灾的情况下，烟气首先在顶棚下方聚集，这部分空间在火灾初期可以容纳大量的烟气，这就给人员疏散留出了比较宽裕的时间。因此，体育场馆的防/排烟设计与一般的建筑相比有明显的区别。

(3)钢结构耐火极限低。体育场馆空间跨度大，其屋顶多采用轻质、高强度的钢结构体系，而目前有些体育场馆为了获得与众不同的造型，整体结构都采用钢结构来支撑，如深圳世界大学生运动会体育中心的外部幕墙全部用钢结构作为承重结构。

在发生火灾后，场馆屋顶的钢结构会随着温度的升高而强度减弱，当钢结构的受热温度在200 ℃以内时，钢结构的力学性能变化很小；但当达到600 ℃以上时，其力学性能将丧失殆尽。钢结构在受热软化后，结构受力失效，极易导致建筑结构坍塌，这会给人员的安全疏散带来严重的威胁。

因此，对于体育场馆钢结构的设计，不能采用和其他建筑一样的标准，体育场馆钢结构设计的目标应是确保在火灾发生后，在人员疏散阶段或扑救阶段，建筑结构不会倒塌。在实际设计中，通常在钢结构外部加涂防火涂料，以确保其安全性能。

(三)场馆流线及疏散方式的特殊性

1.场馆流线组织的特殊性

体育场馆由于其功能的特殊性，决定了流线组织有其自身的特点。在安全疏散设计中，体育场馆的整体布局、看台区的设置等不同于一般的建筑室内空间，且地面有坡道台阶的变化。一旦发生紧急情况，由于人员对室内环境不熟悉，加上场馆内空间比较复杂，容易造成人员在疏散过程中方向性不明显；而且一旦发生事故，人员容易惊慌失措，极易发生人流交叉、拥堵等现象，这会导致人员改变心理状态，心情更趋焦急紧张、不知所措或盲目乱跑等，大大降低人员的疏散效率，最终导致出口堵塞，发生拥挤、踩踏等事故，造成人员伤亡，严重影响人员的安全疏散。

2.场馆疏散方式的特殊性

比赛厅观众的疏散有特定的疏散方式，现简述如下：

(1)上行式疏散。上行式疏散是指疏散时观众向上进入休息厅或走廊。这种疏散方式可直接将人疏散到地面层，省却了楼梯、疏散通道等，有效地提高了疏散效率。

(2)下行式疏散。下行式疏散是指疏散时观众向下进入休息厅或走廊到室外。这种疏散方式一般只适合小型体育馆。

(3)中间式疏散。中间式疏散是在离场时，观众从上、下两个方向向疏散口汇集。这种疏散方式疏散相对便捷且疏散路线较短，出口位于偏下部位是为了顾及疏散的均衡性及提高看台下空间的使用效率。

(4)复合式疏散。复合式疏散是一种灵活多变的特殊组合形式，是大、中型或超大型体育场馆广泛采用的一种疏散方式。在这种疏散方式中，一部分人流通过楼梯或坡道向上到达上层看台，上层看台的出口位于偏下部位，属于中间式疏散；另一部分人流向下进入下层看台，属于上行式疏散。

综上，体育场馆观众的疏散方式直接影响着人流组织，在选择疏散方式时，要综合考虑场馆的规模、座席视线设计和视觉质量、空间的利用、疏散的速度与安全等多方面因素，从而选择最优的疏散方式，使疏散安全、便捷。

在体育交通安全疏散设计方面，体育建筑应设计合理的交通组织路线，其在正常和非正常情况下的使用要求有一致性。

四、电气安全设计

（一）电气安全设计的主要内容

进行电气安全设计时，应从多方面考虑安全要求。体育场馆应根据其使用要求分级，且应符合表 1.6.3 和表 1.6.4 的规定。

表 1.6.3　体育场馆的分类

等级	主要使用要求
特级	举行亚运会、奥运会、世界级比赛
甲级	举行全国性和单项国际比赛
乙级	举行地区性和全国单项比赛
丙级	举行地方性、群众性运动会
丁级	不举行运动会

表 1.6.4　体育场及体育馆的分类

分类	特大型	大型	中型	小型	训练、娱乐
体育场	60000 座以上	40000～60000 座	20000～40000 座	20000 座以下	无固定座席
体育馆	10000 座以上	6000～10000 座	3000～6000 座	3000 座以下	无固定座席

注：其他功能的场馆分类参照表 1.6.4 执行。

（二）电气设备的安全设计

1.供电电源

供/配电系统的构成应简单可靠、灵活方便，以减少电能损失，便于管理和维护，并应满足赛时和赛后的供/配电需求。体育场馆的负荷分级应符合表 1.6.5 的规定。

表 1.6.5 体育场馆的负荷分级

场馆等级	负荷等级			
	一级负荷中特别重要的负荷	一级负荷	二级负荷	三级负荷
特级	A	B	C	—
甲级	—	A	B	C
乙级	—	—	A	其他
丙级	—	—	A	其他
丁级	—	—	—	所有负荷

注：(1)A 包括比赛厅(场)、主席台、贵宾室、接待室、计时记分装置、计算机房、电话机房、广播机房、电台和电视转播、新闻摄影电源及应急照明灯用电设备和电力负荷、电气消防用电设备、升旗系统、售/验票系统、现场影像采集及回放系统、标准时钟系统用电。

(2)B 包括广场照明、生活水泵、污水泵、餐厅、临时医疗站、兴奋剂检查室、贵宾(VIP)办公室、奖牌储存室、运动员用房/包厢、裁判员用房/包厢。

(3)C 包括普通办公用房、普通库房等。

(4)临时负荷的负荷等级由使用单位提出。

配电变压器的长期工作负荷率宜符合表 1.6.6 的规定。

表 1.6.6 配电变压器的长期工作负荷率

场馆等级	长期工作负荷率
特级、甲级	≤60%
乙级	≤80%
丙级、丁级	≤85%

2.供配电设计

体育照明宜采用如表 1.6.7 所示的供电措施。

表 1.6.7 体育照明宜采用的供电措施

建筑类型	供电措施
特级	举行国际赛事期间，应具备接入临时备用发电机的条件或采用固定的发电机，并作为 50%体育照明的主用电源，其余 50%的体育照明由来自两个不同区域变电站的两路市电电源分别供电，当其中一路市电出现故障时，只影响全场 25%的体育照明，仍有 75%的照度可保证比赛及应急电视转播继续进行
甲级	

续表

建筑类型	供电措施
乙级	由两路市电同时供电，每路市电供50%的体育照明灯具使用，灯具投射到场地的灯光均匀分布全场，当任何一路电源发生故障时，仍有50%的体育照明不受其影响，可保证比赛的正常进行
丙级	宜由两路市电同时供电，每路市电供50%的体育照明使用
丁级	一路市电供电

第七节 设计过程中易出现的问题

体育场地的设计具有非常强的专业性，但目前我国各省市的多数设计院大都是以搞工民建设计为主业，懂得体育场地设计的专业设计院甚少。笔者在验收场地的过程中发现，很多问题来自设计方面。设计过程中易出现的问题如下。

一、场地走向

场地走向通常为南北走向（见图1.7.1），很多场地却设计成了其他走向。

图1.7.1 场地走向应为南北走向

二、场地主席台的位置

场地主席台的位置通常在运动场地的西侧（见图1.7.2），很多场地的主席台却设计成了在东侧（见图1.7.3）。

图 1.7.2 场地主席台在西侧

图 1.7.3 场地主席台在东侧

三、终点位置唯一且固定

场地只有一个终点，一般在场地的西南方；很多方案却把起点和终点的位置设计反了。另外，运动员应该按逆时针方向运动。

四、基础结构层

基础结构层在设计中普遍存在盲目摘抄、不切合实际造成基础沉降等问题（见图 1.7.4）。应根据地域的不同而采用不同的基础结构：南方地区多需要考虑气温高、雨水多的问题，北方地区多需要考虑寒冷、干燥的问题，近海地区多需要考虑水位高的问题。

五、尺寸

很多设计人员不清楚 400 m 跑道线与实跑线之间的关系，将场地跑道线设计成了 402 m（见图 1.7.5）。

图 1.7.4 基础结构设计不合理导致的不均匀沉降

图 1.7.5 400 m 标准场地

400 m 标准场地的由来(见图 1.7.6)：

(1)两个各长 84.39 m 的直段，总长 168.78 m。

(2)两个半径 36.5 m(跑道线)+0.3 m=36.8 m 的弯道(实跑线)，总长 231.221 m。

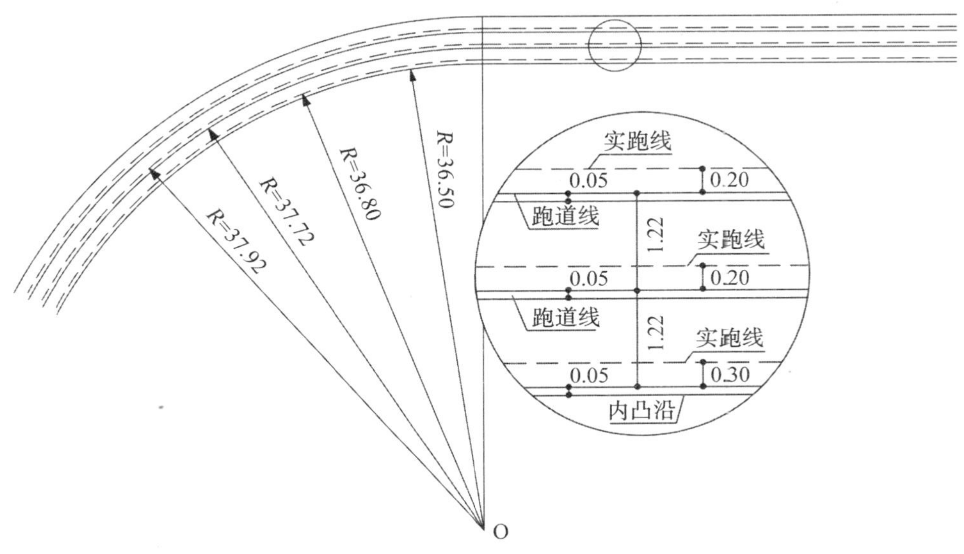

图 1.7.6　跑道线及实跑线(单位：m)

(3)跑道总长度为 168.78 m+231.221 m=400.001 m。

六、第一跑道线不应画在内环沟盖板上

鉴于场地尺寸设计常出现的错误，建议内环沟外半径比第一道跑道线半径小 10～20 cm(见图 1.7.7)。

图 1.7.7　第一跑道线与内环沟间距

七、应留出助跑区和终点缓冲区

助跑区长度应不小于 3 m，终点缓冲区长度应不小于 17 m(见图 1.7.8)，否则容易存在安全隐患。

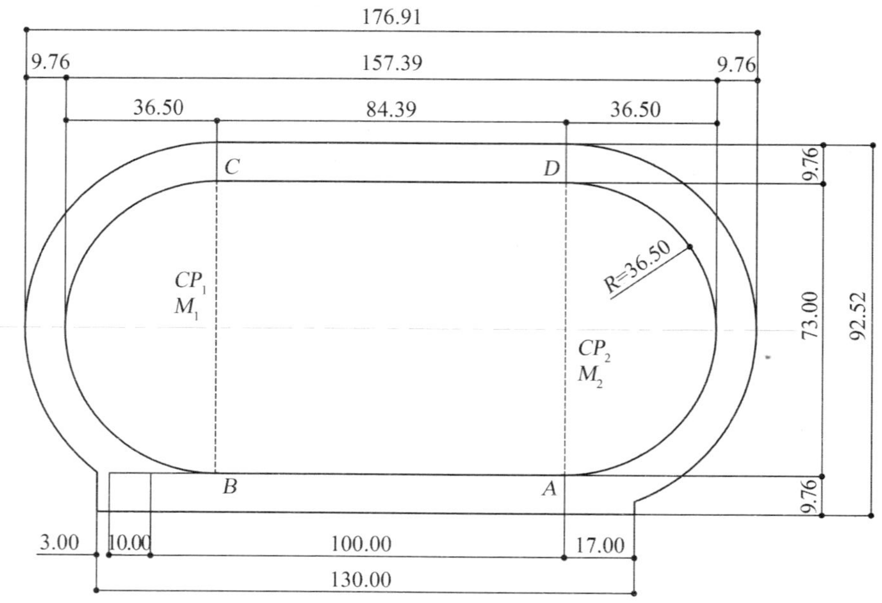

图 1.7.8　400 m 标准跑道的形状和尺寸(半径:36.50 m，单位:m)

八、起跑区和终点区的数字应规范标记

如图 1.7.9 所示的标记方式是错误的(数字位于跑道内部)，正确的起跑区和终点区的数字标记方式如图 1.7.10 所示。

图 1.7.9　错误标记

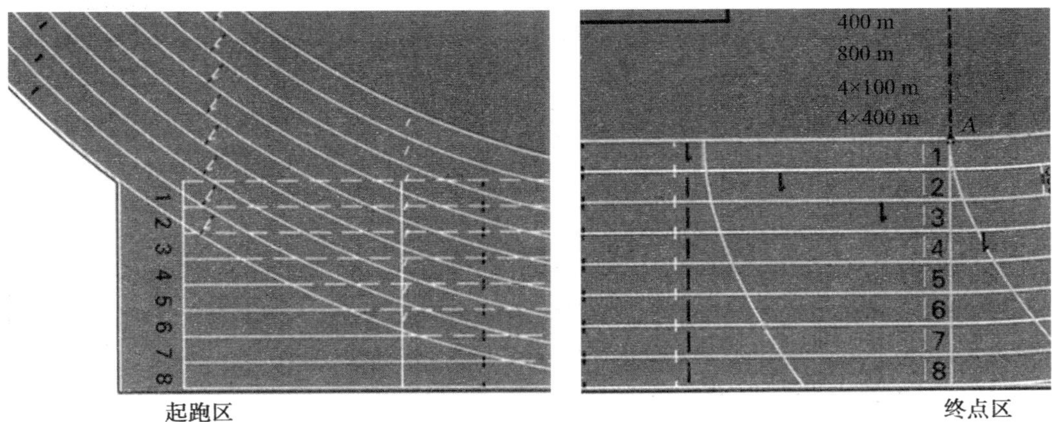

图 1.7.10 正确标记

第二章　中小学运动场地的选材

中小学运动场地的材料选择面十分广泛，参建各方往往不能深入了解材料的类型、制造工艺以及基本性能等，所以往往会忽略选材的重要性。本章对中小学运动场地常用的材料进行了系统的叙述，旨在为中小学运动场地的参建各方提供选材建议。

第一节　相关材料

一、非固体原材料

（一）非固体原材料的定义

非固体原材料是指在铺装合成材料面层时，以非固体形式存在的合成材料，如各种胶黏剂、现浇型面层用预聚体和多元醇树脂组分等。

（二）铺装前要求

用合成材料面层铺装运动场地前，建设单位应要求施工单位提供原材料的原料清单（包括规格、品名、数量等），并提供相应的合格证明材料、按照《化学品安全技术说明书内容和项目顺序》（GB/T 16483—2008）编写的化学品安全技术说明书，并提供原材料的型式检验报告。所使用的原料以及铺装后的运动场地在正常及预期使用条件下不应对周围环境和各类使用人群产生不利影响。

（三）取样要求

1.见证取样

验收检验样品应在建设方代表、代建方代表、使用方代表、监理方代表及施工方代表等相关人员的见证下，在运动场施工现场直接取样。

2.合成材料面层原料样品

对每次进场的原料都应进行取样，同一批次、同一规格的原料取一组样品。非固体原料每组取样量不少于 250 mL，多组分非固体原料按配比取样，配比最小的组分取样量应不少于 50 mL。

非固体原料在充分搅拌均匀后，装入洁净干燥的玻璃瓶或其他不会导致化学污染的容器中密封保存。对于多组分非固体原料，应将各组分单独取样包装。

3.运输、保存与检测时间

运输过程中不得损坏样品，避免因扭曲、挤压造成的变形，或因受潮、化学污染、高温等改变样品的完整性。样品送达实验室后，应在温度为(25±5)℃的室内环境下带包装保存，原料样品应在送达实验室后的 14 d 内开始检测。

（四）检验规则

1.验收检验

验收检验项目应符合《中小学合成材料面层运动场地》(GB 36246—2018)中对非固体原料有害物质限量的全部要求。

2.型式检验

型式检验项目应符合《中小学合成材料面层运动场地》(GB 36246—2018)中的相关要求，出现下列情况之一时，应进行型式检验：

(1)新产品、新工艺、新配方定型鉴定时。

(2)正常生产后，原材料、生产工艺、配方有重大变化时。

(3)停产或未施工 6 个月及以上，恢复生产或施工时。

(4)正常生产或施工时，每年进行一次。

(5)质量主管部门监督抽查时。

3.检验结果的判定

经检验，检验项目全部合格，则判定所检样品符合《中小学合成材料面层运动场地》(GB 36246—2018)的要求；检验项目中任一项或一项以上不合格，则判定所检样品不符合《中小学合成材料面层运动场地》(GB 36246—2018)的要求。

4.复验规则

非固体原料样品经检验不符合《中小学合成材料面层运动场地》(GB 36246—2018)要求的，可另取双倍样品进行复验。若检验项目全部合格，则判定所检样品复验符合《中小学合成材料面层运动场地》(GB 36246—2018)的要求，否则判定不符合《中小学合成材料面层运动场地》(GB 36246—2018)的要求。

二、固体原料

(一)固体原料的定义

固体原料是指在铺装时以固体形式存在的合成材料,如三元乙丙橡胶(EPDM)颗粒、丁苯橡胶颗粒、聚氨酯橡胶颗粒、热塑性弹性体、预制卷材、人造草等。

(二)铺装前要求

用合成材料面层铺装运动场地前,建设单位应要求施工单位提供所需固体原料的原料清单(包括品名、数量等),并按照《化学品安全技术说明书内容和项目顺序》(GB/T 16483—2008)编写化学品安全技术说明书,提供原材料的型式检验报告。所使用的原料以及铺装后的运动场地在正常及预期使用条件下不应对人体健康和生态环境产生危害。

(三)取样要求

1.见证取样

验收检验样品应在建设方(或代建方、使用方)代表、监理方代表及施工方代表等相关人员的见证下,在铺装现场取样。

2.合成材料面层原料样品

对每次进场的原料都应进行取样,同一批次、同一规格的原料取一组样品。预制型面层和人造草面层样品规格不小于300 mm×400 mm×实际厚度,其他固体原料每组的取样量不少于500 g。固体原料取样后,应装入聚乙烯或聚四氟乙烯袋密封保存。

3.运输、保存与检测时间

运输过程中不得损坏样品,避免因扭曲、挤压造成的变形,或因受潮、化学污染、高温等改变样品的完整性。样品送达实验室后,应在温度为(25±5)℃的室内环境下带包装保存,原料样品应在送达实验室后的14 d内开始检测。

(四)检验规则

1.验收检验

验收检验项目应符合《中小学合成材料面层运动场地》(GB 36246—2018)中对固体原料有害物质限量及气味的全部要求。

2.型式检验

型式检验项目应符合《中小学合成材料面层运动场地》(GB 36246—2018)中的相关要求,有以下情形时,应进行型式检验:

(1)新产品、新工艺、新配方定型鉴定时。

(2)正常生产后,原材料、生产工艺、配方有重大变化时。

(3)停产或未施工6个月及以上,恢复生产或施工时。

(4)正常生产或施工时，每年进行一次。

(5)质量主管部门监督抽查时。

3.检验结果的判定

经检验，检验项目全部合格，则判定所检样品符合《中小学合成材料面层运动场地》(GB 36246—2018)的要求；检验项目中任一项或一项以上不合格，则判定所检样品不符合《中小学合成材料面层运动场地》(GB 36246—2018)的要求。

4.复验规则

固体原料样品经检验不符合《中小学合成材料面层运动场地》(GB 36246—2018)要求的，可另取双倍样品进行复验。若检验项目全部合格，则判定所检样品复验符合《中小学合成材料面层运动场地》(GB 36246—2018)的要求，否则判定不符合《中小学合成材料面层运动场地》(GB 36246—2018)的要求。

三、卷材和块材

(一)铺装前要求

用合成材料面层铺装运动场地前，建设单位应要求施工单位提供所需卷材和块材的原料清单(包括品名、数量等)，并按照《化学品安全技术说明书内容和项目顺序》(GB/T 16483—2008)编写化学品安全技术说明书，提供原材料的型式检验报告。所使用的原料以及铺装后的运动场地在正常及预期使用条件下不应对人体健康和生态环境产生危害。

(二)取样要求

1.见证取样

验收检验样品应在建设方(或代建方、使用方)代表、监理方代表及施工方代表等相关人员的见证下，在铺装现场取样。

2.合成材料面层原料样品

对每次进场的原料都应进行取样，同一批次、同一规格的原料取一组样品。预制型面层和人造草面层样品规格不小于 300 mm×400 mm×实际厚度。固体原料取样后，应装入聚乙烯或聚四氟乙烯袋密封保存。

3.运输、保存与检测时间

运输过程中不得损坏样品，避免因扭曲、挤压造成的变形，或因受潮、化学污染、高温等改变样品的完整性。样品送达实验室后，应在温度为(25±5)℃的室内环境下带包装保存，原料样品应在送达实验室后的 14 d 内开始检测。

(三)检验规则

1.验收检验

验收检验项目应符合《中小学合成材料面层运动场地》(GB 36246—2018)中对固体原料有害物质限量及气味的全部要求。

2.型式检验

型式检验项目应符合《中小学合成材料面层运动场地》(GB 36246—2018)中的相关要求,有以下情形时,应进行型式检验:

(1)新产品、新工艺、新配方定型鉴定时。

(2)正常生产后,原材料、生产工艺、配方有重大变化时。

(3)停产或未施工 6 个月及以上,恢复生产或施工时。

(4)正常生产或施工时,每年进行一次。

(5)质量主管部门监督抽查时。

3.检验结果的判定

经检验,检验项目全部合格,则判定所检样品符合《中小学合成材料面层运动场地》(GB 36246—2018)的要求;检验项目中任一项或一项以上不合格,则判定所检样品不符合《中小学合成材料面层运动场地》(GB 36246—2018)的要求。

4.复验规则

固体原料样品经检验不符合《中小学合成材料面层运动场地》(GB 36246—2018)要求的,可另取双倍样品进行复验。若检验项目全部合格,则判定所检样品复验符合《中小学合成材料面层运动场地》(GB 36246—2018)的要求,否则判定不符合《中小学合成材料面层运动场地》(GB 36246—2018)的要求。

第二节　材料生产质量控制

一、非固体材料

(一)单组分聚氨酯运动面层材料

1.反应机理

单组分聚氨酯工艺是由多异氰酸酯与多元醇发生缩聚反应,合成聚氨基甲酸酯高分子材料及聚氨酯材料的过程。聚氨酯甲酸酯是分子结构中含有“—NHCOO—”单元的高分子化合物,此单元由异氰酸酯基和羟基反应而成。

2.生产工序

单组分聚氨酯工艺所有的反应均在密闭式反应釜内完成，主要工艺过程包括送料/配料、高速分散及升温、脱水、聚合反应、冷却、出料及过滤包装、入库、产品出厂检验等环节。

(1)送料/配料：大宗原料通过泵及称重系统精确计量后，按设定的配方量从槽罐区自动加入反应釜；小助剂类的原料通过现场精密配料后，按工艺要求投入反应釜。

(2)高速分散及升温：打开自动分散釜搅拌，开始分散；反应釜采用间接加热法，在反应釜筒体外层夹套或半圆管内，用蒸汽或导热油等热源对反应釜进行加热。通过可编程逻辑控制器(PLC)和相关的自动控温阀门，借助温度传感器实现对温度的调节。可以现场派人巡逻，以确保系统和现场加热温度的一致性。分散均匀后，放料到反应釜。

(3)脱水：通过加热步骤，将釜类物料温度升至工艺温度，打开真空泵，保持釜内达到工艺要求的真空度，如真空度没有达到要求则必须处理，以确保脱水效率；达到脱水时间后，中间取样检测含水率，持续脱水，直至含水率达到中控标准以下。

(4)聚合反应：脱水完成后，控制在工艺投料温度范围内，加入多元异氰酸酯类物料开始反应。在密闭式反应釜内，通过加热或冷却控制工艺温度，在设定温度范围内进行缩聚反应，达到反应工艺时间后开始冷却。

(5)冷却：反应完成后，利用反应釜筒体外层夹套或半圆管通入冷却水，利用物料和冷却水的温度差将反应釜内物料的温度降至工艺温度。

(6)出料及过滤包装：反应釜内的成品经冷却至规定工艺温度并中控合格后，打开出料阀门，出料包装，排出的部分尾气由有机废气活性炭处理塔经活性炭吸附达标后排空。

(7)入库：成品按包装质量规格进行灌装，灌装的成品放置在栈板上打包，再利用运输工具分类入仓，同时贴好标签及做好标记，最后存放在成品仓库。

(8)产品出厂检验：包装后，按照取样规定取代表性样品，依据产品检验标准进行各项理化指标检验，记录检验数据，并出具检验报告。

3.生产工艺流程

送料/配料→高速分散及升温→脱水→聚合反应→冷却→出料及过滤包装→入库→产品出厂检验。

(二)双组分聚氨酯运动面层材料A料

相关工艺同单组分聚氨酯运动面层材料。

(三)双组分聚氨酯运动面层材料B料

1.机理

双组分聚氨酯工艺为物理过程，是利用高速分散设备的高速剪切和混合作用将物料分散均匀，然后在反应釜内通过真空脱水工艺脱去产品中的水分，以达到规定的含水率。

2.生产工序

双组分聚氨酯工艺过程包括送料/配料、高速分散、加热、脱水、冷却、出料及过滤包装、入库、产品出厂检验等环节。

(1)送料/配料：大宗原料通过泵及称重系统精确计量后，按设定的配方量从槽罐区加入反应釜；小助剂类的原料通过现场精密配料后，按工艺要求投入反应釜。

(2)高速分散：高速分散设备开启后，在密闭式分散设备中利用高速分散设备的高速剪切和混合作用将物料分散均匀。

(3)加热：反应釜采用间接加热法，在反应釜筒体外层夹套或半圆管内，用蒸汽或导热油等热源对反应釜进行加热，通过 PLC、相关自动控温阀门和温度传感器实现对温度的调节，可现场派人巡逻，以确保系统和现场加热温度的一致性。

(4)脱水：通过加热步骤，将釜内物料温度升至工艺温度，打开真空泵，保持釜内达到工艺要求的真空度，如真空度没有达到要求则必须处理，以确保脱水效率；达到脱水时间后，中间取样检测含水率，持续脱水，直至含水率达到中控标准以下。

(5)冷却：反应完成后，向反应釜筒体外层夹套或半圆管内通入冷却水，利用物料和冷却水的温度差将反应釜内物料的温度降至工艺温度。

(6)出料及过滤包装：反应釜内的成品经冷却至规定工艺温度并中控合格后，打开出料阀门，出料包装，排出的部分尾气由有机废气活性炭处理塔经活性炭吸附达标后排空。

(7)入库：成品按包装质量规格进行灌装，灌装的成品放置在栈板上打包，再利用运输工具分类入仓，同时贴好标签及做好标记，最后存放在成品仓库。

(8)产品出厂检验：包装后，按照取样规定取代表性样品，依据产品检验标准进行检验，并出具检验报告。

3.生产工艺流程

双组分聚氨酯运动面层材料 B 料的生产工艺流程为：送料/配料→高速分散→加热→脱水→冷却→出料及过滤包装→入库→产品出厂检验。

(四)单组分聚氨酯胶黏剂

相关工艺同单组分聚氨酯运动面层材料。

二、固体材料

橡胶颗粒的生产工艺为：上料→配料→搅拌→密炼→拉炼→熟化→冷却→粉碎→包装。

(1)上料：应采用密闭式负压空输模式上料，原材料以及辅助材料经固定的上料管道吸入原料仓储存。原料仓顶部设置除尘装置，对原料仓出气口排出的废气及灰尘进行收集处理。

(2)配料：由全自动电脑计量系统精准计量进行配料。原料仓内的原材料以及辅助材料经空输系统输送到自动计量机计量后，再定量送到搅拌机。

(3)搅拌：配料计量后，与原材料以及辅助材料搅拌均匀。

(4)密炼：密炼是指密炼机在密闭状态下加压进行混合搅拌，此过程为在压力5～6 MPa的状态下，利用密炼机高速旋转的叶轮搅拌6～8 min，产生的100～105 ℃的温度使物料熔化混合。

(5)拉炼：拉炼是由拉链机将橡胶挤压成片状，再通过拉链机将橡胶材料压成片状、裁切成条后，进入下一工序。

(6)熟化：拉炼成型后的物料送入熟化罐，并加入硫化剂等添加剂，利用天然气锅炉产生140 ℃的蒸汽进行熟化，熟化时间为3～4 h。

(7)冷却：熟化后的半成品橡胶板自然冷却至室温。

(8)粉碎：橡胶板在冷却状态下，用粉碎机粉碎成橡胶颗粒。

(9)包装：筛选粉碎的颗粒，并按大小进行分装，由包装机包装。封袋后，按颜色和颗粒大小分类，放入仓库。

三、卷材和块材施工工艺

(一)预制型塑胶面层

预制型塑胶面层的施工工艺为：材料准备→基础清理、打磨→定位放线→黏结剂混合配料→混合搅拌→摊铺→黏结橡胶卷材→橡胶卷材压重→局部修整橡胶卷材间接缝→划线。

(二)全塑型塑胶面层

此类中的喷颗粒型面层的施工工艺为：基础清理→刷底涂→弹性层配料搅拌→摊铺→打磨→防滑层配料搅拌→喷涂→测量划线→验收。

(三)混合型塑胶面层

此类中的喷颗粒型面层的施工工艺为：材料准备→基础清理→刷底涂→弹性层配料搅拌(橡胶颗粒含量不超过25%)→摊铺→打磨→防滑层配料搅拌→喷涂→测量划线→验收。

自结纹型面层的施工工艺为：材料准备→基础清理→刷底涂→弹性层配料搅拌→摊铺→打磨→清浆层配料搅拌→摊铺→花浆层配料搅拌→摊铺→测量划线→验收。

(四)复合型塑胶面层

此类中的喷颗粒型面层的施工工艺为：材料准备→基础清理→刷底胶→弹性颗粒层

配料搅拌→摊铺→防滑层配料搅拌→喷涂→测量划线→验收。

(五)透气型塑胶面层

透气型塑胶面层的施工工艺为:材料准备→基础清理→刷底胶→弹性颗粒层配料搅拌→摊铺→防滑层配料搅拌→喷涂→测量划线→验收。

第三节 最终成品

最终成品包括渗水型面层、非渗水型面层、预制型面层和其他面层。

一、渗水型面层

渗水型面层是指用胶黏剂将橡胶颗粒或其他颗粒状物质黏合起来,形成有缝隙结构的一类合成材料面层。水在渗水型面层上除存在表面径流外,还存在通过面层的流动形式。

二、非渗水型面层

非渗水型面层是指垂直剖面致密或有少量气孔,以及带有特定结构形式的一类合成材料面层。

三、预制型面层

预制型面层是指在工厂内采用一定的流程,将合成材料预先制备成一定厚度的卷材或块材,到现场后黏结或拼装的面层。

四、其他面层

其他面层有合成材料面层、现浇型面层及人造草面层。其中,合成材料面层是指铺装在沥青混凝土或水泥混凝土等基础层上的高分子合成材料层,现浇型面层是指将高分子原料和其他原料在现场浇注铺装的面层,人造草面层是指以合成纤维经机械编织固定于底布层上所形成的类似天然草的合成材料面层。

(一)取样要求

1.见证取样

验收检验样品时,应在建设方(或代建方、使用方)代表、监理方代表及施工方代表等相关人员的见证下,在铺装现场取样。

2.合成材料面层成品样品

(1)样品规格及取样位置。合成材料面层样品应是在施工现场平行制作或直接在现场取样，其规格不小于300 mm×400 mm×实际厚度，取样后装入聚乙烯或聚四氟乙烯容器密封保存。运动场地上挖取样品的位置应根据《中小学合成材料面层运动场地》(GB 36246—2018)中的附录 K 确定。

(2)现浇型面层样品。现浇型面层样品中，物理机械性能及无机填料含量检测用样品应是在施工现场平行制作的；样品数量不少于 3 块，其中 1 块作为检测用样，其余作为复验备样。必要时，可在铺装完成后的场地上挖取样品。有害物质限量及气味检测用样品应在合成材料面层铺装后 14～28 d 内直接从运动场地取样。

(3)预制型面层和人造草面层样品。此类样品中，物理机械性能及无机填料含量检测用样品应在现场裁取未铺装的合成材料面层，取样数量不少于 3 块，其中 1 块作为检测用样，其余作为复验备样。人造草面层填充颗粒取样量按取样面积与单位面积颗粒填充量计算确定。必要时，应在铺装完成后的运动场地上挖取样品，挖取的人造草面层样品应不带胶黏剂。

铺装后的现场挖取的预制型面层样品按合成材料面层成品的要求进行检验；铺装后的现场挖取的人造草面层样品中的填充颗粒按合成材料面层固体原料的要求进行检验，去除填充颗粒后的人造草面层按合成材料面层成品的要求进行检验。

3.运输、保存与检测时间

运输过程中不得损坏样品，避免因扭曲、挤压造成的变形，或因受潮、化学污染、高温等改变样品的完整性。样品送达实验室后，应在温度为(25±5)℃的室内环境下带包装保存，成品样品应在合成材料面层铺装完毕后的 14～60 d 内开始检测。

(二)检验规则

1.验收检验

验收检验项目应符合《中小学合成材料面层运动场地》(GB 36246—2018)的要求。

2.型式检验

型式检验项目应符合《中小学合成材料面层运动场地》(GB 36246—2018)中的相关要求，有以下情形时，应进行型式检验：

(1)新产品、新工艺、新配方定型鉴定时。

(2)正常生产后，原材料、生产工艺、配方有重大变化时。

(3)停产或未施工 6 个月及以上，恢复生产或施工时。

(4)正常生产或施工时，每年进行一次。

(5)质量主管部门监督抽查时。

3.检验结果的判定

所有检验项目经检验全部合格的情况下，则判定所检样品符合《中小学合成材料面层运动场地》(GB 36246—2018)的要求；检验项目中任一项或一项以上不合格，则判定所检样品不符合《中小学合成材料面层运动场地》(GB 36246—2018)的要求。

4.复验规则

成品样品经初次检验，如有部分指标不符合《中小学合成材料面层运动场地》(GB 36246—2018)的要求的，可以安排复验。复验规则应符合《中小学合成材料面层运动场地》(GB 36246—2018)的要求。

5.场地符合性判定原则

所有检验项目，包括复验项目(如有)均符合《中小学合成材料面层运动场地》(GB 36246—2018)的要求时，则判定该场地符合《中小学合成材料面层运动场地》(GB 36246—2018)的要求。

五、合成材料运动场面层若干问题的发生原理及预防措施

(一)起鼓

起鼓主要发生在水泥混凝土基础上；非渗水型合成材料面层的施工中，渗水型面层也会少量出现，沥青混凝土上一般不会发生。

起鼓的发生原理如下：

(1)面层与基础黏接不牢固，导致起鼓。

(2)水泥混凝土基础表面的水泥浮浆未清除干净，面层材料本身的收缩力使水泥浮浆脱离基础表面，造成面层起鼓。

图 2.3.1　水泥浮浆

起鼓的预防措施如下：

(1)水泥混凝土基础处理时增加酸洗环节(沥青混凝土基础不需要酸洗)，在混凝土表面形成微小的麻窝，增加基础与面层的黏接力。

(2)面层铺设前，基础表面应清理干净，水泥浮浆(见图 2.3.1)在面层铺设前应彻底清除。

(3)底胶涂刷要均匀，底胶用量应符合要求(底胶根据产品说明书使用)。

(二)脱层

1.面层与基础脱层

面层与基础脱层(见图 2.3.2)主要发生在水泥混凝土基础上,沥青混凝土上一般不会发生。

面层与基础脱层的发生原理如下:

(1)基础表面太光滑,面层与基础黏接力不够,导致面层与基础脱层。

(2)底涂黏度高,渗透性不好,表面形成了很光滑的一层漆膜,容易导致出现脱层现象。

(3)基础混凝土标号低,混凝土表面起砂严重。

图 2.3.2　与基础脱层的面层

面层与基础脱层的预防措施如下:

(1)对于水泥混凝土基础,可以采用打磨机打毛处理基础层的办法,也可以酸洗处理,以解决基础表面太光滑的问题,增加面层与基础的黏合力。

(2)用于水泥混凝土基础的底涂,黏度要控制好(底涂根据产品说明书使用)。

(3)建议使用不低于 C25 标号的混凝土。

2.面层之间脱层

面层之间脱层如图 2.3.3 所示。

面层之间脱层的发生原理如下:

(1)材料增塑剂太多,迁移到表面。

(2)产品耐候性差。

(3)面层太光滑,黏接不好。

面层之间脱层的预防措施如下:

(1)调整配方,减少使用增塑剂或者不添加增塑剂。

(2)生产产品时增加抗氧化剂和紫外线吸收剂,以此来延缓老化时间。

(3)每道施工完成后,在铺设上一层前,可用专用打磨机或者 60～80 目的砂布压重物拖动的办法,打磨已经施工完成的合成材料面层。

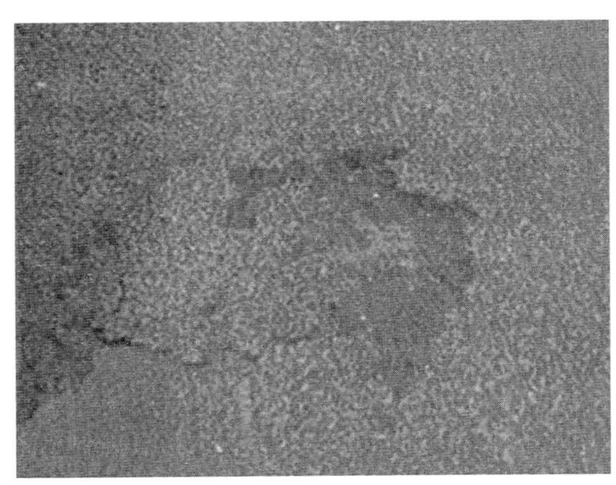

图 2.3.3　面层之间脱层

（三）起泡

起泡（见图 2.3.4 和 2.3.5）主要发生在非渗水型合成材料面层的施工中，渗水型面层也会少量出现。

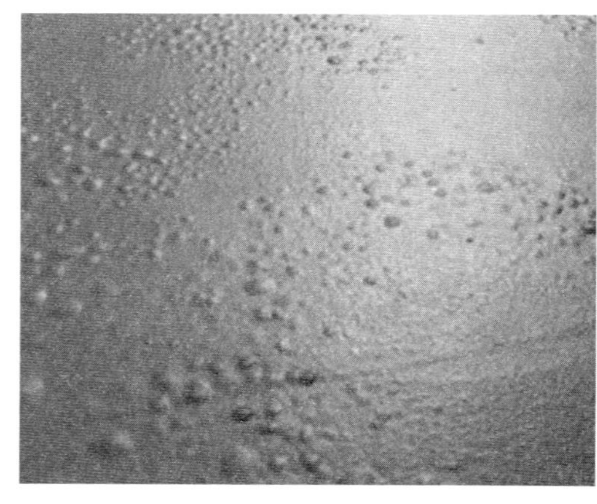

图 2.3.4 起泡

图 2.3.5 起泡后挖除

起泡的发生原因如下：

(1)下雨过后地面还没干透，基础含水率高；早上施工时间太早，地面有露水。

(2)高温季节，中午施工时温度太高，表面固化时间过快，形成封闭层，下部固化产生的气体不能排出。

(3)基础处理不到位。

起泡的预防措施如下：

(1)下雨后，待基础晒干后再施工，如果要赶工，积水严重的地区可用灯烘干后再施工；有露水的季节避免早上施工。

(2)避免中午施工，等地表温度和空气温度接近时再施工。高温季节建议下午施工，此时气温处于下降阶段，不会因面层固化得太快而产生气泡；也可调整配方（如减少固化剂掺量）以延长固化时间。

(3)水泥基础加强底涂涂布，隔离水汽。

(4)在不同季节，一定要在大面积铺设前做不同时间段的施工试验，确定最佳施工时间。

（四）翘边

翘边如图 2.3.6 所示。

图 2.3.6　翘边

翘边的发生原因如下：

(1)场地基础边缘部分未处理好，导致黏合不牢固。

(2)由于材料本身的收缩力以及运动时对边缘部分的损坏，致使边缘翘曲。

翘边的预防措施如下：

(1)基础清理时，着重加强对场地边缘部分的处理，必须保证面层与基础的有效黏合。

(2)场地四周可用路缘石围砌，增加对场地面层边缘的保护。

(3)对水泥混凝土基础，可在场地的四周离边缘 5 cm 左右，用切割机切割一道深度为3～5 cm的沟槽(见图 2.3.7)，合成材料面层施工时将材料灌入缝内，可起到“橡胶钉”的作用，使场地边缘不易翻起。

图 2.3.7　边缘切割沟槽

第三章　中小学运动场地的建设

中小学运动场地的建设是整个工程最重要的环节，在此环节需要实施具体的行动，以交付符合使用要求的工程建筑。本章将从建设活动的各个方面进行系统的叙述，为建设过程提供可供参考的依据。

第一节　施工现场的组织管理

一、施工现场的组织管理概述

(一)施工现场组织管理项目部的设置

施工现场组织管理项目部的设置应遵循如下原则：

(1)因目标设事，因事设机构、定编制，按编制设岗位、定人员。

(2)项目部的人员配置应做到精干高效。

(3)管理跨度指的是项目部管理人员能直接支配的劳动力。管理跨度越大，说明一个管理部门或一个主管直接领导的下属就越多，其涉及的工作量就越大、越复杂。

(二)项目组织管理的结构形式

1.直线制

直线制结构形式中，所有职位均按照直线形式排列，项目经理可以对所有的人员进行指挥。

直线制结构形式的优点是结构简单，使项目经理能够对项目所有的工作进行统一指挥，隶属关系明确，职责分工明确，做出决策后能够迅速反应。但是，由于这种结构不设平行的职能部门，项目经理没有协助的职能部门，所以要求项目部领导掌握各种技能，必须是全能型人才。

2.职能制

职能制结构形式中,各职能部门能够在上级领导的授权范围内,就其所管辖业务范围直接发布命令和指示。但是,该结构形式无法很好地处理管理层次和管理部门的关系,易形成平行命令,使下级执行者接收到来自多方领导的指令,从而会造成职责不清。

3.直线职能制

直线职能制结构形式与职能制结构形式有相同的地方,就是在各管理层次之间设置职能部门,但职能部门只作为本层次领导的建议者,在其所管辖业务范围内从事管理工作,而不直接指挥下级。

该结构形式既保持了直线制结构形式中统一指挥的特点,又能够对管理工作进行专业化的分工。其主要优点是项目部领导清楚自己的职责,这样有利于提高管理效率。缺点是项目部中同级各部门之间的联系不密切,当指令下达后需要经过的传递路线较长,职能部门与指挥部门之间容易发生矛盾和争议。

4.矩阵制

矩阵制结构形式是项目部以工程项目为对象,项目部内的管理人员从各职能部门临时抽调,归项目经理统一管理,待项目完工交付后又回到原部门中工作。其缺点是各类人员的工作岗位频繁变动,稳定性差。矩阵中的每一位成员都受项目经理和各部门经理的双重领导,易引发矛盾和争议。

二、施工项目经理责任制

(一)项目经理责任制的概念

项目经理责任制是指以项目经理为责任主体的施工项目管理目标责任制度,用以确立项目部与企业、职工三者之间的责、权、利关系。它是以施工项目为对象,以项目经理全面负责为前提,以打造优质工程为目标,以进行成本控制为目的,实行从项目开工到竣工、验收、交工全过程的管理。

(二)项目经理责任制的责任主体

项目经理责任制是以项目经理为责任主体,由项目经理全面负责项目管理工作。由于责任不同,承担的风险也不同,项目经理承担项目管理的主要责任。当然,项目管理的成功与否,是整个项目部分工负责、团结协作的结果,整个项目部的成员也承担着各自不同的职责。

（三）项目经理责任制的实施

1.项目经理责任制实施的条件

项目经理责任制实施的条件包括：有相应的项目任务；各种必要的手续齐全；制订切实可行的项目管理规划大纲或施工组织设计方案；项目管理班子的组织已落实；相关工程技术资料、劳动力、施工材料、机械设备等能按计划供应。

2.项目经理责任制的实施重点

项目经理责任制的实施重点包括：在企业中明确并具体落实项目经理的权力，并形成相应的制度文件；项目经理在项目中的职责应具体化、制度化。项目经理责任制以工程项目为对象，以施工图预算为依据，以项目经理负责为前提，以创优良工程为目标，以承包合同为纽带，以实现最佳效益为目的，实行从项目开工到竣工交付使用的一次性、全过程施工承包管理。

第二节　施工组织设计

一、施工组织设计的分类

（一）按编制阶段的不同分类

1.设计阶段

(1)初步设计阶段：施工组织规划设计。

(2)技术设计阶段：施工组织总设计。

(3)施工图设计阶段：单位工程施工组织设计。

2.施工阶段

(1)投标阶段：综合性施工组织设计。

(2)施工阶段：实施性施工组织设计。

（二）按编制对象范围的不同分类

1.施工组织总设计

施工组织总设计的主要内容包括工程概况、施工部署与施工方案、主要技术组织措施及主要技术经济指标、施工准备工作及各项资源需要量计划、施工总进度计划、施工总平面图。

施工组织总设计一般是以一个建设工程项目为编制对象，贯穿整个施工过程的施工组织设计文件，它是编制单位施工组织设计的依据，由总承包企业总工程师主持，建设、设计和分包单位共同编制。

2.单位工程施工组织设计

单位工程施工组织设计的主要内容包括工程概况、施工方案与施工方法、施工进度计划、主要技术组织措施及主要技术经济指标、施工准备工作及各项资源需要量计划。

3.分部分项工程施工组织设计

分部分项工程施工组织设计的主要内容包括工程概况、施工进度表、施工方案、施工平面图以及技术组织措施等。

二、施工组织设计的基本内容

施工组织设计的基本内容是针对项目的实际施工条件以及项目特点等，把材料、机械、资金、劳动力和施工方法等各种生产要素合理地结合起来，编制的总体实施性文件。

(一)施工组织设计的基本内容

任何施工组织设计都必须具有以下相应的基本内容：

(1)施工方案。

(2)施工进度计划。

(3)施工现场平面布置。

(4)各种资源的需要量及其供应。

在以上基本内容中，第(1)(2)两项主要用来指导施工过程的计划和实施方法，贯穿项目所有环节；第(3)(4)项主要是在项目建设的前期发挥作用，在准备工作中作为指导性的内容。

工程项目对劳动力、材料等的需求决定了施工平面布置，施工平面布置用来安排现场物资的布置情况。施工目的是按照施工合同及施工计划规定的工期，用较低的成本良好地完成工程项目的建设并交付使用。施工进度计划对于整个工程项目具有重要意义，完成施工进度计划是工程项目进入施工阶段的前提。施工方案是基础性的文件，它按照施工进度计划的内容编制，制订施工过程中最重要的质量保证实施方案。施工组织设计是根本，是决定其他所有内容的基础，所以施工组织设计的各项内容都是非常重要且密不可分的。

(二)施工组织总设计

一般来说，施工组织总设计应包括以下内容：

(1)建设项目的工程概况。

(2)施工部署及主要部位的施工方案。

(3)整体施工准备工作计划。

(4)施工总进度计划。

(5)各项资源需要量计划。

(6)施工总平面图设计。

(7)各项技术经济指标。

(三)单位工程施工组织设计

单位工程施工组织设计应包括以下内容:

(1)工程概况及其施工特点。

(2)施工方案的选择。

(3)单位工程施工准备工作计划。

(4)单位工程施工进度计划。

(5)各项资源需要量计划。

(6)单位工程施工平面图设计。

(7)单位工程技术组织保证措施。

(8)主要技术经济指标。

(四)分部分项工程施工组织设计

分部分项工程施工组织设计应包括以下内容:

(1)分部分项工程概况及其施工特点的分析。

(2)施工方法及施工机械的选择。

(3)分部分项工程施工准备工作计划。

(4)分部分项工程施工进度计划。

(5)人、料、机需求量计划。

(6)分部分项工程技术组织保证措施。

(7)分部分项工程施工平面布置图设计。

第三节 施工现场布置

一、施工现场临时房屋布置

(一)办公用房

办公用房包括行政用房及生产生活用房,按功能可分为办公室、仓库、宿舍等。

临时建筑物应经济适用、方便拆装,采用地方材料建造或者使用装拆式房屋。首先应计算施工现场的人员数量，然后根据各类人员需要的建筑面积来进行办公用房的建造。应尽可能使用原有的永久性建筑，或者利用提前建造的永久性建筑；如永久性建筑面积不足，再根据需求建造临时性建筑。

（二）生产用房屋

生产用房屋主要是根据工程项目的实际情况以及工程施工生产的需要，确定建筑面积、结构形式等。

（三）仓储用房屋

仓储用房屋是指建在施工现场并为工程服务的仓库。应掌握材料的计划用量，使仓库内材料的储存量既能保证正常施工的需要，又能保证不会存在太多的积压浪费现象。

二、施工现场临时供水

工程施工使用的水源应尽量利用已有的供水管道，当已有的供水管道及供水系统无法满足正常生产生活的需求时，可利用施工现场附近的天然水源。工程施工现场的临时用水需求包括生产用水、生活用水和消防用水三个方面。

三、施工现场临时供电设施

施工现场临时供电设施包括各种电气设备、电源线路、变压器等。选择电源时，应就近利用工程项目附近原有的线路或发电站及变电所；在使用附近原有的电源设施时，应将施工的正常用电量向供电部门汇报。当施工现场附近没有供电设施时，需自备发电站。

将附近的电源引入工地，选择工地临时供电电源时须考虑的因素如下：

(1)工程的工程量和施工进度。

(2)各个施工阶段的用电量。

(3)施工现场的大小。

(4)施工现场电气设备的布置。

(5)现有电气设备的容量情况。

(6)电源开关按需设置的距离情况。

第四节　施工现场的安全设施

一、安全工作方针

建设工程项目时，应始终坚持安全第一、预防为主的安全生产管理方针。施工现场相关工作人员密集，生产材料和机械设备集中，存在各种危险隐患。为此，应按照以下的管理原则开展安全生产工作：

(1)坚持“管生产同时必须管安全，谁主管谁负责”的原则。

(2)坚持“生产必须安全，不安全不生产”的原则。

(3)坚持“先防护后施工，无防护不施工”的原则。

(4)坚持“动态生产管理，并且安全管理重在控制”的原则。

二、安全管理目标

根据国家相关规定和施工合同，确定安全管理目标。

三、安全施工措施

(一)建立完善的安全管理机构

建设工程项目应建立健全安全管理委员会，成员包括各相关部门及各单位项目负责人。安全管理委员会应定期召开安全例会，负责对现场安全施工实施组织、管理、协调、监督和检查。

项目部应该设立安全管理部，作为安全施工的监督管理部门，负责按国家有关管理规定和合同的要求，实施监督和检查工作，认真执行安全管理方面的规章制度，服从相关部门的领导和监督检查；健全各部门及施工班组的安全制度并监督其运行。

项目部应完善相关管理资料，应按照安全管理的法律法规及相关规定实施管理；在施工组织设计中，应对安全施工提出具体的要求，并绘制安全的施工现场总平面布置图和相关施工方案；在施工过程中，安全员及专门负责安全管理的人员应在自己的职责范围内进行施工安全记录。

(二)安全技术措施

应遵循三级安全教育，所有施工作业人员施工前都应接受安全教育，并进行安全技术交底，交底记录由交底人与被交底人签字并归档留存。施工前，施工作业人员必须认真执行相关的安全规章制度，遵守安全生产纪律。

对于施工现场的重大危险源，应做到及时识别，并采取相应的预防措施，如临边、洞口、电缆接头处、高压配电装置、机械安全影响范围内等设防护装置和警示标志。

(三)机械安全技术措施

机械设备配置的制动器、防护罩等各类安全配件必须安全可靠。相关负责人员应定期检查各机具的安全性，如有问题要及时消除安全隐患。

对于施工现场的施工机械，要尽量减少危险部位的裸露，严禁在机械运行中触碰。

在机械设备启动前，必须确认安全。机械设备在进行更换部件、处理故障、清洗等工作时，均应停止运行。

要坚持做到“定人、定机、定岗”的原则，对机械设备的操作应由本机械岗位划定的人员执行，且应认真学习并坚决执行机械操作规程，预防生产安全事故的发生，相关的特殊作业人员必须持证上岗。

（四）临时用电安全技术措施

设立漏电保护装置是使用各种电器的必要条件。电器、电路如遇问题需要修理时，必须先断电后修理，悬挂警示牌，并有专人负责看护；对于电器、电路的安全性，电工应做到定期检查。

电气设备应使用与其负荷、容量额定电流相适应的保险丝，禁止用其他不符合要求的金属丝替代。

电箱内的电气设备应完整，并应设立专门的漏电保护装置。应严格执行“一机一闸”的规定，不得采用一个电闸控制多路电器的方式。

施工现场必须配备专业电工，按要求持证上岗。

施工用电必须安装合格的配电箱及漏电保护器。电气设备应有牢固可靠的接地线。外露导电的部位必须设有安全防护装置，并在配电箱周围悬挂易于识别的安全警示牌。

所有用电线路（包括照明线路、电气线路等）均应保证线路绝缘。电动机动力线必须做到与设备及底座绝缘。施工现场的照明设备应使用符合要求的安全电压。

配电箱、开关箱和电控箱等如露天设置，应加设防雨棚、防雨罩或其他防雨设施，杜绝雨淋。在导线、设备等附近，不得有可能损坏电器、线路的热源存在。

（五）消防与保卫

建立健全消防与保卫管理制度，制订消防与保卫计划，严格执行相关实施措施，以保证在施工生产过程中能够有效地开展消防与保卫工作。

定期开展消防、保卫教育与培训工作，切实提高全员的消防与保卫技能；在项目施工现场，应在相应位置布设有醒目的消防警示标志。

消防通道是施工现场的救援通道，要尽量使消防通道环形设置，不能环行设置的，施工现场应修建回转车场。

发生消防与保卫事故时，应严格按“四不放过”的原则落实，即事故原因未查清不放过，事故责任人未受处理不放过，整改措施不力不放过，群众未受教育不放过。

项目施工现场应设有明显的、易于识别的消防警示标志，定期对所有施工作业人员进行消防与保卫教育，设置义务消防队，并组织相应的培训。要定期进行对消防与保卫工作执行情况的检查，做好检查记录，建立消防与保卫工作档案。

施工现场应按照相关规定，合理配备消防与保卫器材，并应做到合理布局，经常维护、保养，及时更新器材，使消防与保卫器材能在关键时刻发挥关键作用。

四、现场安全检查的形式

（一）施工现场安全检查的内容有查思想、查制度、查隐患、查现场、查事故处理

项目施工现场的安全检查主要采用自检形式，这种形式可对生产全过程及整体范围进行安全状况的检查。其中，最重要的是在发现安全隐患时，能够果断地处理。

生产组织的领导人员应全面检查作业环境状态下的各项安全隐患，按照安全规章制度、安全生产方针政策及相关规定，开展工程项目的安全生产检查工作。

对安全管理的检查主要有以下方面：

（1）作业标准化实施。

（2）各职能部门及相关人员应在各自工作范围内落实安全生产责任制度，安全人员应保证按照相关规定按时在位、在岗。

（3）应对员工进行安全教育，并将教育落实到位。

（4）工程技术、安全技术应有机地结合起来，形成统一的整体。

（5）事故发生后，坚持按“四不放过”的原则进行处理。

（6）应将安全控制措施落实到位，消除管理差距。

（二）安全检查的组织

安全检查的组织包括以下内容：

（1）建立健全安全检查制度，并且按照制度要求的内容全面落实处理。

（2）成立以项目负责人为首、全体人员参加的安全检查组织。

（3）安全检查必须做到计划、实施、检查、处理全过程不放松。

第五节　施工现场的资源及采购管理

一、人力资源管理

（一）人力资源管理的内容

人力资源管理的内容包括劳动作业人员的接收、教育培训、录用管理和分配（对于劳务单位），以及相关专业分包单位和劳务分包单位的选择（对于总承包单位）。要合理地使用劳动力，并尽可能节约劳动力；制订实施完善、稳定的劳动定额和定员，保证职工在

工作生产过程中的安全与健康管理，有条件地改善劳动环境。

(二)人力资源管理计划

1.人力资源需求计划

确定工程项目劳动作业的岗位数量可对人力资源管理计划起到重要的指导作用。同时，人力资源需求计划也影响着其他管理计划的编制，并且决定了人力资源的招聘计划、培训计划的编制与实施。人力资源需求计划应按照施工项目总进度计划进行制订。

2.人力资源配置计划

做好人力资源配置计划，是建立资源配置制度和管理机制的重要保证。

3.人力资源培训计划

人力资源培训计划是人力资源管理计划的重要组成部分。针对工人、管理人员、技术人员，也应按照对象的不同分别制订培训计划；按时间的长短，应制订中长期计划和短期计划；按培训内容的不同，应分类制订计划。人力资源培训计划的内容有培训目标、培训班次、培训课时、培训方式及培训费用等。

二、材料管理

(一)材料管理的内容

材料管理的内容包括定额的制订管理、计划的编制管理、库存管理、订货采购管理、组织运输管理、仓库管理、现场管理、成本管理等。材料管理是针对材料计划，在材料的采购、供应、保管、领取和使用等方面进行的组织和管理。材料管理就是在施工生产中，针对各种材料的计划、订购、运输、储备、发放和使用所进行的一系列组织与管理工作。

为了保证合理地使用材料，促进资金周转率，降低项目成本，增加工程盈利，保证建设的工程产品的质量，必须做好材料管理工作。

(二)材料管理计划

1.材料需求计划

材料需求计划反映了工程项目对各种材料在品种、规格、数量和时间方面的需求，是根据工程施工设计文件及施工组织设计文件编制的基础性文件。

材料需求计划是编制其他各类材料计划的基础性文件，可控制供应量及供应时间，将材料需用计划分为材料总需求量计划和材料计划期需求计划，以保证材料分期、分次地进行采购。

2.材料使用计划

材料使用计划亦为材料的实际进场计划，可以作为材料采购加工、订货、运输和仓储等材料管理工作的指导性文件，是施工进度和材料加工周期等方面的最晚进场计划。

材料使用计划是材料订货、采购等活动的指导性计划，材料供应部门应综合材料需用计划、库存情况及合理储备要求等，制订材料使用计划。

3.分阶段材料计划

为了保证工程项目能够顺利实施，一些大型、复杂且工期长的工程要进行分段编制，主要是针对不同阶段和不同时期相应的材料需求及使用计划来编制。

三、机械设备管理

（一）机械设备管理的内容

在工程项目实施中，应当有良好的机械设备管理措施，从而保证机械设备具备良好的工作性能，减少机械磨损情况，适当延长机械的寿命。机械设备损坏后，应及时修理，保证工作顺利进行。机械设备应及时进行保养和更新。

机械设备管理的内容包括机械设备的安装配置、选择、使用保护、定期维护和及时修理等。

（二）机械设备管理控制

机械设备管理控制的任务包括：正确地选择机械，保证其处于良好的使用状态，减少因闲置造成的损坏，最大限度地提高利用率及产出水平，维护和保养机械设备。

1.机械设备的购置管理

为了保证工程施工的要求，对机械设备的选择应综合考虑多方面的因素，包括产能，生产质量，使用费和维修费，能源耗费量，占用的各类人员数量，安全性，稳定性，运输、安装、拆卸及操作的难易程度和机动性，在施工现场的服务项目种类划分，机械的完好程度和维修的难度，对相关条件的适应性，以及对环境和其他各方面的影响等。

2.机械设备的租赁管理

机械设备租赁是采用外部资源补充内部资源的方式，这样做不仅能够提升施工能力，还能减少投资费用、提高周转效率等。

第六节　施工现场的技术管理

一、技术管理的基础知识

（一）技术管理的内容

技术管理包括的内容较多，其主要内容有：技术准备阶段和技术开发活动，设计交底和图纸会审，编制施工组织设计及技术交底，“四新技术”的试验以及技术培训等。

(二)技术管理计划

1.技术开发计划

技术开发应依据国家的技术政策(包括科学技术的专利政策、技术成果)有偿转让；产品生产发展的需要是指工程项目中所要使用的产品的种类、规模、质量以及功能等；组织的实际情况是指项目的人力、物力、财力以及外部协作条件等。

2.设计技术计划

设计技术计划涉及的主要方面有确立施工技术方案，形成设计文件、有关指导意见以及措施的计划等。

3.工艺技术计划

制订工艺技术计划时，要遵循施工工艺上存在的相互依存、相互制约的客观规律，如基础未完成，则后续工作就不能施工。对工艺技术如不能进行科学周密的计划和安排，就会造成工序之间的相互交叉影响。

二、图纸会审与技术交底

(一)图纸会审

1.图纸会审制度

图纸会审主要是为了了解图纸的内容和要求，解决各工序之间的协调作业问题，由各方共同发现，并由设计单位来变更图纸中的问题和错误，如有不便于施工的图纸设计内容，应由各方代表进行商议讨论并及时变更。

应当由施工单位的技术负责人主持图纸会审。为了使图纸会审能够顺利地进行，会审前各方相关人员要仔细研读、分析施工图纸，通过结合施工经验和工程实际情况，找出图纸中存在的问题，提前记录图纸中的问题，并结合项目实际进行研究，提出合理化建议。

图纸审查的步骤可分为以下几个阶段：

(1)学习阶段。相关人员认真学习、熟悉图纸，掌握项目的规模，了解设计意图、技术标准和规定，了解施工工艺、结构形式和构造特点，明确技术规范、执行标准和施工工艺规程等有关技术问题。

(2)初步审核阶段。通过工程的基本情况，根据不同的专业分工，仔细核对各工种的详细图纸，核对有无问题，特别是诸如影响施工安全、使用经济性等的重点问题，初步提出合理建议。

(3)图纸会审阶段。在该阶段，各专业分包及各单位对施工图进行会同审查。在初步审核的基础上，各专业之间仔细核查图纸是否前后一致、有无冲突，并更正差错。对图纸中的有关问题，要提出合理化的修改意见。

图纸会审中，要抓住以下几个重点：

（1）图纸设计是否符合国家有关规定和标准，是否符合本区域的实际情况。

（2）工程的结构形式是否符合安全消防可靠性、经济性等原则，有哪些合理建议。

（3）各专业施工单位的技术专业程度和机械设备的能力，以及工程施工现场的条件是否具备安全施工的要求。

（4）施工图纸中，平面布置图、尺寸图和细部图的尺寸标高是否前后一致，施工图纸的图纸说明中描述的设计深度与图纸设计深度是否统一，能否满足施工的要求。

图纸会审会议纪要应由建设单位、设计单位、施工单位的代表和总监理工程师共同签认，归档留存，并及时上报施工单位的相关技术和经营部门。

2.图纸会审程序

工程部将设计图纸（见图纸清单、设计说明、施工图纸、设计变更）移交给建设单位、施工单位、监理单位及有关人员，各单位对设计图纸进行研读。

在建设、施工、监理等参与单位熟悉图纸内容之后，由建设单位组织设计单位、施工单位、监理单位及相关参与单位的人员进行图纸会审。图纸会审由设计单位负责记录，并将记录发放给建设单位、监理单位和施工单位。

3.图纸会审变更

应由建设单位组织图纸会审工作会议，各相关单位组织人员分别查阅图纸，分析图纸中存在的问题，并安排相关人员参加图纸会审。

图纸会审时，应做好会审纪要，由设计单位将汇总的问题及时分析、归纳、解决，并详细记录，形成图纸会审报告。相关图纸进行变更时，监理（建设）单位、设计单位、施工单位的代表应签字盖章，整理入档，妥善保存。

如果涉及相关规定，应由建设单位审核后报送相关主管部门，获得批准后方可实施。

（二）技术交底

技术交底应在图纸会审完成且无相关问题后进行，目的是使施工作业人员深入了解并掌握工程项目的特点、设计意图、技术要求、施工工艺、材料要求和应注意的问题、质量标准成品保护以及质量检验、管理的要求，由此，相关施工作业人员在以后的施工中便能更加合理地进行施工作业和安排施工作业顺序，避免因图纸的原因及其他技术文件的指导错误而引起操作错误。

相关人员依据国家标准、规范规程、现行行业标准、上级技术指导性文件和企业标准，编制具有可操作性的技术文件。

1.技术交底的内容

(1)设计变更交底:为了避免在施工时出现遗漏和差错,应向施工相关人员交底设计变更的部位及变更原因。

(2)施工组织设计交底:向相关施工方及人员交底施工组织设计,施工组织设计的内容有工程特点、施工部署、相关进度要求、施工方法、任务划分、各工种的配合要求、主要机械设备等。

(3)图纸交底:图纸交底是施工人员了解设计内容、建筑结构的主要特点、重要构造部位和主要要求的重要手段,相关施工人员应做到按施工图纸设计施工。

专项施工方案技术交底的内容包括:

(1)由项目技术负责人依据专项施工方案的相关内容,对专业生产管理人员进行技术交底,专业生产管理人员针对本专业管理的班组长、工人等所有施工人员进行技术交底。

(2)季节性施工方案应按规定进行交底,交底时应该将季节性施工组织和管理、设备及材料机具准备计划、分项工程施工方案及施工技术措施、消防安全技术措施等内容作为重点。

(3)技术交底工作应结合施工项目的特点和实际状况,对设计内容、现场环境、工程重点、施工工序及工期要求、岗位安排及责任划分、施工准备工作、主要施工方案、质量标准,以及安全防护、消防保卫、用电管理、环境保护等注意事项进行交底。

2.技术交底的实施程序

施工组织设计的交底由项目经理主持,项目技术负责人向各工段技术负责人、分项技术负责人、各班组组长、有关职能部门进行技术交底。

三、运动场地施工技术管理

(一)混合型塑胶跑道的铺设

1.基层处理

(1)水泥混凝土基础的处理如下:

第一步,验收基础表面,满足施工要求后,沿温度缝划线。

第二步,用切割机沿标线位置将温度缝切好:在跑道外沿路缘石向里 30～50 mm 处,切宽 3～5 mm、深 30～50 mm 的切割缝。

第三步,清扫基面,对明显凸出的部分进行打磨处理,清除基面上的杂物及灰尘,用清水清洗基础面层,用浓度约 0.8%的稀盐酸或草酸喷洒并洗刷基面(原理:在混凝土表面形成微小的麻窝,使混合料形成“橡胶钉”的作用,有利于提高黏接强度,同时更好地清除基础表面的污渍,中和基础面层的碱性物质),最后用清水冲洗干净,基础表面不得有残留的盐酸。用粉笔标出积水处。

第四步，等待基层干燥后，场地基础整体滚刷底胶（底涂），每平方米用量不少于1 kg，固化后，向伸缩缝中灌入混合料，并黏接网格布。凹陷部位特别严重时，应用混合料进行修补。对基础表面的密度不足之处，应灌入塑胶底层进行加固。

（2）沥青混凝土基础的处理如下：

首先，全面验收施工面是否满足施工要求，密实度、平整度、坡度应符合工程及设计验收标准。

其次，清扫基面，清除基面上的杂物及灰尘，对基础进行平整度和坡度的检验，用粉笔标出积水处。凹陷部位特别严重时，应用混合料进行修补。对基础表面的密度不足之处，应灌入塑胶底层进行加固。

2.混合型跑道底层铺设施工

第一步，材料配比及搅拌：按质量比对材料进行配比，在使用跑道铺装材前，先将B料搅拌均匀，然后按配比精准加入已投放A料的搅拌桶，充分搅拌均匀。这两种材料按比例配制好后，再加入环保型填充颗粒均匀搅拌，调制塑胶混凝料。

第二步，铺设准备：准备施工用机械、工具及材料，按设计要求的厚度调试工具。

第三步，按照图纸要求划出不同区域的分割线。底层铺设时，应保证塑胶铺设厚度一致，及时处理接头接边，如需要接边或接头时，应在混合料未固化前及时将痕迹消除。

第四步，底层铺设施工时，铺设工人要使摊铺的厚度均匀，对于铺设过程中出现的问题，如出现摊铺磨压痕迹、基础凸起引起的露底现象、特别凹陷处等，应及时采取修补、刮平等操作来处理，并保证施工人员的数量。塑胶跑道底层的密实度和平整度对成品质量至关重要，应符合相关标准要求。

第五步，在跑道底层固化后，及时对塑胶底层的质量进行检查，如发现有不符合标准要求的问题应抓紧时间处理，以免影响后续工序的施工，影响工期。干燥时间受天气影响很大，以实际固化时间为准。

第六步，塑胶底层固化后，用80目的砂布对表面进行打磨，全覆盖打磨后，方可进行下一步工序。

第七步，铺设完成后，应验收底层塑胶。在混合型塑胶跑道底层全场打磨完成后，按照相关标准要求的平整度进行检测，如发现有不符合平整度要求的区域应及时修补，可以用面层材料修补。直到平整度检测合格后，方可继续下一步施工。

3.混合型跑道面层铺设施工

将防滑颗粒按配比放入调制好的浆料中，搅拌均匀。将调制后的跑道铺面材料倒入塑胶跑道专用喷涂机，对整个面层进行喷涂。用喷涂机将铺面材料均匀喷涂在底层塑胶上，待第一遍固化后，再反向喷涂第二遍，确保面层喷涂均匀一致。根据喷涂的均匀情况，若需要时，可喷涂第三遍进行找补。在喷胶时要严格遮盖好场地，杜绝污染。干燥时间为 24 h（若施工时段的温度高，则时间可适当缩短）。

4.界线漆施工

第一步，测量放线：在划线之前，先按照设计图纸的要求使用经纬仪、钢卷尺进行测量放线，再由相关负责人员进行测量复合，以保证划线的准确性。各标志线的长度误差控制在±1/10000 之内。

第二步，配料：将界线漆充分搅拌均匀后使用。

第三步，施工方法：使用划线机或模板沿放线位置划线，界线漆应平直、均匀、厚实。

第四步，白界线质量要求：要保证白界线漆的漆膜厚度一致、平直，无明显虚边、毛边现象。

第五步，干燥时间：以实际情况为准。

注意：跑道线、道宽以及各项目线按照国际田联相关技术标准或建设方的要求执行。

5.注意事项

第一步，材料在使用前必须搅拌均匀。

第二步，在大面积铺设前应进行小试，严格按照设计的配比进行配料。

第三步，确保每一层干燥后，尽快进行下一道工序的施工。

（二）透气型塑胶跑道施工技术方案

1.铺设流程

铺设流程为：清扫场地→酸洗场地基础（限水泥混凝土基础）→涂刷底胶→单组分胶水和橡胶颗粒按比例混合并搅拌均匀→摊铺塑胶底层→塑胶面层配料→材料搅拌→面层喷涂→测量划线→检验检测→竣工验收。

2.施工方案

第一步：基层处理。

首先，验收基础表面，若满足施工要求，则进行温度缝划线。

然后，清扫基面，对明显凸出的部分进行打磨处理，清除基面上的杂物及灰尘，用清水清洗基础面层，用浓度在 0.8%左右的稀盐酸或草酸喷洒并洗刷基面（原理：在混凝土表面形成微小的麻窝，使混合料形成“橡胶钉”的作用，有利于提高黏接强度，更好地清除基础表面的污渍，中和基础面层的碱性），最后用清水冲洗干净，基础表面不得有残留的盐酸。用粉笔标出积水处。

最后，等待基层干燥后，场地基础整体滚刷底胶（和底层铺设同步），每平方米用量不少于 1 kg。

第二步：底层铺设。

首先，按照图纸要求划出不同区域的分割线。要保证铺设的塑胶跑道地层厚度均匀，如需要接边或接头时，应在材料未固化前及时将痕迹消除。

其次，底层铺设施工时，铺设工人要使摊铺的厚度均匀；对于铺设过程中出现的问题，如出现摊铺磨压痕迹、基础凸起引起的露底现象、特别凹陷处等，应及时采取修补、刮平等操作来处理，并保证施工人员的数量。塑胶跑道底层的密实度和平整度对成品质量至关重要，应符合相关标准要求。

最后，将单组分胶水与橡胶颗粒按设计比例搅拌均匀，用摊铺机摊铺在基础地面上，要求摊铺得均匀、平整。

第三步：面层喷涂。

将面层材料按设计比例搅拌均匀，用喷涂机均匀喷涂在塑胶跑道底层上。待第一遍固化后，再反向喷涂第二遍，确保面层喷涂均匀一致。根据喷涂的均匀情况，若需要时，可喷涂第三遍进行找补。在喷胶时要严格遮盖好场地，杜绝污染。

第四步：界线漆施工。待面层塑胶固化后，测量放线，按场地尺寸测绘场地线及点位线。

(1)测量放线：在划线之前，先使用经纬仪、钢卷尺按照设计图纸要求进行测量放线，再由相关负责人员进行测量复合，以保证划线的准确性。各标志线的长度误差控制在±1/10000之内。

(2)配料：将界线漆充分搅拌均匀后使用。

(3)施工方法：使用划线机或模板沿放线位置划线，界线漆应平直、均匀、厚实。

(4)白界线质量要求：要保证白界线漆的漆膜厚度一致、平直，无明显虚边、毛边现象。

(5)干燥时间：以实际情况为准。

注意：跑道线、道宽以及各项目线按照国际田联相关技术标准或建设方的要求执行。

3.注意事项

(1)材料在使用前必须搅拌均匀。

(2)在大面积铺设前应进行小试，严格按照设计的配比进行配料。

(3)确保每一层干燥后，尽快进行下一道工序的施工。

(三)全塑型自结纹塑胶跑道的铺设

1.基层处理

第一步，水泥混凝土基础的处理如下：

(1)首先验收基础表面，当满足施工要求后，沿温度缝划线。

(2)用切割机沿标线位置将温度缝切好，在跑道外延路缘石向里 30～50 mm 处，切宽 3～5 mm、深 30～50 mm 的切割缝。

(3)清扫基面，对明显凸出的部分进行打磨处理，清除基面上的杂物及灰尘，用清水清洗基础面层，用浓度为0.8%左右的稀盐酸或草酸喷洒并洗刷基面（原理：在混凝土表面形成微小的麻窝，使混合料形成“橡胶钉”的作用，有利于提高黏接强度，更好地清除基础表面的污渍，中和基础面层的碱性），最后用清水冲洗干净，基础表面不得有残留的盐酸。用粉笔标出积水处。

(4)等待基层干燥后，场地基础整体滚刷底胶（底涂），每平方米用量不少于1 kg。固化后，用混合料对伸缩缝进行灌入，并黏接网格布。凹陷部位特别严重时，应用混合料进行修补。对基础表面的密度不足之处，应灌入塑胶底层进行加固。

对沥青混凝土基础的处理如下：

首先，全面验收施工面是否满足施工要求，密实度、平整度、坡度应符合工程及设计验收标准。

其次，清扫基面，清除基面上的杂物及灰尘，对基础进行平整度和坡度的检验，用粉笔标出积水处。凹陷部位特别严重时，应用混合料进行修补。对基础表面的密度不足之处，应灌入塑胶底层进行加固。

第二步，全塑型自结纹塑胶跑道底层铺设施工。

(1)材料配比及搅拌：按质量比对材料进行配比，在使用跑道铺装材前，先将B料搅拌均匀，然后按配比精准加入已投放A料的搅拌桶，充分搅拌均匀。这两种材料应按比例配制。

(2)铺设准备：准备施工用机械、工具及材料，按设计要求的厚度调试工具。

(3)按照图纸要求划出不同区域的分割线。底层铺设时，应保证塑胶铺设厚度一致，及时处理接头接边，如需要接边或接头时，应在混合料未固化前及时将痕迹消除。

(4)底层铺设施工时，铺设工人要使摊铺的厚度均匀，对于铺设过程中出现的问题，如出现摊铺磨压痕迹、基础凸起引起的露底现象、特别凹陷处等，应及时采取修补、刮平等操作来处理，并保证施工人员的数量。塑胶跑道底层的密实度和平整度对成品质量至关重要，应符合相关标准要求。

(5)在跑道底层固化后，及时对塑胶底层的质量进行检查，如发现有不符合标准要求的问题应抓紧时间处理，以免影响后续工序的施工，影响工期。干燥时间受天气影响很大，以实际固化时间为准。

(6)塑胶底层固化后，用80目的砂布对表面进行打磨，全覆盖打磨后，方可进行下一步工序。

(7)铺设完成后，应验收底层塑胶。在混合型塑胶跑道底层全场打磨完成后，按照相关标准要求的平整度进行检测，如发现有不符合平整度要求的区域应及时修补，可以用面层材料修补。直到平整度检测合格后，方可继续下一步施工。

第三步，全塑型自结纹塑胶跑道面层铺设施工。

先将混合料搅拌均匀，将调制好的跑道铺面材料倒入塑胶跑道专用喷涂机，对整个面层进行喷涂。用喷涂机将铺面材料均匀喷涂在底层塑胶上，待第一遍固化后，再反向喷涂第二遍，确保面层喷涂均匀一致。根据喷涂的均匀情况，若需要时，可喷涂第三遍进行找补。在喷胶时要严格遮盖好场地，杜绝污染。干燥时间为 24 h(若施工时段的温度高，则时间可适当缩短)。

第四步，界线漆施工。

(1)测量放线：在划线之前，先使用经纬仪、钢卷尺按照设计图纸的要求进行测量放线，再由相关负责人员进行测量复合，以保证划线的准确性。各标志线的长度误差控制在±1/10000之内。

(2)配料：将界线漆充分搅拌均匀后使用。

(3)施工方法：使用划线机或模板沿放线位置划线，界线漆应平直、均匀、厚实。

(4)白界线质量要求：要保证白界线漆的漆膜厚度一致，平直，无明显虚边、毛边现象。

(5)干燥时间：以实际情况为准。

注意：跑道线、道宽以及各项目线按照国际田联相关技术标准或建设方的要求执行。

2.注意事项

(1)材料在使用前必须搅拌均匀。

(2)在大面积铺设前应进行小试，严格按照设计的配比进行配料。

(3)确保每一层干燥后，尽快进行下一道工序的施工。

(四)预制型跑道的铺设

1.基础修整、清理

(1)清扫基面，对明显凸出的部分进行打磨处理，清除基面上的杂物及灰尘，用清水清洗基础面层，用浓度为 0.8%左右的稀盐酸或草酸喷洒并洗刷基面(原理：在混凝土表面形成微小的麻窝，使混合料形成“橡胶钉”的作用，有利于提高黏接强度，更好地清除基础表面的污渍，中和基础面层的碱性)，最后用清水冲洗干净，基础表面不得有残留的盐酸。用粉笔标出积水处，有积水的部位采用填补的方法进行处理。清洗干燥后，基础表面应无盐碱析出、无浮灰。

(2)预制型跑道对基础平整度的要求较高，铺设前应对基础进行平整度验收，采用 3 m直尺测量，平整度误差应符合设计及标准要求。

(3)对平整度误差超过标准要求的部位，以及发现有积水的部位应进行处理，可采用补胶或打磨的方法使基面达到要求。打磨是将修补好的基础再次进行整体打磨、找平，使基础变得粗糙，以增加基础与黏结剂的黏结力。打磨法是将局部超高处用水磨石机进行打磨(打磨后的区域要酸洗)；补胶法是可采用专用修补胶，以自流平的方式补平。

清理现场时，可用吹风机或扫帚将场地上的杂物及粉尘等清理干净。

2.封底

封底时，用防水底涂将场地基础整体滚刷。

3.放线定位

(1)按照设计要求及标准规定进行分道定位放线，并做好标记。

(2)对颜色不同的区域做好分区定位放线，并做好标记。

(3)应在校验无误后，方可进行预制型跑道铺设。

4.铺涂底胶

采用专用底胶进行涂刷，应以起跑区为起始点，沿跑道跑进的逆时针方向涂刷。铺涂底胶的作用是防止底层渗水，基础找平；专用底胶涂刷在基础面层上时，与上层胶板具有强度较高的黏接力，从而使跑道的黏接更加牢固。

5.跑道黏接

(1)摊铺胶板：在施工线划好后，以第一曲直分界线为基准，由内沿开始将跑道展开，沿划好的施工线对齐，按顺序依次摆放预制型跑道面层，横向压头不少于 200 mm，纵向跑道对齐，并根据温度的不同调节放置时间。

摊铺胶板的作用是：

①让预制型塑胶跑道面层的物料恢复原状态和适应温度。

②把预制型塑胶跑道面层铺在预先设定的位置上。

③检查铺装质量。

④把所有的接口切齐和整理好。

(2)铺涂胶黏剂：先把预制型塑胶跑道面层摆放好，然后将跑道由两端分别翻起，由跑道中心开始往地面上刷胶。胶黏剂的涂刷量应符合要求，控制在 1.0 kg/m^2 左右，涂刷要均匀，并且应控制好胶黏剂的黏度，通过试验确定最佳的铺设时间。

(3)黏接：预制型塑胶跑道面层的黏接是保证成品质量的一个至关重要的环节，应仔细铺设，卷材的边缘部分应与基础表面已经测划好的施工标记线对齐。先翻起卷材的一侧进行黏接，黏接好后，再将另一侧进行黏接。依次先将内侧跑道黏接好，其他各道的铺设过程与第一道的铺设方法相同。

跑道黏接时，预制型跑道底部会产生起泡，为了保证铺设黏接的牢固性，最好采用挤压的方法将起泡清除。

在铺设塑胶跑道弯道的部分时，应严格按照铺设方案执行，铺设方法与直道铺设方法基本相同。

(4)表面压制：在预制型塑胶跑道面层与基础表面黏接好后，为确保跑道不会出现翘边现象，可用砖、石等材料压住跑道的边缘部分，边缘向内应有一定的宽度。跑道与跑道端部接口处也应采用相同的方法进行处理，需整体压住，沿中心向两侧摆放重物，直至胶黏剂完全固化，才能撤去压住的重物。

预制型卷材在进行黏接时，对于弯道部分应着重要求，预制型卷材边部的重压物应比跑道直段黏接时的重压物更重，跑道的压重时间应适当延长，且应在跑道中间加设一排重物，以保证跑道与基础的黏接更加牢固。

(5)端口裁接：端面接口黏接时，应先将预制型跑道面层的一端压住，将边缘部分裁切整齐，并应考虑材料的热胀冷缩量。端口的里面应涂满胶黏剂，使之达到更好的黏接效果。

(6)清洗场地：在预制型跑道面层全部施工完成且黏接胶水完全固化后，应对场地进行清理，重点检查跑道端口接口处的黏接，对黏接不牢固或不平整的区域应及时修补，修整完成后方可进入下一道工序的施工。

(7)界线漆施工：

①测量放线：在划线之前，先使用经纬仪、钢卷尺按照设计图纸的要求进行测量放线，再由相关负责人员进行测量复合，以保证划线的准确性。各标志线的长度误差控制在±1/10000之内。

②配料：将界线漆充分搅拌均匀后使用。

③施工方法：使用划线机或模板沿放线位置划线，界线漆应平直、均匀、厚实。

④白界线质量要求：要保证白界线漆的漆膜厚度一致、平直，无明显虚边、毛边现象。

⑤干燥时间：以实际情况为准。

注意：跑道线、道宽以及各项目线按照国际田联相关技术标准或建设方的要求执行。

第七节　施工现场的质量管理

一、工程质量控制

(一)工程设计质量控制

工程设计质量控制指的是在遵守标准规范的基础上，科学处理资金、资源、技术以及环境条件的制约关系，使设计文件能更好地满足项目的功能和价值，从而充分节约成本，创造最大的经济效益。

针对工程各个设计阶段的内容和应达到的设计深度，国家和地方都有一定的规定和要求，这些规定和要求是衡量设计质量的重要方面。

(二)工程施工质量控制

1.施工质量控制基础知识

工程施工过程中,对施工质量的控制应遵循以下原则:坚持以预防为主,质量第一,以人为本。

施工质量控制的过程指的是先针对投资进行控制,进而控制整个生产过程和各环节质量,且对成品质量检验与控制做到全过程的系统控制。

根据三阶段控制原理,施工质量控制的过程可分为以下几个环节:

(1)事前控制。确保施工质量是以此类控制为先决条件,即施工前的准备控制,也就是工程项目在实施施工作业前,对各项准备工作及影响质量的各种因素进行控制。

(2)事中控制。事中控制是指在施工过程中进行的控制,也就是在施工生产过程中对实际的生产要素投入以及施工作业的实施状态和成果进行的控制,其中应包括施工人员发挥专业能力过程的自我控制和管理人员的监督。

(3)事后控制。事后控制是指竣工验收阶段的控制,也就是对于通过施工完成的,已具有使用价值的单位工程或整个工程项目及有关方面的质量进行的成品质量控制。

2.施工工序的质量控制

(1)工序质量控制的概念。工程的施工过程由各道工序所构成,它们互相平衡、互相制约。为了达到整个施工过程的质量管理效果,对于施工过程中各道工序的质量控制都必须严格把关。工序质量管理的内容有很多,其中最重要的是对所需要的条件以及工程的成果验收,如果它们都能得到有效验证,则证明工序质量管理获得了预期效果。

工序质量管理过程中需要着重要求的内容包括:确定工序质量控制工作计划;主动控制工序活动条件的质量;及时检验工序活动的效果;设置工序质量控制点(工序管理点),实行重点控制。

(2)工序质量控制的内容。工序质量控制包含多方面内容,其中最主要的两个方面是对工序活动条件的控制和对工序活动效果的控制。

①对工序活动条件的控制。工序活动条件是指生产过程中各道工序施工所需要的所有生产条件和生产需要具备的环境条件。对工序活动条件的控制应采取多种方法,多方面综合控制,主要采取检查、测试、试验及跟踪监督等控制方法。对工序准备的各种生产要素及环境条件宜采用事前控制的方式,控制依据是设计要求的质量标准、材料质量标准、机械设备技术性能标准以及操作规程等。

②对工序活动效果的控制。对工序活动效果的控制一般属于事后质量控制,其主要反映的方面有工序产品的质量特征和特性指标等。工序成果质量控制主要体现在实测、统计、分析、判断、认可或纠偏等步骤上。控制要求是控制工序产出品的质量特征和特性指标应达到工程设计要求和施工验收标准。

二、工程质量改进

(一)基本规定

施工单位需要对已完成的工程进行成品考核,项目部应定期进行内审,并将内审结果作为工作考核的一部分内容,提升项目部对改进质量的积极性。

项目部应定期对已完成工程的施工质量状况进行检查,并深入分析施工效果产生的原因,还应按照企业相关规定,按时提交质量自检报告,报告中应包含成品质量检查情况,建设单位、监理单位、使用单位及其他相关方的检查结果,是否符合产品质量标准要求,论证项目部采取的质量改进措施是否有效等。

施工企业应了解建设单位、监理单位、使用单位及其他相关方对工程质量提出的意见,审核质量管理体系,针对计划的目标提出相应的改进措施并积极执行,检查改进效果。

(二)质量改进方法

质量改进应采取 PDCA(计划、实施、检查、处理)的质量管理方法。随着质量管理方法的执行,会产生新的问题,最关键的是问题能够被及时解决,此方法就达到了预期的效果,并使质量管理活动不断迈向新的高度。质量改进要根据具体的实施计划,运用先进的管理办法、专业技术和数理统计方法来进行。

(三)质量预防与纠正措施

1.质量预防措施

(1)项目部应对预防措施的有效性定期进行评价。

(2)项目部应定期召开质量分析研讨会,分析某些问题影响工程质量的潜在原因,采取有针对性的预防措施。

(3)对工程中存在的质量通病,应提前采取有效的预防措施。

(4)对潜在的严重不合格现象,应实施预防措施控制程序。

(5)对可能出现的不合格现象,应制订防止再发生的措施并组织实施。

2.质量纠正措施

(1)项目部或相关的责任单位应对采取的质量纠正措施的有效性定期进行评价。

(2)对已发生或潜在的不合格信息内容,应分析原因并记录。

(3)对建设单位或监理单位、设计单位以及质量监督部门查出的质量问题,应分析其产生的原因,研究制订质量纠正措施。

(4)对通过检查发现的或检测报告中指出的不合格问题,应由项目技术负责人组织相关人员判定其不合格程度,并有针对性地采取质量纠正措施。

(5)对施工中出现的严重不合格问题或发生重大质量事故时,应及时采取纠正措施。

(6)采取纠正措施的结果应由项目技术负责人查验并记录;对严重不合格或相应等级质量事故的纠正措施和实施效果应进行查验,并应上报企业的相关管理部门。

第八节 施工现场的进度管理

一、进度管理概述

工程施工进度管理是一个动态循环的复杂过程,也是一项效益明显的工作。工程施工进度管理的目的是实现工期的优化,更快更好地完成施工任务。

二、工程进度计划

(一)进度计划的编制

1.进度计划的编制依据

工程进度计划的编制依据包括施工承包合同、项目管理文件、项目规划文件、设计文件、资源供应条件和内外约束条件。资源供应条件和内外约束条件作为进度计划的约束条件,影响着计划目标和指标的决策以及执行效果。项目管理规划文件是项目管理组织结合自身条件与合同文件等的要求所进行的安排,其目标规划是项目进度计划的编制依据。

2.进度计划的编制内容

(1)作业性进度计划。作业性进度计划确定了施工过程中具体的工作安排,以及相应工序或施工阶段对应的资源供应需求,它是项目作业的依据。应由项目部负责编制作业性进度计划,项目部必须按进度计划施工,完成各道工序和各分项工程。

(2)控制性进度计划。各项计划依次细化分解为不同级别的控制计划,分解的计划应受到上级计划的控制。控制性进度计划的作用是对进度目标进行论证分解,确定各计划任务的进度目标,并以此作为编制实施性进度计划和其他各种计划以及动态控制的依据。

3.进度计划的编制程序

进度计划的编制应按下列程序进行:

(1)确定进度计划的目标、性质和任务。

(2)进行工作分解。

(3)收集编制依据。

(4)确定工作任务的起止时间。

(5)处理各工作之间的逻辑关系。

(6)编制进度表。

(7)编制进度说明书。

(8)编制资源供需平衡表。

(9)报有关部门批准。

4.进度计划的编制方法

编制进度计划前,应综合考虑编制的依据和相关因素。总的来说,有如下编制方法。

(1)划分施工过程。编制进度计划时,应把待施工工程的各个施工过程列出,以设计图纸文件和施工工序等为依据,并结合具体的施工方法和施工条件、人力资源组织等相应因素,加以适当的调整。

(2)确定施工顺序。在确定施工顺序时,要考虑以下因素:

①确保工程质量的要求。

②确保安全生产的要求。

③施工组织合理的要求。

④各种施工工艺的要求。

⑤各种施工方法和施工机械的要求。

⑥工程所在地区的气候特点和条件。

(3)计算工程量。工程量的计算对于整个工程的投资控制与成本核算都是很重要的,应根据工程计量规范、施工图纸和工程量计算规则来测量、计算工程量。

(4)确定劳动力用量和机械台/班用量。应根据各分部分项工程的施工方法和相应的定额,结合工程量清单,并参考施工单位的自身情况和水平,计算各分部分项工程所需的劳动力用量和机械台/班用量。

(5)进度计划的优化。进度计划初步编制完成后,应再次检查各分部分项工程的施工时间和施工顺序安排是否合理,同时应该检查计划完成的总工期是否满足施工合同、规划文件等的相关要求,施工人员、材料和机械设备的需求量是否均衡,施工中主要机械设备的利用率是否充分。如检查发现有不符合要求的部分,应予以整改和优化。

(二)进度计划的实施

工程进度计划逐步实施的进程,就是工程施工建造逐步完成的过程。完成进度计划就是完成工程施工作业任务。施工进度计划用于指导工程施工活动,落实和完成预期的施工目标。

1.进度计划的实施要求

(1)向具体施工人员交底已经被批准的施工进度计划,并应将责任落实。

(2)施工进度计划的具体实施人员应该制订实施计划的方案。

(3)在实施进度计划的过程中,应进行下列工作:

①对实际施工进度完成情况进行检查,收集整理实际完成的施工进度数据。

②将实际数据与进度计划进行对比。

③分析计划执行的情况。

④对于与进度计划不相符的情况,采取相应的纠偏措施。

⑤检查纠偏措施的落实情况。

⑥进度计划的调整必须经有关单位和部门批准。

2.进度计划的实施步骤

为了保证施工进度计划的实施并且尽量按照编制的计划时间逐步实现,工程进度计划的实施应按以下步骤进行。

(1)向进度计划的具体执行者交底,并将责任落实。为了做好进度计划的交底工作,先要进行思想积极性发动工作。为了保证进度的顺利实施,项目部要把进度计划交底给项目部的全体职工,并向所有施工人员讲解进度计划。

为了保证施工进度能够按照预先制订的计划顺利完成,首先要建立严格的岗位责任制度,要严肃工作纪律,做到有奖有罚、奖惩分明、公平公正。项目部应在内部推行生产承包责任制,将其贯彻到每一位职工,以“按劳分配”为原则,使广大职工的经济收入同项目部的经营成果成正比,促进广大职工自觉和主动地执行进度计划。

(2)做好施工中的调度工作。施工中的调度工作是指在施工时,不断建立新的组织平衡和保持正常的施工条件及施工程序所做的工作。施工调度这一岗位的工作职责主要是监督、检查施工计划,审核施工合同的履行情况是否符合合同条款的约定,包括物资、设备、劳动力的调度工作,解决施工时出现的矛盾,组织协调内部和外部的合作关系,确保各项计划指标尽快落实。

为确保预先制订的施工作业进度计划能够按时完成,实现施工进度目标,调度工作应涉及多方面的工作内容,其中包括:

①监督资源供应单位按照原定计划供应工作人员、机械设备、材料和构/配件等。

②为专业分包等单位协调解决项目进度控制中的相关问题。

③当“甲供材”协议中甲方的资源供应进度不能满足相关施工进度计划的要求时,应督促甲方按照原定计划执行,并对甲方原因造成的工期延误及损失进行索赔。

④执行施工合同中与工期和进度相关的承诺。

⑤现场调度人员应定期组织召开工作会议,执行项目部发布的相关任务,面对面地发布调度令。

⑥按施工平面图管理施工现场,遇到问题时进行必要的调整,保证文明施工。

⑦关注天气和水、电供应情况，针对突发情况及时采取相应的防范和处理措施。

⑧对施工中出现的各种事故和意外事件应及时检查和处理。

⑨对执行人、目标、任务、检查方法和考核办法等，应落实具体控制进度的措施。

⑩当施工过程中出现设计变更时，往往会引起资源需求的变化，现场调度人员的工作就是应当及时调整相应的资源供应计划，以免影响施工进度。

⑪督促施工准备工作、作业计划的实施，组织协调各方的进度关系。

（三）进度计划的检查

1.进度计划的检查内容

进度计划的检查应包括下列内容：

（1）工作时间的执行。

（2）工作量的完成。

（3）各种资源的利用情况及与实际进度的匹配情况。

（4）已经检查出的问题的整改情况。

2.进度计划的检查方式

工程施工中，获得项目施工实际进展情况可以通过以下方式来进行。

（1）定期将进度报表和相关资料整理归档。进度报表的格式有规范模板，施工承包单位应规范填写施工进度报表，并在签字盖章后提交给监理工程师审核。

（2）现场管理人员应检查建设工程的实际施工进度。有时，为避免施工单位为了获得更多的施工投资，在汇报已完工程量时会超出实际施工量。为避免这种情况，施工现场的监理人员必须按照施工进度计划表，对比施工进度报表进行检查和监督管理。应在区分建设工程的类型、规模、监理范围及施工现场的条件等情况下，确定相应的检查间隔时间，不得因管理的缺失造成进度延迟。

3.进度检查的方法

（1）横道图比较法。横道图比较法是指将项目实施过程中检查、收集到的实际施工进度数据经加工整理后，在平行于原计划的横道线处画横道线，进行实际进度与计划进度的比较。横道图比较法可利用图形的表达方式，形象、直观地反映实际进度与计划进度的偏差情况。

（2）“S”形曲线比较法。“S”形曲线比较法与横道图比较法的不同之处是，它不在编制的横道图进度计划上进行实际进度与计划进度的比较，而是以横坐标表示时间，纵坐标表示已完成任务量，从而绘制出一条按计划时间累计完成任务量的曲线，将施工项目的各检查时间点实际完成的工程量与曲线进行实际进度与计划进度的比较。

（3）“香蕉”形曲线比较法。“香蕉”形曲线是两条曲线组合成的闭合形状（工程项目的计划时间和累计完成工程量之间的关系都可用一条曲线表示），其形状似香蕉，因此称为“香蕉”形曲线比较法。

(4)前锋线比较法。前锋线比较法主要用于时标网络计划图中，是在时间上直观地进行工程实际进度与计划进度的简单比较方法。

4.工程项目进度报告

编制工程项目进度报告时，应依据工程施工进度计划检查结果来进行，其内容如下。

(1)实际进度与计划进度的对比资料。

(2)对进度执行情况的综合描述。

(3)进度执行情况对质量、安全和成本等的影响情况。

(4)进度计划的执行中出现的问题及产生问题的原因分析。

(5)采取的纠正措施和对计划进度完成情况的预测。

(四)进度计划的调整

调整进度计划时，应该通过改变各部分的施工顺序，调整施工作业过程中的协同合作方式等工作关系，从而更加充分地利用施工时间和空间进行合理的交叉作业。应依据进度计划检查结果对进度计划进行调整，在实际进度计划与原定计划发生偏差时，应对工程量、起止时间、工作关系、资源供应等进行调整。调整后的施工进度计划应能够保证施工目标的实现。

1.分析进度偏差的影响

在工程施工时，进度偏差量及其所处的位置会对以后的工作和总工期(T)呈现不同程度的影响。分析进度偏差的影响时，需要计算网络计划中的总时差(TF)和自由时差(FF)来进行判断。当实际进度与计划进度有偏差时，需要分析该偏差对后续工作及总工期(T)的影响程度，从而对原进度计划进行相应的纠偏，以确保工期目标的顺利实现。

(1)分析造成进度偏差的工作是否为关键工作。若在工程施工过程中出现了偏差，则需查看该工作是否为关键工作，若为关键工作，则无论偏差大小，都会对后续工作及总工期(T)产生影响，因此必须采取相应的纠正措施。若出现偏差的工作不是关键工作，则需要根据偏差值与总时差(TF)和自由时差(FF)的关系，确定对后续工作和总工期的影响程度。

(2)分析进度偏差是否大于总时差(TF)。在工程施工时，若工作的偏差大于该工作的总时差，则此偏差将影响后续工作和总工期，故应采取相应的纠正措施。若工作的进度偏差不大于该工作的总时差，说明此偏差对总工期无影响，但它对后续工作的影响程度需要根据比较偏差与自由时差的情况来确定。

(3)分析进度偏差是否大于自由时差(FF)。在工程施工时，若工作的进度偏差大于该工作的自由时差，则此偏差对后续工作将会产生影响，对其所作的调整应根据后续工作允许调整的自由度而定。若工作的进度偏差不大于该工作的自由时差，则说明此偏差对后续工作无影响，因此原进度计划可以不作调整。

经过以上分析可以确定，应该调整产生进度偏差的工作和调整偏差值的大小，以便确定采取的新措施，获得新的符合实际进度情况和计划目标的进度计划。

2.进度计划的调整方法

工程施工的实际进度因为影响到后续工作、总工期，需要调整进度计划时，通常采用以下两种方法。

(1)改变工作间的逻辑关系。当总工期受到工程施工过程中产生的进度偏差影响，且有关工作的逻辑关系需要被改变时，可以改变关键线路和非关键线路上工作之间的逻辑关系，尽可能缩短工期。

在同一单位工程内部，交叉作业的影响较大，这使得施工顺序和逻辑关系的约束较大，因此可调幅度较小。

(2)缩短某些工作的持续时间。此方法的原理是不改变工作之间的逻辑关系，而只是缩短工作的持续时间，满足工作进度要求，并保证按照计划工期完工。

第九节　施工现场的合同管理

一、合同评审

合同评审应该在合同签订之前进行，主要是对合同条件和招投标文件进行的审核、评价。通过合同评审，能够找到合同中存在的内容、概念不清之处或之前未能深入解读的条款，认真研究分析，并采取相应的措施来减少合同中存在的风险项目，减少因失误而在合同谈判和签订中产生的不利影响。合同管理还可以使合同双方合作共赢，使工程项目能够顺利实施。

二、合同控制

(一)合同交底

合同交底指施工承包单位的负责合同管理工作的相关人员，在对合同中的主要内容、重要内容以及特别内容作出解释和说明的基础上，组织项目部全体管理人员和各工程相关小组负责人学习合同文件中的条文和合同总体研究分析结果，让被交底人能够快速熟悉合同中的主要内容、各种规定和管理程序，了解施工承包单位的合同责任和工程范围、工作内容以及各种行为的法律后果等。

应研究分析的合同和合同文件有合同事件表、合同任务单、分包合同、设计图纸、设备安装图纸以及详细的施工说明等。工程合同交底包括的内容主要有：

(1)工程的质量、技术要求和实施中应该注意的问题。

(2)工期要求。

(3)消耗标准。

(4)有关事件的搭接关系。

(5)各工程参与方(专业分包单位)责任的划分。

(6)完不成责任的影响和法律后果等。

(二)合同变更管理

合同变更是指依法对原有合同及相关文件进行的修改和补充，也就是在工程项目合同的履行过程中，由于各种因素的影响，从而必须对原合同中的相关内容作出修改、纠正、删除或补充。合同变更一经成立，原合同中的相应条款就应被新合同替代。

1.合同变更的原则

合同变更主要是指合同及相关文件内容的变更，即在合同签订后的履行过程中，合同双方就合同的内容进行修改、删除和补充的行为。合同变更需要在遵循以下原则的情况下进行：

(1)重要变更采取提前协商的原则。

(2)合同变更必须在履行过程中实施。

(3)合同变更的程度要尽量小。

(4)合同变更应该待合同双方协商一致，并在原合同的基本框架下达成新的协议条款。

(5)合同变更应该是对原合同部分内容进行修改、补充，而不能对合同内容全部变更。

合同变更完成后，在维持原合同基本条款的基础上，新的权利义务条款代替了原合同中的规定，原合同中被变更的权利义务归于消灭，合同双方将受到新合同权利义务关系的约束。对于已履行的权利和义务，除非法律有规定或与合同双方有特别约定，否则不得主张更改。原有合同的变更或者解除不影响合同双方要求赔偿损失的权利。

2.合同变更的起因及影响

(1)合同变更的起因。合同变更频繁是工程施工合同的特点之一。一个工程项目中，合同变更的次数、范围和变更条款影响程度的大小与该工程招投标文件的完备性和技术设计的正确性，以及具体实施方案和实施计划的科学严谨性直接相关联。合同变更的原因主要有以下几方面：

①发生概率较小的原因有合同双方由于破产或其他原因转让合同造成合同当事人的变化。

②由于设计单位、监理工程师、施工承包单位在合同签订前没能彻底理解发包人的意图，或者因为设计出现错误，从而导致图纸的修改。

③发包人有新的意思表达，发包人决定修改项目总计划，削减预算投资，或出现了发包人要求的其他变化。

④由于在合同履行过程中发现了问题，因此必须对合同目标、合同条款进行调整或修改。

⑤政府主管部门对工程有新的要求及规定，如国家对环境保护标准的变动、城市规划变动等。

⑥由于产生了新技术和新知识，导致对原设计实施方案或实施计划作出必要的改变。

(2)合同变更的影响。合同的变更一般不能免除或改变施工承包单位的合同责任，但对合同履行的影响很大，主要表现在如下几方面：

①导致施工图纸等设计文件、成本计划和投资计划、工期计划、施工方案、技术说明和适用的标准规范、定义工程目标和工程履行情况的相关文件等作出相应的修改和变更。必要时应作出相应调整的也有相关的其他计划，如原材料供应计划、人员安排和机械设备使用计划等。

②引起合同当事人、施工承包方的工程小组之间、施工总承包单位和分包单位之间合同权利义务的变化。例如，工程量的增加会增加承包单位的工程责任，同时增加费用开支和工期时间。

③有些工程变更还会对已完工工程产生影响，导致工程停工，施工程序被打乱，已购材料无法使用等。

(3)合同变更的程序。合同变更的程序如下：

①合同变更的提出。合同变更的提出分以下三种情况：

第一，合同变更由施工承包方提出。施工承包方在提出合同变更时，通常是工程遇到了不可预见的地质条件或地下障碍等不可抗因素。还有一种情况是施工承包单位提出为了节约工程成本或加快工程施工进度等方面的合同变更。

第二，合同变更由发包人提出。发包人通常通过监理工程师提出合同变更。如发包方提出的合同变更内容超出了合同限定的范围，则属于新工程，应该另签合同，除非施工承包方同意此变更。

第三，合同变更由监理工程师提出。监理工程师往往根据工程具体的实际进展情况，认为确有必要时提出合同变更。如果提出的合同变更在原合同框架内，则通常是能够实现的；如果超出了原合同框架内容，新增了很多工程内容和项目，则属于不合理的合同变更条款，监理工程师应和施工承包单位协商，并经过后者同意后实施。

②合同变更的批准。由施工承包单位提出的合同变更,应通过监理工程师审查、批准后实施;而监理工程师提出合同变更的权力一般会在工程施工合同中明确规定。

③合同变更指令的发出及执行。为了避免施工进度延误,监理工程师在和施工承包单位就合同变更形成文件前,在必要情况下应先行发布变更指示。

(4)合同变更的内容。为了更好地解决工程施工过程中的变更问题,可以在合同中设立专门的变更条款,对有关工程变更的相关问题作出具体的规定。依据国际咨询工程师联合会(FIDIC)合同条件第51条的规定,监理工程师确认的合同变更的内容如下:

①合同中所列出的工程项目中任何工程量的增加或减少。

②可以取消合同中任何部分的施工作业,除非被取消的部分是由发包方或其他承包方实施。

③改变合同中任何工作的性质、质量及种类。

④改变工程任何部位的位置、标高和尺寸等定位。

⑤与工程所必需的任何有关的附加工作。

⑥改变工程任何部位的任何施工进度计划,预先规定的施工次序和进度安排,以及在规范里有所规定的。

(三)索赔管理

索赔是合同相关的当事人在合同履行过程中,根据法律法规、标准规范、合同约定及惯例,对非自己过错、由于合同对方承担责任的情况造成的,且发生了的实际损失,向合同对方提出给予补偿的要求。

1.索赔的类型

工程合同的索赔分为以下三种类型:

(1)因合同及相关文件的缺陷和工程变更等因素引起的索赔。

(2)一方的违约责任使另一方蒙受损失而引起的索赔。

(3)发生应由发包方承担责任的特殊风险或遇到不利自然条件等不可抗力的情况,施工承包方有损失而提出补偿损失的索赔。

索赔分为经济方面和工期方面的合理要求。

2.索赔的处理程序

(1)施工承包单位应按合同及相关文件的有关规定,向监理工程师提交详细的索赔清单,对没有列入清单的索赔,监理工程师可予以拒绝。

(2)监理工程师应将索赔清单归入索赔档案。

(3)应对索赔项目进行监督,针对提出索赔项目的施工方案、劳务作业人员和机械设备的使用情况进行掌握,并应书面记录,以便进行核查。

(4)应该由监理工程师对索赔文件进行审核。

(5)对于重大索赔,经业主授权,监理工程师审批同意后,向施工承包单位下达变更指令;对于一般索赔,监理工程师可以直接签发变更指令。

(6)施工承包单位应按照监理工程师的要求,进一步提交更详尽的资料。

(7)监理工程师提出索赔的初步审核意见,与施工承包单位谈判,协商解决索赔事件。

关于索赔事件,如果监理工程师与施工承包单位达成了统一意见,则可以形成最终的书面处理文件。如果双方意见不一致,则监理工程师可单方面提出最终的处理意见。若施工承包单位对监理工程师的处理意见有不同意见,可按照合同约定提出仲裁或诉讼,监理工程师应就索赔事件作出合理解释。

(四)合同跟踪与诊断

1.合同实施跟踪

由于在工程施工过程中,会出现千变万化的实际情况,以至于合同的履行将与计划目标出现偏差。这种偏差往往会逐渐积累,如果不积极采取措施处理,将会产生更大的影响。为避免出现这种情况,就需要对工程合同履行的情况进行跟踪调查,以便尽可能早发现偏差情况。

对工程合同实施情况进行跟踪时,主要有如下几个方面的依据:

(1)合同文件和合同分析的成果,它们是比较的基础,是合同实施的目标和方向,比如各种计划方案、合同变更文件等。

(2)工程施工过程中产生的工程文件,如各种原始记录、工程报表、检测报告、验收文件等。

(3)现场的工程管理人员每天对项目履行情况的了解,如通过巡视、召开例会、召集谈话、检查工程质量报告获得的了解等。

2.合同实施诊断

(1)合同实施诊断的内容有以下方面:

①合同实施诊断的内容。对合同履行偏差的原因进行分析;通过对不同对象的监督及跟踪计划和实际的对比分析,不仅可以掌握偏差情况,而且可以了解引起偏差的原因。

②合同差异责任分析。这是为了明确差异的原因由谁引起,该由谁负责,这通常是索赔的理由。一般来说,只要有理有据且分析详细,产生差异的责任自然会清楚。责任分析必须以合同等相关文件为依据,按合同规定落实履约主体的责任。

③合同实施趋向的预测分析。在分析中,分别考虑不采取调整措施和采取调整措施,以及采取不同的调整措施的情况下合同的最终履行情况。

(2)合同实施偏差的处理措施。合同实施偏差的处理措施有以下几种：

合同诊断之后，根据对合同履行结果偏差的分析，施二承包单位应采取相应的调控措施。调控措施分为如下几类：

①组织措施，如增加施工作业人员的数量，重新调整工作计划，派遣专业的管理人员等。

②技术措施，如变更施工技术方案，采用更专业、更高效的施工方案等。

③经济措施，如增加投入，对工作人员进行经济支持等。

④合同措施，如进行合同变更，签订补充协议，通过索赔解决合同变更问题等。

第十节　施工现场的安全管理

一、施工现场的防火防爆及保安管理

(一)工程施工现场的防火防爆

1.防火防爆安全管理制度

(1)建立定期的消防培训制度，定期组织职工开展消防培训，提升技能。

(2)建立定期防火检查制度。对施工现场配备的消防器具应定期检查，存放易燃易爆材料的库房、施工重点防火部位和重点工种的施工操作都应定期检查，对于检查不符合要求的，应责令其限期整改，及时消除火灾隐患。

(3)建立明火管理制度。施工现场若动用明火，应该经过主管领导的批准并办理动火证，否则任何人不准私自动火。

(4)对于存放易燃易爆材料的库房应特别注意，建立严格的管理制度。对现场的临时建造设施和存放材料的仓库要严格管理，防止重大事故的发生。

(5)加强对防火防爆知识的宣传，并建立宣传教育制度。向全体施工人员贯彻落实国家有关的消防安全法律、法规及制度，增强全员的消防意识。

2.施工现场消防器材管理

(1)应由专人管理施工现场配备的火灾探测和自动报警灭火系统，保持其状态良好。

(2)各种管材等应接装灵便、松紧适度，并保证与酸、碱等化学品分开存放，使用时轻拿轻放。

(3)水带充水后应防止弯折，远离油类等污染源；水带使用完毕后，应清洗后晾干，存放时应单层卷起，放在置物架上。

(4)经常检查水枪开关是否灵活以及喷嘴的畅通程度，附属的配件应保证齐全

并无锈蚀。

(5)应按照室内、室外和地上、地下等不同要求,定期检查消火栓,及时加注润滑油,冬季应采取防冻措施。

(6)应保持各种消防梯的完好。

3.施工现场防火防爆的安全要求

重点部位的防火防爆注意事项如下。

(1)料场仓库的防火防爆注意事项如下:

①应将易燃仓库设在工地下风方向,水源应准备充足,消防车能够准确行驶到达。

②贮存易燃材料的露天仓库应在四周设 6 m 宽的消防通道,并应保证消防通道能够顺利通行。

③易燃仓库中的堆料场应分开堆垛,各垛堆之间应留有至少 3 m 宽的消防通道,每个堆垛的面积应遵循如下规定:木材和板材应小于 300 m^2,稻草应小于 150 m^2,锯木应小于 200 m^2。

④库存物品应分类分堆并编号贮存,危险物品的入库应加强检验,应使用不发火的工具设备搬运和装卸易燃易爆物品。

⑤仓库不得兼做其他用途,如加工、办公等。

⑥堆放易燃材料时,应保持良好的通风,控制好仓库内的温度、湿度,防止发生自燃起火现象。

(2)油漆料库和调料间的防火防爆注意事项如下:

①油漆料库与调料间应分别设置,油漆料库和调料间应与发火区域保持一定的防火安全距离。

②应将性质相抵触、灭火方法不同的材料分别存放在不同仓库。

③调料间应采用防爆电器设备,并应保持良好的通风;调料间应禁止一切火源,且不得兼作他用。

④调料工作人员应严格按照操作规程作业,调料间内应存放不超过当日加工所用的原料。

重点工种的防火防爆注意事项如下。

(1)仓库保管员要按照《仓库防火安全管理规则》的规定实施作业。

(2)仓库保管员应熟知仓库中存放物品的性质、灭火方法、包装储存防火要求和密封条件等,要严格按照其类型分类存放,性质不同的物品不得混合存放在一起。

(3)严格按照规范距离存储物资,即材料堆与堆之间的距离不应小于 1 m,料堆与墙面之间的距离不应小于 0.5 m,料堆与梁、柱之间的距离不应小于 0.3 m,料堆与散热设备之间的距离不应小于 0.3 m,照明下方与料堆之间的水平距离不得小于 0.5 m。

(4)库存物品应分类储存,主要通行道路的宽度不应小于 2 m。

(5)仓库严禁兼作他用,禁止进行各种加工作业

(6)物品入库前应当进行严格的检查,应无防火隐患。

(7)仓库的门、窗等应当严密,物料不得在预留孔洞的下方存放。

(8)仓库内照明灯功率不得超过 60 W,并应做到“人走灯灭”。

(9)严禁在仓库内吸烟和使用明火。

(10)仓库管理人员在每日下班前,应与安全巡视人员交接,确认无火灾隐患,并在关闭门窗、切断电源后方准离开。

(11)仓库内的可燃材料应随用随净,保持良好的清洁状态。

(二)对工程施工现场的保安的管理

1.施工现场保卫工作的重要性

施工现场的安保工作应由总承包单位负责。施工现场的安保工作对工程施工现场的安全及成品保护非常重要,必须充分发挥其作用。施工现场应设立门卫亭,并根据需要设置警卫人员,负责工程施工现场的安保工作。施工现场的主要管理人员应佩戴工作证明,并对现场人员严格进行进出管理。

2.施工现场保卫工作的内容

工程施工现场的保卫工作主要应做好以下几个方面:

(1)建立包括领导分工、管理机构和要求、防范措施等在内的,完整可行的保卫制度。

(2)为了防止无关人员随意进出施工现场,应在施工现场设立连续坚固的围挡。围挡的设立应符合国家及当地政府的相关规定。

(3)施工现场对外单位的临时人员、车辆等要做好登记。

二、对施工现场安全事故的管理

(一)伤亡事故的处理程序

1.迅速抢救伤员,保护事故现场

事故发生后,现场人员要有组织、听指挥,迅速做好以下两件事:

第一,以抢救伤员为第一任务,并应及时排除险情,防止事故继续扩大。抢救受伤人员时,要采取专业的救助方式,避免对伤者造成二次伤害;救助活动应具有科学性和时效性,防止阻碍抢救或事故影响继续扩大;及时拨打医院的救助电话,就近治疗,防止耽搁最佳的救治时机。

第二,保护事故现场,为事故调查分析提供重要依据。发生事故的施工项目要立即按照有关规定进行停工整改,整改完成后方可继续施工。

事故现场是为调查分析事故原因提供依据的主要场所，是不可缺少的客观条件。事故现场所有物品的位置、颜色、形状及其物理、化学性质等都应保持原状。在排除事故险情、抢救伤员的过程中，要保护好事故现场，因抢救伤员或为防止事故继续扩大而必须移动现场的设备、设施时，现场负责人应组织现场人员做出标记，绘制事故现场示意图，留下影像资料。必须采取一切可能的措施，防止人为或自然因素的破坏，不得故意破坏或者伪造事故现场。

发生事故的工程项目必须在经受全面的检查和整改后，方可继续施工。

2.伤亡事故报告

项目施工发生伤亡事故时，伤者或者事故现场的有关人员应立即向有关单位报告，报告程序如下：

(1)轻伤事故可以向工程项目经理立即报告，项目经理向施工单位负责人员和部门及时报告。

(2)重伤事故、急性中毒事故以及死亡事故应立即向项目经理、施工单位负责人员和部门及时报告。企业负责人应在规定时间内向企业的上级主管部门、政府安全监察部门、行业主管部门，以及工程所在地的公安部门逐级报告。

(3)重大事故应该由企业主管部门逐级向上汇报。若伤亡事故涉及多个单位，应该由本单位报告，其他事故相关单位也应向其主管部门报告。

事故报告要及时执行报告程序，若报告时限超过了地方政府主管部门规定的时限，报告方可能会承担相应的责任。

伤亡事故报告的内容如下：

(1)事故发生(或发现)的时间及详细地点。

(2)伤亡人数、伤亡人员基本情况。

(3)事故类别、事故严重程度。

(4)事故的简要发生经过及抢险救援措施。

(5)报告人的情况和联系电话。

(6)发生事故的项目名称及单位名称。

3.组织事故调查组

企业主管领导在接到事故报告后，应立即赶赴现场组织抢险救援，并成立调查组进行事故调查，相关措施如下：

(1)轻伤事故按规定应该由项目经理组织项目部有关部门的成员组成事故调查组。

(2)重伤事故按规定应该由企业负责人或代表人负责组织企业生产技术、安全、人事、保卫、工会、监察等有关部门的成员，按照上级主管部门的要求组成事故调查组。

(3)死亡事故按规定应该由企业负责人或其代表人负责组织企业生产技术、安全、人事、保卫、工会、监察等有关部门的成员，会同上级主管部门、政府安全监察部门、行业主管部门、公安部门和工会组织等组成事故调查组。

事故调查组的成员条件如下：

(1)应该与所发生的事故没有应该回避的直接利害关系。

(2)属于事故调查所需要的专业性人才。

(3)涉及事故发生企业管理范围内的需要。

(二)事故预测

事故预测的目的就是为安全技术和安全管理提供决策的依据，进而为工程规划、发展计划提供先决条件。

根据因果论的观点，事故的发生总是由于过去或现在一连串人的操作失误和机器的失效引起的，而这些失误和失效表现的形式也很复杂，有些是显现的，如人的误操作、机器的破损等；有些是潜在的，以逐渐量变的形式向危险逼近，如人的识别差错、机器泄漏等。事故预测就是对引发事故的各种因素、各种因素发生的可能性及各种因素造成事故的危险程度进行预测，从而找出控制事故发生的最佳方案，为安全技术措施确定重点工程，为安全生产管理工作提供系统管理的目标。

(三)事故的预防

应采取相应的安全技术措施来达到预防事故发生和减少事故造成的损失的目标，如采用新的生产工艺，尽量用机械化、自动化代替人工操作等。

1.设置安全装置

(1)防护装置。防护装置是把人体与生产作业中出现的危险部位用屏蔽的方法与手段进行保护的设施和设备。防护装置有很多种类，应做到随时检查更新，有损坏的应及时增补，做到不漏每一处防护，具体要求如下：

①要按相关标准规范来设置“四口”“五临边”的水平及立体防护，保护劳动作业人员的安全。

②做好对机械设备的防护，做到轮有罩、轴有套，避免使机械设备的危险部位与人体接触。

③施工用电要做到“四级”保险，施工现场遗留的危险因素要有防护遮挡措施(如高压线路的防护设施)。

④未经允许不得破坏或拆卸防护装置。

(2)保险装置。保险装置是指机械设备在非正常操作和运行时，能够自动控制和消除危险的设施设备，其在紧急情况下可以保障设施设备和人身的安全。

(3)信号装置。信号装置是利用视觉和听觉原理制造的装置。信号装置应用信号指

示或警告施工现场作业人员的行为,可分为以下三种:

①指挥起重工作业的颜色信号,如红灯、绿灯、黄灯和手旗等。

②指挥塔吊作业的音响信号,如电铃、指挥口哨等。

③指示仪表信号,如压力表、水位表、温度计等。

(4)危险警示标志。危险警示标志是警示进入施工现场的人员哪些地方应该注意的安全辅助标志。为了保证安全生产,必须按国家发布的安全标志予以标示。

2.预防性的机械强度试验和电气绝缘检验

(1)预防性的机械强度试验。对于施工现场的机械设备,应该进行机械强度试验,特别是自行设计组装的临时设施和各种材料、构件、部件等。

(2)预防性的电气绝缘检验。电气设备是否绝缘可靠,关系到用电施工人员的安全,也关系到整个施工现场的人员和财产安全。由于施工现场使用电器设备的工种是联合作业,使用人员多,所以应对电气绝缘问题更加重视。

3.机械设备的定时维修保养和有计划的检修

(1)按照计划进行检修。要严格按照规章制度进行检修,遵守安全技术规定以及"先检查,后使用"的原则,为了赶进度而采取违章指挥、违章作业的人将会承担相应的法律责任。

(2)定期维修保养机械设备。要严格按照维护保养规则维护保养机械设备,要依照其具体的操作过程进行保护,使用前后应确保其能正常运转,需要及时加油清洗使其减少磨损。除此之外,应尽量延长机械设备的使用寿命,提高完好率和使用率,充分发挥其经济效益。

4.文明施工

在目前的形势下,文明施工已被纳入各级政府及主管部门对企业的重要考核指标体系。是否科学组织生产,规范化、标准化地管理一个工地现场,已成为评价一个施工企业综合管理素质的主要因素。

在现在的形势下,施工现场一定要做到整体有序地规划,合理地平面布置,整齐摆放临时设施,整齐地堆放原材料、构/配件,各种防护到位,各种标志齐全有效且醒目,施工及生产管理人员遵守纪律,那么这个施工企业的经济效益、社会效益和环境效益一定会获得较大的发展。

5.合理使用劳动保护用品

为了保证劳动作业人员的安全,施工现场应及时供应劳保用品,这虽然不是保证安全的主要手段,但是在施工生产过程中可以起到预防事故发生、保护工人安全和健康的辅助作用,在一定的条件下也能发挥重要的作用。

6.普及安全技术知识教育

要认真地贯彻相关法律、法规、标准、规范和安全技术操作规程，不断补充完善实施细则，企业“安全第一，预防为主”的目标就一定会实现，伤亡事故也会减少甚至杜绝。

第十一节　文明施工与环境管理

一、文明施工

(一)文明施工的基本条件

文明施工的基本条件应包括下列方面：

(1)各种临时设施、材料、构/配件和半成品按平面布置的要求堆放整齐。

(2)施工指挥系统和岗位责任制度应建立健全。

(3)设备机具的使用状况良好，施工作业应该符合消防保卫的相关要求。

(4)应具备平整的施工场地、畅通的道路、通畅的排水设施、整齐的水电线路。

(5)施工组织设计(或施工方案)完整、优良。

(6)施工工序应合理衔接，责任交接明确。

(7)成品保护措施和制度要严格。

(二)文明施工的基本要求

文明施工的基本要求应包括下列方面：

(1)成品保护措施和制度应严格要求，严禁造成成品损坏及污染。

(2)垃圾及余物应在施工现场有序堆放。应在对其他工作无影响的地方设置临时堆放点，并应该定期清理，运出场外；采取遮盖防漏措施清运渣土垃圾及流体物品，不得在运送途中遗洒。

(3)应具备平整的施工场地、畅通的道路，有良好的排水措施，基础、地下管道施工等土方开挖作业完成后应及时回填，清除积土，平整场地。

(4)应有专人负责管理施工现场的临时水电，施工用水、用电应及时关闭闸、阀。

(5)要在施工现场入口处设置门岗，门旁必须有明显的施工企业名称、工程名称和工程管理人员名单等内容的标牌。

(6)施工现场必须做到整洁有序，工作完毕后场地要清理干净。

(7)材料在使用过程中要做到不洒、不漏、不剩，如有洒、漏要及时清理。

（三）文明施工的工作内容

文明施工的工作内容应包括下列方面：

（1）进行现场文化建设。

（2）场容规范，保持作业环境整洁有序。

（3）创造有序生产的条件。

（4）尽量减少对附近居民和周围环境的影响。

二、环境管理

（一）环境管理的原则、程序及工作内容

1.环境管理的原则

环境管理的原则应包括以下内容：

（1）改建、扩建和进行技术改造的工程，都必须对与工程项目相关的原有污染进行治理。

（2）建设对环境有影响的工程项目时，必须执行环境影响报告书审批制度，履行“三同时”制度，即防治污染的设施与主体工程同时设计、同时施工、同时投产使用。

（3）工程项目竣工后，其对环境的污染程度必须达到国家或地方环境保护有关法律法规规定的标准，否则应进一步实施环境治理。

2.环境管理的程序

工程项目的环境管理应遵循下列程序：

（1）确定施工环境的管理目标。

（2）进行施工环境的管理策划。

（3）实施施工环境的管理策划。

（4）验证并持续改进。

3.环境管理的工作内容

工程项目部的环境管理工作应包括以下方面：

（1）施工现场的环境应按照“分区划块”的原则管理，并应定期进行检查，加强组织协调，对发现的问题应及时解决，采取纠偏和预防措施。为了预防环境污染，应保持现场良好的作业环境、卫生条件和工作秩序。

（2）控制环境因素，采取相应措施保证信息通畅，做好应急准备工作，预防其他可能出现的损害。在出现环境事故时，应彻底消除污染，并应采取相应措施，防止环境发生二次污染。

（3）有关环境保护管理工作的记录应保存妥当。

（4）应对能源使用指标作出规定，做好现场节能管理。

（二）环境管理体系

工程环境管理体系的内容主要包括以下方面：

（1）环境保护方针。环境保护方针的内容应包括遵守法律法规及其他要求，作出持续改进治理措施和预防污染的承诺，并将其作为制订与评审环境目标和指标的框架。

（2）环境管理的相关方案。为保证环境目标和指标的实现，环境管理项目部应制订多个环境管理方案。

（3）目标和指标：

①在管理组织内部，各管理层次、各有关部门和岗位在一定时期内均要有相应的目标和指标，并用文本表示。

②组织在建立和评审目标时，应考虑的因素主要有环境影响因素、遵守法律法规和其他要求的承诺、相关方要求等。

③目标和指标应与环境方针中的承诺相呼应。

（4）组织结构和职责：

①环境管理体系的落实要靠管理组织的各个部门承担其相应的环境管理职责，必须对每一层次的任务、职责和权限进行明确规定，形成文件并贯彻落实。

②组织的最高管理者应指定其代表，并规定其任务、职责和权限，代表人的工作是为环境管理体系的落实提供相应的资源。

③管理者代表应对环境管理体系的建立、实施和保持负责，并向最高管理者报告环境管理体系的运行情况。

（三）施工现场的环境保护

1.施工现场环境保护的基本规定

（1）应就环保指标制订责任书，并将责任分配到有关单位和个人，列入施工承包合同和岗位责任制度中，建立完善的环保监控体系。

（2）要加强对环境保护的相关检查，监测和监控施工现场的粉尘、噪声和废气对环境的污染程度。要与文明施工现场管理一起参与考核，一旦发现问题，应及时采取措施消除对环境的污染。

（3）要有技术保证措施，严格按照国家的法律、法规及相关规定执行。在编制施工组织设计方案时，必须含有针对环境保护及相关因素的技术措施。在施工现场平面图和施工组织过程中，都要执行相关的法律、法规和规定。

2.现场环境保护措施

防止大气污染的措施如下：

（1）采取使车辆不带泥沙的现场措施。

(2)在施工现场焚烧物品可能会产生有毒有害的烟尘和污染气体的物质,应设有符合规定的环保除烟尘装置。

(3)车辆应安装计量控制阀(PCA 阀),对那些尾气排放超标的车辆要安装净化设备,保证车辆尾气排放达标。

(4)应适当洒水降尘。

防止水污染的措施如下:

(1)禁止将有毒、有害的废弃物随意填埋回填。

(2)施工现场搅拌站产生的废水在未经沉淀及相应处理前,不得直接排入市政管网或河流。

(3)现场存放油料时,必须对储存仓库的地面进行防渗处理,如采用防渗混凝土地面、铺油毡等。使用时,要采取措施防止油料跑、冒、滴、漏,防止污染水体。

(4)对化学品、外加剂等要妥善保存,封闭保管,并应采取防止其污染环境的相应措施。

防止噪声污染的措施如下:

(1)严格控制噪声传播,施工现场应最大限度地减少噪声扰民。

(2)在居住区进行强噪声作业时,要严格控制作业时间,一般晚 10 点到次日早 6 点之间停止强噪声作业,噪声不得超过 5 分贝。当施工工艺等要求必须昼夜施工时,尽量采取降低噪声的措施,并会同建设单位同当地居委会、村委会或当地居民协调,告知周围居民。

(3)尽量选用低噪声设备和工艺,代替高噪声设备与加工工艺。安装消声器也可以降低噪声。

(四)施工现场的环境卫生管理

1.建立环境卫生管理责任区

为使工作环境更加舒适,保证施工作业人员的身体健康,施工现场要文明施工作业。应分片建立环境卫生管理责任区,各区域都有专人负责。

2.环境卫生管理措施

(1)施工现场要保持卫生,做到整洁有序,场地平坦,各类物品要摆放齐整,道路通畅。生活垃圾与建筑垃圾严禁混放,并应及时清理外运。

(2)施工区、生活区应分离,设置标志牌,牌上注明责任人姓名和管理范围。

(3)应按比例划分卫生责任区,并注明责任区编号和负责人姓名。

(4)施工现场零散堆放的材料和垃圾要及时清除,垃圾不得长时间堆放。如违反规定,要处罚工地负责人。

(5)定期检查施工现场的卫生,对发现的问题应限期改正。

第十二节　工程收尾管理

一、工程竣工与验收

（一）竣工验收的依据

工程竣工验收的主要依据包括以下几方面：

(1)工程设计文件，包括施工图纸、设计变更及设计说明等。

(2)工程合同文件，包括合同、补充协议等相关文件。

(3)建设主管部门对该项目批准的各种文件，包括可行性研究报告、初步设计以及与项目建设有关的各种文件。

（二）竣工验收的程序

1.提交竣工验收申请书

工程施工完毕，施工承包单位应在自检合格的基础上，向建设单位、监理单位发出竣工预验收的申请书，提交工程竣工报告，说明项目的完成情况，准备竣工验收。

2.正式验收

项目正式验收的工作程序一般分为两个阶段进行。

第一阶段为单项工程验收，指的是一个工程项目中的单项工程已按照设计文件的内容和要求全部建设完成，能够满足生产或使用要求，达到竣工标准。

第二阶段为整体验收，指的是整个工程项目按照设计文件、合同要求等全部建成，并符合竣工验收要求时，组织正式的竣工验收，办理移交工程档案、签订工程保修书等交接手续。在整体验收时，已验收完毕的单项工程不再重新验收。

3.进行工程质量评定，签发竣工验收证明

工程验收评定小组根据设计图纸和相关设计文件的要求，以及国家对工程质量检验的标准规范，作出验收评定意见，在确认工程符合竣工标准和合同文件的相关规定之后，应向施工单位签发竣工验收证明。

4.进行工程档案资料的移交

工程档案资料记录了工程项目的施工完成情况，是重要的工程资料。工程竣工验收合格后，应将工程档案资料按单位工程分类立卷，整理成册，然后列出工程档案资料清单，注册资料编号、专业、档案资料内容页数及附注。

5.办理工程移交手续

工程竣工验收完毕后，施工单位要向建设单位办理工程相关资产移交手续，并签署交接验收证书和工程保修证书。

(三)竣工验收方式及竣工验收的内容

1.隐蔽工程验收

隐蔽工程验收合格后，施工单位继续进行下一道工序的施工。如隐蔽工程未验收通过，则监理单位以书面形式告诉施工承包单位，并要求施工单位整改后，在自检合格的情况下再进行隐蔽工程验收。

2.分项工程的验收

分项工程的验收是监理单位按照工程合同的相关要求，根据该分项工程的实际情况，按照质量标准规范进行验收。分项工程验收时，必须严格按照有关验收规范验收。

3.分部工程验收

分项工程验收完成后，根据各分项工程的质量验收评定结果以及分部工程的合同要求，决定是否进行验收。

4.单位工程竣工验收

在分部工程验收合格的基础上，核查单位工程结构及性能质量保证资料是否达到了设计要求；再进行观感等直观检查，以及对整个单位工程进行全面的综合评定，从而决定是否可以验收。

5.全部验收

全部验收是指整个工程项目已按设计要求全部施工完毕，并已符合竣工验收标准，施工单位自检通过，建设单位初步验收合格。正式验收由建设单位组织，有勘察、设计、施工和监理单位，档案管理机关，行业主管部门等参加。

在整体验收时，已验收完毕的单项工程不再重新验收，但应将单项工程验收整体验收的附件。

二、项目回访与保修

(一)回访保修制度

根据相关标准和规定，工程竣工后应该实行质量保修。工程质量保修制度指的是工程在竣工验收并在移交手续办理完成后，在合同规定的保修期限内，对于工程的质量缺陷应当由施工单位负责维修，如不是施工单位的责任，可由建设单位向责任相关方追偿。

(二)回访工作计划

回访时，应了解业主及其他相关方对竣工项目质量的反馈意见，并及时实施具体的改进措施，以保证工程质量。

回访工作应由项目经理组织，制订具体的项目回访计划，并有生产技术、质量及有关方面的人员参加。

1.回访工作计划的内容

回访工作计划应包括下列内容：

(1)主管回访保修的部门。

(2)执行回访保修工作的单位。

(3)确定回访日期及主要回访内容和方式。

2.回访工作计划的编制形式

工程回访保修计划应由施工承包单位的相关管理部门负责编制。工程项目回访保修工作计划编制的一般表格样式如表3.12.1所示。

表3.12.1 回访工作计划 （ 年度）

序号	建设单位	工程名称	保修期限	回访时间安排	参加回访部门	执行单位
单位负责人：			归口部门：		编制人：	

注：根据回访保修工作计划的安排，每次回访结束后，执行单位或项目经理部应填写“回访工作记录”并撰写回访纪要，执行负责人应在回访记录上签字确认。

回访用户记录的表格样式如表3.12.2所示。

表3.12.2 回访工作记录

建设单位		使用单位	
工程名称		建设面积	
施工单位		保修期限	
项目组织		回访日期	
回访工作纪要			
回访负责人		回访记录人	

回访工作记录的主要内容一般应包括：存在哪些质量问题，使用人有什么意见，事后应采取什么措施处理等，要公正客观地记录正反两方面的评价意见。

回访保修的归口管理部门应依据“回访工作记录”，对回访服务的实施效果进行检查验证，并填写“项目主控要素监督检查记录（回访用表）”，如表3.12.3所示。检查、验证部门的有关人员应签字确认。

表3.12.3 项目主控要素监督检查记录（回访用表） 使用编号：

建设单位		使用单位	
要素名称		检查依据	
检查内容：			
检查记录			
检查部门：	检查人：		年 月 日
检查记录			
检查部门：	检查人：		年 月 日

（三）工程质量保修书

施工承包人应签署工程质量保修书，其主要内容必须符合法律法规等的有关规定；没有规定的，应在工程质量保修书中约定。工程质量保修书中应明确质量保修范围、保修期限、责任和费用的承担等内容。

第四章　中小学运动场地的监理

监理是指由工程建设项目的专业化监理单位接受项目发包人的委托和授权，根据国家相关法律法规的规定和工程建设委托监理合同，以及其他工程建设合同所进行的旨在顺利实现项目各种目标的监督管理活动。

第一节　监理组织

一、监理组织形式

选择最佳的工程监理组织形式是有效开展工程建设监理工作的基础之一。在工程建设项目中采用的监理组织形式可分为以下类型。

(一)直线制监理组织

直线制监理组织因未设置相关职能部门，故要求总监理工程师具有多种知识，通晓各种业务。直线制监理组织中，各种职位是按直线形式排列的，其特点是隶属关系明确，组织机构简单，职责分工明确等。直线制监理组织包括按子项分解和按建设阶段分解两种监理组织形式。

(二)职能制监理组织

职能制监理组织是在总监理工程师下设职能部门，各职能部门分别从各自的职能角度出发，对下级执行者进行管理。在总监理工程师的授权范围内，就其所管辖业务范围内向下级下达命令、指示。职能制监理组织形式适用于工程建设项目在位置上相对集中的工程。这种监理组织结构形式可以充分发挥监理项目部内各职能部门的作用，加强了管理业务的专业化，易于提高工作质量，减轻总监理工程师的负担。

（三）直线职能制监理组织

这种结构形式是结合了直线制监理组织和职能制监理组织两种结构形式的优点而形成的一种组织结构形式，其特点是领导清楚自己的职责，这样有利于提高管理效率；指挥人员对该部门的工作全面负责，并且拥有对下级实行指挥和发布命令的权力；职能部门只作为本层次领导的建议者，在其所管辖业务范围内从事管理工作，而不直接指挥下级；职能部门在同层次领导批准后才能下达指令。

（四）矩阵式监理组织

矩阵式监理组织是按项目组或子项和按监理职能设立监理组织的综合形式，此种形式适用于大型项目，其特点是将项目划分为若干相对独立的子项。

二、建立项目监理机构的步骤

（一）确定项目监理机构的目标

项目监理机构建立的前提是建设工程监理有目标，应根据委托监理合同中确定的监理目标建立相应的项目监理机构，制订总目标，并将监理机构的分解目标明确划分。

（二）确定监理工作的内容与范围

为便于监理目标控制，应将监理工作归并组合，综合考虑监理工程的组织模式、工程结构、合同工期要求、工程难度、工作管理及施工技术特点，还应考虑监理单位本身的管理水平、监理人员数量、技术业务特点等。应根据监理目标和委托监理合同中规定的监理任务，对监理工作内容进行分类、归并及组合。

（三）组织结构设计

(1)确定监理组织结构形式。根据建设规模、工程性质、施工阶段等监理工作的需要，确定组织结构形式。

(2)制订岗位职责和考核标准。根据责、权、利对等的原则，设置各组织岗位，并制订岗位职责和考核标准。

(3)项目监理机构部门划分。应合理划分项目监理机构的各职能机构，所依据的内容有监理机构目标、监理机构可利用的人力资源和物力资源，以及合同结构类型和内容。

(4)确定组织管理层次。要组建合理的监理组织结构管理层次，监理组织结构有三个组成层次：决策层、中间控制层及作业层。由总监理工程师及其助理组成决策层，负责领导项目的监理工作；中间控制层只发挥协调和执行作用，由专业监理工程师和分项监理工程师组成，具体负责监理规划，落实目标控制和合同管理的任务；作业层即实施、操作层，由现场监理员、检查员组成，负责现场具体监理工作的实施。

(5)选派监理人员。根据组织各岗位的需要，考虑监理人员的个人素质，与组织整体合理配置、相互协调，有针对性地选择监理人员。

(四)制订工作流程

要想规范化地开展监理工作,就必须按照客观规律,制订科学、有序的工作流程,并按流程定期考核监理人员的工作。

三、项目监理机构的人员配置

(一)监理组织的人员结构

(1)小型项目可以在总监的领导下设专职的投资控制、进度控制和质量控制监理员。

(2)中型工程项目,监理组织可以按照施工阶段(如运动场基础建设阶段、设备安装阶段、合成材料面层铺设阶段)进行调整,但不应变更基本框架。

(3)大型工程项目,监理机构在上述项目部的基础上还应进一步充实,主要有检测工程师、检测试验室和文书档案管理室。

(二)项目监理机构监理人数的确定

确定项目监理人数可依据的方面有工程项目的性质和特点、项目规模、监理承担的责任及监理人员的专业水平等。

(1)工程建设强度越大,需投入的项目监理人数越多。工程建设强度指的是建设工程资金在单位时间内投入数量的多少,用公式表示为:工程建设强度=投资/工期,其中投资和工期是指由监理单位所承担管理责任部分的投资和建设工期。

(2)越是复杂的工程项目,需配置越多的监理人员。工程项目复杂程度应按照不同的因素划分,包括设计内容规模、工程建设位置、季节气候条件、地理地形条件、工程结构性质、施工方案、工期进度要求、材料设备供应及工程分散程度等。

(3)监理单位组成人员的专业性越差,需配置的监理人数越多。

(三)项目监理机构各岗位人员的基本职责

监理人员应包括总监、专监和监理员,有时项目监理机构会配备总监代表。

1.总监理工程师的基本职责

总监理工程师的基本职责如下:

(1)确定监理人员的专业分工和岗位职责。

(2)组织编制项目监理规划大纲,对监理项目实施细则审批,并负责项目监理机构日常工作的管理。

(3)对分包单位的资质进行审查,并提出意见。

(4)主持项目监理资料的整理工作。

(5)组织监理日志、监理工作周报/月报/年报、工作专题报告和项目监理工作总结的编写,并予以签发。

(6)组织协调建设单位与施工承包单位等各方关系,包指合同变更、索赔处理及审批工程延期等。

(7)审核签署支付证书和工程结算等施工承包单位的申请文件。

(8)审查和处理工程变更。

(9)参与组织对工程质量事故的调查。

2.专业监理工程师的基本职责

专业监理工程师的基本职责如下：

(1)负责编制岗位职责内的监理实施细则。

(2)负责专业相关工程具体监理工作的实施。

(3)对新进场的原材料、机械设备、构/配件核查出厂合格证、检测报告等质量合格证明文件、到货数量及质量情况，当审核合格时予以签认。

(4)对专业的计划、方案、申请、变更进行审查，并向总监理工程师提出审查报告。

(5)负责属于本专业的分项工程和隐蔽工程的验收。

(6)负责工程的专业计量监督、专业工作审核、专业工程计量等工作。

(7)记录好监理工作实施情况日志。

3.监理员的基本职责

监理员的基本职责如下：

(1)实施施工现场监理工作，服从专业监理工程师的领导。

(2)检查施工单位投入工程项目的人力资源、材料数量，主要设备的使用和运行状况，并进行记录。

(3)对工程计量的有关数据进行复核，或直接测量并签署有关凭证。

(4)按施工图纸、其他设计文件及有关标准，对施工承包单位的施工工艺、施工方案或施工工序进行检查和记录，记录加工制作过程及施工质量检查结果。

4.总监理工程师代表的基本职责

总监理工程师代表的基本职责如下：

(1)负责总监理工程师指定或交办的监理工作。

(2)按总监理工程师的授权行使总监理工程师的部分职责和权力。

此外，总监理工程师不得向其代表委托下列工作：

(1)组织并主持编写项目监理规划，审批项目监理实施细则。

(2)进行工程开工/复工报审表、工程暂停令、工程款支付证书、工程竣工报验单等文件的签发。

(3)审核签认竣工结算。

(4)协调解决建设单位与施工承包单位的合同争议、处理索赔，审批工程延期。

四、项目监理设施配置

驻地监理人员要想有效地实施对工程项目的监理，需要借助于各种试验、检验技术设备和手段，以及必要的办公、生活设施。驻地监理人员所需的设施包括办公室、实验室、勘测设备、运输工具、通信器材、宿舍和生活设施。

第二节　监理控制

一、监理目标

（一）工程建设监理目标的确定

工程建设监理以投资控制、进度控制和质量控制为目标（简称投资目标、进度目标和质量目标）。工程建设监理的投资目标、进度目标和质量目标存在既对立又统一的关系。为了实现投资目标、进度目标和质量目标，必须采用全面协调合同管理与信息管理的控制手段和措施。监理目标确定后，就可以采取相应的控制协调措施，确定要实施的计划，争取进一步实现监理目标。

投资目标、质量目标和进度目标的关系如下：

(1)进度目标与投资目标的关系。对工程项目而言，可以通过追加投资的方式加快施工进度目标的实现，以尽早获得投资使用效益，增加收入。

(2)质量目标与进度目标的关系。加快项目施工进度可能影响工程质量，对施工质量控制严格也会因返工情况的减少而加快施工进度。

(3)质量目标与投资目标的关系。增加投资可以保证工程质量，对施工质量的严格控制可以延长工程的使用年限，降低维护成本，获得投资效益。

在不同阶段，工程建设投资目标、进度目标和质量目标的重要程度不同，监理工程师应争取在不同阶段处理好投资目标、进度目标和质量目标的关系，力争求得投资目标、进度目标和质量目标的统一，确保整个目标系统最优化的实现。

（二）工程建设监理目标控制系统

1.控制系统的组成

控制系统包括控制子系统和被控制子系统。

(1)控制子系统。控制子系统包括制定目标单元和调节单元。制定目标单元的任务是确定目标和标准，作出优质的控制决策和计划安排，并监督其执行情况。调节单元的任务是采取措施，纠正实际与标准的偏差。

(2)被控制子系统。被控制子系统也称受控系统，它通过信息流与控制子系统相联系。

2.目标控制方法

目标控制方法有以下几种：

(1)总体控制和局部控制。

(2)全面控制和重点控制。

(3)主管控制和全体控制。

(4)直接控制和间接控制。

(5)预算控制和非预算控制。

(6)事前控制、事后控制和事中控制。

(7)行政控制、经济控制和法律控制。

(8)采取直接措施消除偏差的控制和避免或减轻外部干扰的控制。

3.目标控制任务

(1)前馈控制与反馈控制。前馈控制是在合理预测后续工作可能发生偏差的基础上，在偏差发生之前，为了防止偏差的发生，采取相应的预防控制措施；反馈控制要依赖过程总结成果才能找出偏差，分析原因并采取措施，起不到"防患于未然"的作用。

(2)主动控制与被动控制。主动控制是预估工程建设项目目标产生偏差的可能性，采取相应的预防控制措施；被动控制是在发现目标产生偏差的结果后，分析偏差产生的原因，采取相应的纠偏控制措施。

(3)动态控制。动态控制是在监理规划指引下的一个循环过程，贯穿于项目实施的全过程。动态控制的步骤有确定目标、检查成效和纠正偏差三个。

二、投资监理

(一)工程投资监理的作用与任务

1.工程投资监理的作用

工程投资监理的作用主要体现在下列几个方面：

(1)可以改善管理投资环境，通过严格的投资监督活动来确保资金能够得到合理的使用，使资金发挥出最佳效益。

(2)可以促进建设单位筹集资金、偿还贷款。

(3)可以促进施工单位实行内部管理体制改革，降低成本，提高劳动生产率，提高产品质量。

(4)可以促进施工单位和设计单位之间的竞争，促进各自的能力提升。

(5)可以培养造就一批既懂技术、又懂经济学和管理学知识的高级专门人才，促进我国工程技术人才的知识结构发生重大变化。

2.工程投资监理的任务

工程投资监理的主要任务是：

(1)在项目建设前期，为建设单位进行工程项目的可行性分析研究及经济评价编制投资估算。

(2)在工程设计阶段，提出建设项目的设计要求，组织评选设计方案，为选择勘察、设计单位提供相应的建议，协助建设单位签订勘察、设计合同，对设计概算进行审查。

(3)在项目实施过程中，参与施工招标标底的编制，为施工中工程费用的控制提供建议，计算、测量并控制工程建设项目的实际投资不超过计划投资额，在施工过程中进行投资的动态管理与控制。

(4)项目竣工验收阶段，通过项目决算控制工程的实际投资不突破设计概算，并进行投资效益分析，确保建设项目获得最佳的投资效果。

(二)工程投资决策阶段的投资监理

投资决策阶段可分为编制项目建议书(即初步可行性研究)阶段、可行性研究(含项目评估)阶段和编制设计任务书阶段。此阶段是项目的各项技术经济决策及项目建成后的经济效益的决定性评估阶段，是投资监理过程中的重要阶段。

(三)工程设计阶段的投资监理

工程设计阶段的投资监理是指在工程建设项目的设计概算在投资范围内得到控制，其投资监理的目标是：在投资计划范围内，通过运用价值工程实现项目的功能和质量的优化，使项目的设计总投资小于计划投资。

(四)工程招投标阶段的投资监理

监理单位通过编制与审查标底和招标文件，提出定标建议，协助建设单位签订施工合同，对分包单位进行审查及选择，进行投资监理。

(五)工程施工阶段的投资监理

1.事前控制

事前控制指的是在工程施工前进行投资控制，其目的是进行风险预测、评估，做好防范措施，减少工程索赔。监理工程师在进行事前控制时，应做好下列工作：

(1)建立监理组织体系，明确监理人员的职责和义务，进行投资跟踪、现场监督和控制。

(2)熟悉施工图纸及相关设计文件，分析招投标文件和合同的构成要素，明确工程费用控制的重点。

(3)对工程项目的投资目标进行风险分析，找出工程投资最易超出的阶段以及最易发生变更及费用索赔的部位和原因，制订出防范性对策，经总监理工程师审核后，向建设单位提交有关报告。

(4)严格执行合同条款按期开工、正常施工、连续施工、按期施工、按质施工、甲供材按量供应,机械设备到场后及时提供设计图纸等技术资料,尽可能避免发生违约现象,减少投资风险。

2.事中控制

事中控制是对工程施工过程中进行的投资控制。监理工程师在进行事中控制时,应做好下列工作:

(1)按照合同约定,及时对施工单位提出的问题和要求予以答复,并积极配合,尽量不违反合同约定。

(2)组织协调设计、材料、设备、土建、安装及相关单位的工作关系。

(3)严格审核工程变更。无论是由设计单位、建设单位还是施工承包单位提出的设计变更,均应经过建设单位、设计单位、施工承包单位和监理单位的共同协商并进行签认,由项目总监理工程师下达变更指令后,施工承包单位方可进行变更项目的施工。

3.事后控制

事后控制是指对竣工验收工程和成品保护有关方面进行投资控制。监理工程师在进行事后控制时,应做好下列工作:

(1)审核测量施工单位提交的工程量,并按程序进行竣工结算。

(2)积极处理施工单位提出的索赔。

三、进度监理

(一)工程进度监理的作用与任务

1.工程进度监理的作用

工程进度监理的作用包括:

(1)有利于尽快发挥投资效益。

(2)有利于维持良好的经济秩序。

(3)有利于提高企业的经济效益。

2.工程进度监理的任务

工程进度监理的任务就是根据进度目标确定实施方案,其内容包括进度规划、进度控制和进度协调。

(1)进度规划。进度规划主要是指监理工程师制订建设工程项目的总进度目标,编制项目总计划。编制进度规划应综合考虑以下工程问题:项目投资、设备材料供应、施工现场布置、施工机械、人力资源、附属设施的施工、各施工安装单位的工作及工程项目投产的时间要求等。

(2)进度控制。监理工程师需要对项目整个过程的计划进度与实际进度进行比较，从而进行进度控制。

(3)进度协调。对整个项目中各个单位的进度，监理工程师需要在时间、空间方面进行协调。

(二)工程进度计划编制与审查

1.工程进度计划编制

(1)编制依据。工程进度计划的编制依据有以下方面：

①经过规划设计等有关部门和有关配套审批、协调的文件。

②有关的设计文件和图纸。

③建设工程施工合同中规定的开/竣工日期。

④有关的概算文件、劳动定额等。

⑤施工组织设计和主要工程的施工方案。

⑥工程施工现场的条件。

⑦加工和供应材料及半成品的能力。

⑧机械设备的使用性能、采购数量和运输能力。

⑨施工管理和施工作业人员的数量与专业能力等。

(2)编制方法。进度计划编制前，应综合研究编制的依据和应考虑的因素，其编制方法如下：

①明确划分施工过程。编制进度计划时，应按照施工图纸及设计变更等相关设计文件及施工计划顺序，把拟建工程的各个施工阶段列出，并结合相应的施工方法、施工条件和劳动组织等因素，加以适当的整理。

②确定施工顺序。在确定施工顺序时，要考虑以下因素：各种施工工艺的要求，各种施工方法和施工机械的要求，施工组织合理的要求，确保工程质量的要求，工程所在地区的气候特点和条件，确保安全生产的要求。

③计算工程量。应根据施工图纸、设计文件和工程量计算规则，进行工程量计算。

④确定人员数量和机械台/班用量。应根据各分部分项工程的工程量、施工方案和相应的定额，并参考施工单位的实际情况和专业水平，计算各分部分项工程所需的人员数量和机械台/班用量。

⑤确定各分部分项工程的施工天数，并安排进度。可根据实际情况安排工期进度，同时在施工技术方案和施工组织安排上采取相应的措施，组织立体施工、流水施工和增加工作班次等。

⑥施工进度图/表。施工进度图和进度计划表是施工进度在时间和空间上的组织形式，目前常用的施工进度计划表示方法有双代号网络图、单代号网络图和横道图等。

⑦进度计划的优化。进度计划初步编制完成后，应再次检查是否合理安排了各分部分项工程的施工时间和施工顺序，同时应该检查总工期是否满足施工合同的要求，施工人员、材料和机械设备需求量是否均衡，施工中主要的机械设备能否被充分利用起来。对不符合相关要求的部分应予以整改和优化。

2.工程进度计划审查

施工进度计划由施工承包单位编制，并由监理工程师审查，待监理工程师审查符合要求并确认后，方可按此计划实施。监理工程师应检查施工进度计划的执行情况，检查方法包括：

(1)定期整理施工单位的进度计划、投资、材料、构/配件、人工、机械设备等报表。

(2)对分部分项工程的工程量定期进行计量、复核。

(3)随时收集设计变更资料。

(4)定期组织现场例会，监理工程师可以通过现场会议，当面了解进度状况。

3.工程进度计划调整

调整进度计划时，应该通过改变各部分的施工顺序，调整施工作业过程中的协同合作方式等工作关系，从而更加充分地利用施工时间和空间进行合理的交叉作业。应依据进度计划检查结果，对进度计划进行调整，在实际进度计划与原定计划发生偏差时，应对工程量、起止时间、工作关系、资源供应等进行调整。调整后的施工进度计划应能够保证施工目标的实现。

(三)工程进度监理工作的内容与手段

1.工程进度监理工作的内容

监理工程师应在整个施工过程中进行工程施工进度的监理，从审核施工进度计划开始，到工程保修期满为止，工作内容主要包括：

(1)编制施工进度计划控制工作细则。

(2)编制或审核施工进度计划。

(3)按年、季、月编制工程综合计划。

(4)下达工程开工令。

(5)协助施工单位落实进度计划。

(6)监督施工进度计划的实施。

(7)组织现场协调会。

(8)签发《工程进度款支付凭证》。

(9)审批工程延期。

(10)向业主提供进度报告。

(11)监督施工单位编制施工技术资料。

(12)签署工程竣工报验及验收证明,编制质量评估报告。

(13)整理工程进度资料。

(14)工程移交。

2.工程进度监理的手段

在工程施工阶段,监理工程师进行进度监理的手段如下:

(1)下发监理通知。监理工程师应及时发布施工进度发生的偏差、影响等监理通知,指出其程度及产生的原因,提出采取的调整措施。

(2)采取组织措施。监理工程师发现施工承包单位、分包单位或其项目管理人员不称职,对工程进度造成影响时,应向建设单位提出对其调整或撤换的合理建议。

(3)采取经济制约手段。监理工程师应依据施工合同中的约定,当工期提前或延期时,签发监理通知单,向建设单位建议采取相应的经济制约措施,如停止付款、赔偿延期损失、发放提前竣工奖励等。

四、质量监理

(一)工程质量监理的作用与任务

1.工程质量监理的作用

监理单位受建设单位的委托,对工程施工过程中影响工程质量的主导因素进行有效的控制、预防,控制或消除质量缺陷,达到工程的质量要求,使工程建设项目发挥良好的投资效益。由此可见,质量控制在工程建设项目的实施过程中具有重要作用。

2.工程质量监理的任务

(1)监理工程师事前控制的主要任务包括:

①审查施工单位(包括分包单位)的技术资质。

②对工程建设项目所需的原材料、设备、零配件等进行质量检查和控制。

③审核施工承包单位提交的施工组织设计或施工方案。

④协助施工单位完善质量保证体系,建立健全质量管理制度。

⑤与当地质量监督部门合作,进行工程质量控制。

⑥组织设计交底和图纸会审。

⑦对施工现场进行检查验收。

⑧审查施工承包单位的实验室。

(2)监理工程师事中控制的主要任务包括:

①配合施工单位进行工序控制。

②严格工序间的交接检查。

③对于重要或专业工程,监理工程师应实行旁站监理,并亲自进行相关试验或复核。

④根据工程施工的特点和相应资质评定标准的方法，对完成的分部（分项）工程进行检查、验收。

⑤审核施工图纸、设计说明和相关设计文件、合同条款的修改补充内容，着重审核变更对工程质量的影响。

⑥为工程进度款的支付签署意见，按合同行使质量监督权和质量否决权。

⑦开展组织协调工作，按时组织现场会议，研究分析质量通报、工程质量状况。

⑧对工程质量事故的处理方案进行审查，并检查其处理效果。

(3)监理工程师事后控制的主要任务包括：

①按国家标准规范的相关要求，对分部分项工程和单位工程进行验收。

②对项目有关质量检测报告、评定报告及有关技术文件进行审核。

③审核施工单位提交的工程竣工图，并与设计施工图进行比较，对竣工图作出评价。

④组织有关单位参加联合竣工总验收。

⑤整理有关工程质量的技术文件，并编写目录，建立健全档案，并在建设工程竣工验收后，按规定时间向建设行政主管部门、城乡建设档案馆或相关单位移交建设项目档案。

（二）工程图纸审核

施工承包单位和监理人员通过审核工程图纸来掌握工程的特点、设计意图及工程质量要求等。工程图纸审核应包括下列内容：

(1)看施工图纸与设计说明是否齐全。

(2)看总平面布置图与施工图的几何尺寸、平面定位、水平高程是否统一，各种施工图之间是否一致，预埋件的表达是否清晰。

(3)工程结构、细部施工法和技术要求与现行规范、规程有无矛盾之处，是否经济合理。

(4)材料质量的要求和来源是否有保证。

(5)地质勘探资料是否齐全，地基处理方法是否合理。

(6)设计地震烈度是否符合当地要求。

(7)防火要求是否符合规定。

(8)施工安全是否有保证。

(9)管线定位位置、高程是否正确。

(10)设计图纸与施工现场是否满足施工需要。

(11)监理规划和施工组织设计所提出的质量目标与设计图纸中的要求是否统一等。

(12)工程量计算是否准确。

(13)对完善设计和施工方案提出合理化建议。

（三）工程材料、设备质量监理

材料和设备的质量是工程质量的基础，要想提高工程质量，就必须加强对材料和设备的质量控制。对于材料和设备的质量，在施工合同中有如下相关的监理要求：

（1）材料和设备提供单位具备相应的条件，施工材料、半成品、构/配件及生产设备机具的提供单位必须具备满足要求的生产条件、技术装备力量和质量保证体系，质量检测人员和设备数量可保证供应需求，且必须把好质量控制关。

（2）材料设备质量应符合下列要求：

①符合国家标准规范以及相关规定的合格标准和合同、设计要求。

②应在材料、半成品、构/配件、机具设备或包装上注明符合的标准，符合标准的材料、半成品、构/配件、机具设备可通过提供样品等方式来表明质量的满足情况。

（3）施工材料、机具设备或其包装上的标志应符合下列要求：

①有产品质量检验合格证明。

②产品生产厂家的名称及厂址有中文标志。

③产品包装和商标样式应符合国家标准规范及相关规定的要求。

④机具设备应附带详细的产品使用说明书，电器设备还应附有电路图。

（四）隐蔽工程质量监理

隐蔽工程质量监理的内容如下：

（1）施工承包单位在隐蔽工程施工完成并自检合格后，应向监理单位提交隐蔽工程报验申请表。经专监检验合格并在隐蔽工程报验申请表上签字确认后，施工单位方可进入下一道工序的施工。

（2）隐蔽工程验收记录应包括：分部分项工程名称、工程所处轴线平面位置、工程规格和质量。可采用平面图绘制附件的方式加以说明。

（3）对已验收的所有项目，监理工程师都必须填写隐蔽验收记录，同时必须在隐蔽工程报验申请表的审查意见栏内填写确定的审查意见。

（4）如果工程未通过检查验收，则监理工程师不得签字确认，施工单位对隐蔽工程验收检查中出现的质量问题必须进行整改。当复验符合要求，并在监理工程师签字确认后，施工单位方可进入下一道工序的施工。

五、合同管理

（一）工程合同管理的意义

工程合同指的是为进行工程项目施工，发包单位和施工承包单位之间达成相互权利和义务关系的协议。工程合同包括合同条件、补充协议、设计文件以及双方共同协商后达成一致意见的与合同有关的全部文件。

承包合同制在工程中虽然得到了广泛推广，但仍有一些单位和个人对合同的法律地位认识不足，对合同的订立和履行不足缺乏合同意识，因此，加强和完善合同管理具有重要意义，具体来说有如下方面：

(1)合同的签订有利于有效地控制工期，保证工程质量，维护合同双方的利益，提高工作效率。

(2)合同条款是约束当事人的行为准则。

(3)合同的签订有利于合同当事人权利和义务的明确。

(4)合同的签订有利于保护双方的合法权益。

(5)合同的签订为解决合同当事人双方产生的经济纠纷提供了判断依据。

(二)监理工程师合同管理工作的内容

监理工程师在合同管理方面的工作具体包括：项目工期管理、工程进度延期及工程进度延误处理、工程暂停及复工、项目质量管理、项目结算管理、合同争议处理以及合同的解除等。

1.项目工期管理

项目工期是指一个工程项目从开始施工到竣工验收完成并移交使用单位所需的时间。监理工程师进行项目工期管理的工作内容包括：

(1)制订《工程项目施工总进度计划》。工程开始施工前，应监督并审核、批准施工单位编制的分月、分段的施工总进度计划；对应由建设单位执行的合同条款中已有明确规定的，如按时提供设计文件和施工图纸、甲方供应设备和材料等，应提醒建设单位及时办理。

(2)分月、分段计划的控制。施工总进度计划批准之后，就应按总进度计划检查分月、分段计划的落实情况。

(3)进度计划的修订。工程施工过程中，需要修订分月、分段或总进度计划。

2.工程暂停及复工

(1)工程暂停令的签发。在发生下列情况时(包括但不限于)，总监理工程师可签发工程暂停令：

①建设单位要求的施工暂停。

②为保证工程质量而采取的措施。

③出现安全隐患，总监理工程师认为有必要停工以消除隐患。

(2)签发工程暂停令时，监理工程师的工作内容包括：

①在签发工程暂停令前，应与施工承包单位商议有关工期和费用等问题。

②总监理工程师应根据工程的影响范围和程度签发工程暂停令，应按照施工合同和

监理委托合同的约定签发。

③总监理工程师应根据停工原因的影响范围和程度，确定工程停工范围。

(3)工程复工令的签发。工程复工令可在下列情况下签发：

①由于建设单位的原因或其他非施工承包单位的原因导致工程暂停时，项目监理机构应对工程实际情况进行记录。总监理工程师应在具备复工条件时，及时签发工程复工令，施工承包单位应继续施工。

②由于施工承包单位的原因导致的工程暂时停工，项目监理机构应在工程具备复工条件时审查复工申请及相关材料，总监理工程师签署工程复工报审表后，施工承包单位方可继续施工。

③总监理工程师在签发工程暂停令到签发复工令之间的时间，宜会同项目有关各方按照合同约定处理工期、费用等有关问题。

3.工程延期及工期延误处理

(1)当施工承包单位提出的工程延期要求符合施工合同及相关文件的规定时，监理单位应同意。

(2)当工期延误事件持续发生时，监理单位可在收到承包施工单位提交的阶段性工程延期申请表并审查同意后，先由总监理工程师签署延期审批表并通报建设单位。当施工承包单位提交最终的工程延期申请表后，监理单位应当审查工程延期情况，并由总监理工程师签署最终的延期申请表。

(3)监理单位在与建设单位和施工承包单位商议后，方可作出临时工程延期批准或最终的工程延期批准。

(4)监理单位在审查工程延期时，可批准工程延期的时间按照下列情况确定：

①施工合同中工程延期的有关条款约定。

②工期拖延事件对工期的影响程度。

③工期拖延事件对工期影响的量化程度。

(5)监理单位应按规定处理施工承包单位因工程延期提出的费用索赔。

(6)当施工承包单位未能按要求竣工时，监理单位应按施工合同的规定，从施工承包单位应得的款项中扣除延期损害赔偿费。

4.项目质量管理

监理工程师为了使建设工程项目的质量达到合同规定的质量，应行使工程质量检验权。

5.项目结算管理

对项目结算进行严格管理是监理工程师的职责，项目结算管理包括以下内容：

(1)工程计量与工程款支付。

(2)索赔管理。

(3)工程变更管理。

(4)工程竣工审计结算。工程竣工审计结算既是施工合同管理的最后阶段,又是施工合同的重要步骤。在办理完工程结算手续后,建设单位应按有关部门规定的工程价款结算办法和施工合同规定的程序办理工程款拨付手续。

6.合同争议调解

监理单位接到合同争议调解要求后,应进行以下工作:

(1)对于出现合同争议的相关情况进行调查和取证。

(2)及时与出现合同争议的双方进行协商。

(3)由总监理工程师对监理单位提出的争议调解方案进行执行。

(4)当调解未能达成一致意见时,总监理工程师应在施工合同规定的期限内提出处理该合同争议的意见。

(5)在争议调解过程中,除已达到施工合同规定的暂停履行合同的条件之外,监理单位应要求合同双方当事人继续履行合同。

7.合同的解除

合同的解除内容如下:

(1)当由于建设单位违约导致施工合同最终解除时,监理单位应按施工合同约定的施工承包单位应得款项与建设单位商议,按施工合同的规定对施工承包单位应得款项进行确认,并向合同双方提供书面通知。

(2)由于施工承包单位违约导致施工合同解除后,监理单位应审核确定施工承包单位的应得款项或应偿还建设单位的相关款项,并向合同双方提供书面通知。

(3)由于不可抗力或非合同双方原因导致施工合同解除时,监理单位应按施工合同的约定处理后续有关事宜。

(三)工程监理委托合同管理

1.监理人义务

监理合同是委托人与监理人就工程项目需要委托管理的内容而签订的明确双方权利、义务的协议。监理合同一经生效,监理人就要按合同规定行使权利,履行应尽义务。

(1)确定项目总监,成立项目监理机构。每监理一个工程项目,监理人都应根据工程项目的规模、性质以及委托人对监理的要求,委派专业人员担任项目的总监,代表监理单位全面负责该项目的监理工作。总监既向监理人负责,又向委托人负责。在总监的具体领导下,组建项目的监理机构,并根据签订的监理委托合同,制订监理规划和具体的实施计划,开展监理工作。

(2)制订工程项目监理规划。监理规划是开展项目监理工作的纲领性文件,它是根据合同的要求，以委托监理项目有关的资料为基础，结合具体实施条件编制的指导性文件。监理规划包括以下内容：工程概况、监理组织、监理主要措施、项目监理工作制度、监理范围和目标等。

(3)制订专业监理工作计划或实施细则。在监理规划的总体指导下，需结合工程项目的实际情况，制订相应的实施性计划或实施细则，以具体指导投资、质量和进度控制的进行。

(4)开展监理工作时，应根据监理工作计划和运行制度来进行。

(5)监理工作总结。监理工作总结有以下三部分内容：

①向建设单位提交监理工作总结，其内容主要有：监理合同执行内容概述，监理任务或监理目标完成情况评价，由建设单位提供的办公用房、车辆以及试验设施等监理工作使用的物品清单，监理工作完结的说明等。

②监理单位内部的监理工作总结，其内容主要有：监理工作采用某种监理技术、方法的经验，采用某种经济、组织措施的经验，签订监理合同方面的经验，协调处理与建设单位、施工承包单位关系的经验等。

③总结监理工作中的问题及整改建议，以指导后续项目的监理工作。

在全部监理工作完成后，监理人应该做好监理合同的归档保存。监理合同归档资料应包括：监理合同以及与合同有关的签证，合同补充协议、文件、联系单等，监理大纲、监理规划、在监理工作中的程序性文件以及监理会议纪要、监理日志等。

2.监理合同变更

(1)合同变更的原因。合同变更的原因是多方面的，概括起来主要有以下几方面：

①业主提出了新的要求或补充要求。

②合同执行环境的变化已超出原有合同的委托任务，经双方协商达成合同更改。

③国家经济及政策对新建项目提出了新的要求，业主要求对合同作相应的变更。

(2)合同变更产生的影响。合同变更对签约双方都会产生一定的影响，主要有下述几个方面：

①合同变更会引起双方责任的变化，在合同变更中应予以确认。

②合同变更会引起双方利益的变化，特别是当监理任务的变化引起监理服务费用的变化时，在合同变更中对新增服务费的计算方法、金额、支付方式、支付时间等均应作出规定。

(3)合同变更的程序。合同变更应由合同当事人双方协商，对变更问题达成一致意见，签署合同变更协议。合同变更协议作为补充协议具有法律约束力，并且其法律效力优于合同文本。合同约定范围内的变更不需经过双方协商，可由业主直接下达变更指令。

(四)工程施工合同的管理

工程施工合同的管理工作应以项目取得最佳效益为基础,合同管理工作始终要坚持“取得最佳效益”的指导思想。

监理工程师在施工监理过程中进行合同管理的主要目的是:监督合同的各方遵守合同规定,明确各方责任,减少合同纠纷及违约现象的发生,保证工程质量控制目标、进度控制目标和投资控制目标的实现。

通过监理工程师的管理,将合同双方的自然对立关系化解为目标一致的合作关系,并在合同实施过程中使信任感逐渐加强,使合同管理高效地执行。

在施工过程中,监理进行合同管理的基本工作内容如下:

(1)签订监理委托合同。

(2)参与施工承包合同的签订。

(3)分析监理委托合同。

(4)分析施工承包合同。

(5)合同的文档管理。

(6)编制监理实施细则(质量控制、进度控制、投资控制)。

(7)索赔处理。

(8)信息管理。

(9)项目协调。

(10)验收决算。

六、安全管理

(一)施工准备阶段监理方的主要工作内容

施工准备阶段监理方的主要工作内容如下:

一是任命总监理工程师,建立项目监理机构,配置项目监理人员,配备法律法规、标准文件,建立健全监理制度,明确监理职责。

二是熟悉图纸,了解工程现场及周边环境。

三是审核施工现场及邻近建筑物、构筑物和地下管线等的专项保护措施,包括:

(1)建设单位向施工单位提供施工现场及毗邻区域内地上、地下的管线资料和邻近建筑物、构筑物、地下管线的有关资料,移交时监理工程师应参加,并在移交单上签字确认。

(2)开工前,监理工程师在审查施工单位制订的对邻近建筑物、构筑物和地下管线等的专项保护措施时,应予以确认并签署意见。

四是监理单位应根据《安全条例》的规定，按照工程建设强制性标准、《建设工程监理规范》和相关行业监理规范的要求，编制包括安全监理内容在内的项目监理规划，明确安全监理的范围、内容、工作程序和制度、措施，以及人力资源配备计划和划分工作职责等。

五是对中型及以上建设工程项目和《安全条例》第二十六条规定的危险性较大的分部分项工程，监理单位应当编制监理实施细则。实施细则中，应当明确安全监理的方法、措施和控制要点，以及对施工单位安全技术措施的审查方案。

（二）施工阶段监理主要的工作内容

一是对施工单位现场安全生产责任体系的运行情况进行检查，如施工单位安全生产管理机构和专职安全员的上岗情况，施工单位安全生产责任制、安全检查制度的执行情况等，并将检查情况记录在监理日志中。

二是对施工安全技术措施和专项施工方案的落实情况进行检查。

三是对施工单位执行工程建设强制性标准的情况进行检查。

四是对施工单位填报的安全防护、文明施工措施费用使用计划进行审查。

五是在施工现场发生安全事故时，应参与对安全事故的调查处理。

六是监理人员对施工现场进行巡视时，对发现的安全问题，按其严重程度及时要求施工单位改正，并向总监、专（兼）职安全生产监督管理人员报告。

第五章　中小学运动场地的检测认证与维护保养

第一节　中小学运动场地的检测认证

我国中小学合成材料运动场地的国家标准主要是参考了国际田径联合会、国际网球协会以及其他国际专业组织对合成材料运动场地的要求而制订的，旨在让合成材料运动场地的建设实现规范化，为使用者提供更好的运动环境，适应比赛、训练、运动的要求，保护使用者的安全与健康，使其充分发挥运动能力，创造更好的运动成绩，享受舒适的运动体验，促进相关体育运动事业的发展。合成材料运动场地的性能取决于基础性能和面层性能，所以对中小学合成材料运动场地进行检测时，需要对两者的性能进行综合测定(包括外观、平整度等项目)。合成材料面层的性能检测不仅要通过实验室检测，还要通过现场场地性能检测，并通过合法的第三方认证机构出具认证证书。

一、外观

合成材料运动面层的外观应符合下述要求：

(1)合成面层环形跑道的颜色均匀一致，无明显色差，颜色通常为红色、绛红色或蓝色。

(2)Ⅰ、Ⅱ类场地的跑道、助跑道和两个半圆区的合成面层材料和颜色一致。

(3)合成面层固化均匀，不出现起鼓、气泡、裂缝、分层、断裂或台阶式凹凸。

(4)点位线清晰、不反光且无明显虚边。

(5)表面颗粒均匀，黏结牢固。

二、厚度

合成材料运动面层的厚度应符合下述要求：

(1)除需加厚的区域外，场地面层总厚度宜不小于 14 mm，比总厚度低 10%的面积不大于总面积的 10%，任何区域的总厚度均不小于 10 mm。合成材料运动面层的绝对厚度宜不小于 12.5 mm。

(2)跳高起跳区的助跑道最后 3 m、三级跳远助跑道的最后 13 m、撑竿跳高助跑道的最后 8 m、掷标枪助跑道的最后 8 m 以及起掷弧前端的区域面积总厚度均不小于 20 mm。

(3)障碍赛跑水池落地区及水池前 50 cm 范围内，面层总厚度不小于 25 mm。

场地中的面层加厚区域如图 5.1.1 中的阴影区域所示。

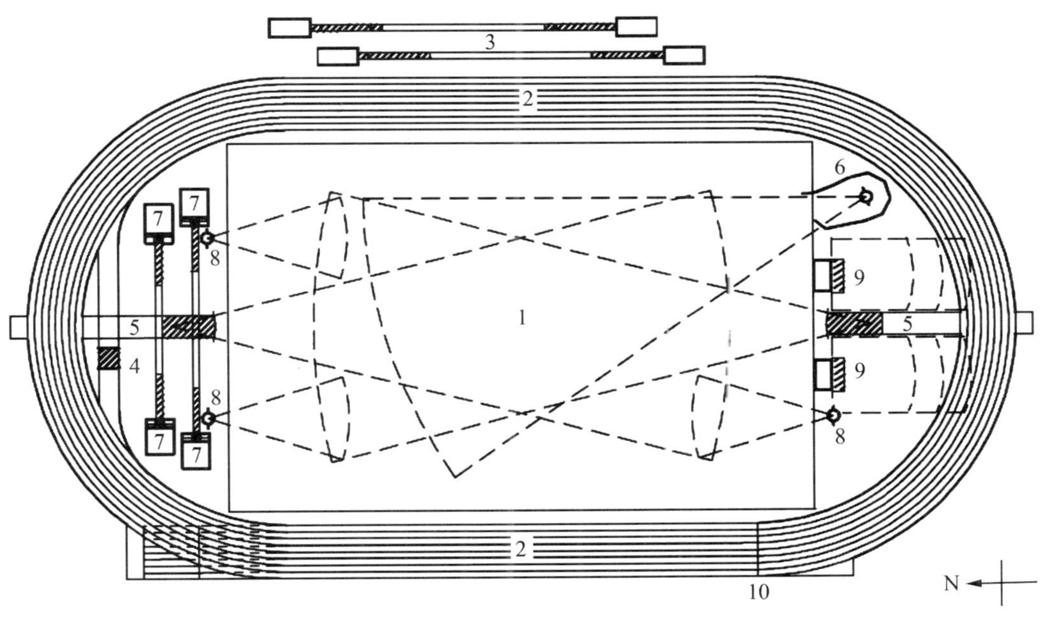

图 5.1.1　标准比赛设施安置及面层加厚区域

1:投掷项目落地区　2:400 m 标准跑道　3:跳远和三级跳远设施　4:障碍水池　5:掷标枪助跑道　6:掷铁饼和掷链球投掷设施　7:撑竿跳高设施　8:推铅球设施　9:跳高设施　10:100 m 跑终点线

三、平整度

合成面层的表面应平坦，任何位置和方向上的 2 m 直尺下不应有大于 3 mm 的间隙，也不应有大于 1 mm 的阶梯状起伏。

四、坡度

合成材料运动面层的坡度应符合下述要求：

(1)环形跑道的纵向坡度(跑进方向)不大于0.1%，横向坡度(由外沿向内沿，垂直于跑进方向)不大于1%。

(2)跳远、三级跳远和撑竿跳高助跑道的最后40 m纵向坡度不大于0.1%；扇形半圆区域内，跳高助跑道的最后15 m纵向坡度不大于0.4%；跳远、三级跳远和撑竿跳高助跑道的横向坡度不大于1.0%。

(3)标枪助跑道的最后20 m，沿跑进方向坡度不大于0.1%，横向坡度不大于1.0%；铅球、铁饼、标枪和链球落地区沿投掷方向的坡度不大于0.1%；铅球、铁饼、链球的投掷圈保持水平。

五、预制型面层与基础的黏结

预制型面层与基础的黏结应符合下述要求：

(1)竞赛区和热身区不准许出现空鼓。

(2)接头平顺，接头部位无缝隙，且不出现台阶式凹凸。

六、Ⅰ、Ⅱ类场地的方位和设施布置

(一)场地方位

Ⅰ、Ⅱ类场地的长轴宜取南北方向，也可北偏东或北偏西，但其偏斜数值应不超过表5.1.1中所示的值。百米跑的起点和终点直跑道宜设在西侧。

表5.1.1　Ⅰ、Ⅱ类场地的长轴允许偏斜的角度

北纬	16°～25°	26°～35°	36°～45°	46°～55°
北偏东	0°	0°	5°	10°
北偏西	15°	15°	10°	5°

(二)场地设施数量和布置

Ⅰ类场地的标准比赛设施应包括：8条弯道以及用于100 m跑与110 m栏的8条直跑道的400 m环形跑道，障碍水池1个；两端具有落地区的跳远和三级跳远设施2套，跳高设施2套；两端具有落地区的撑竿跳高设施2套，掷铁饼和掷链球合用设施1套，掷铁饼设施1套，掷标枪设施2套，推铅球设施2套。

Ⅰ类场地应在主比赛场附近设置副场，用于训练和热身。副场应包括至少具有4条弯道和6条直跑道的400 m环形跑道，跳高、撑竿跳高、跳远和三级跳远设施各1套，推铅球设施2套；铁饼、链球和标枪投掷区通常单独设置。在条件允许的情况下，Ⅰ类场地的副场宜与比赛场地一致。

Ⅱ类场地应有至少6条弯道的400 m环形跑道，田赛各项目可仅在一个方向布置一个设施，可缺少撑竿跳高、障碍赛跑、链球中的一项或几项。

七、Ⅰ、Ⅱ类场地的设施规格

(一)径赛项目设施规格

跑道标记应符合以下要求：

(1)终点线处的跑道上标示分道号码，字符高度大于0.50 m。

(2)起跑线与终点线间的距离不出现负差，100 m跑和110 m栏正差不大于20 mm，其余正差不大于1/10000。

(3)跑道线、起跑线、终点线用白色标示，宽度均为5 cm。

(4)起跑线(除弧形起跑线外)、终点线与分道线呈直角标示。

(5)所有跑道标记符合《国际田径协会联合会田径场地设施手册》的要求。

400 m环形跑道规格应符合以下要求：

(1)跑道分道宽度为(1.22±0.01)m。

(2)环形跑道长度为400.00 m，最大正偏差不大于0.04 m，不出现负偏差；100 m直跑道长度为100 m，最大正偏差不大于0.02 m，不出现负偏差；110 m栏直跑道长度为110 m，最大正偏差不大于0.02 m，不出现负偏差；障碍赛跑道在第2个圆弧的内侧或外侧设置一个永久性障碍水池，规格为3.66 m×3.66 m×(0.50～0.70)m，障碍水池的深度宜为0.5 m。

(3)半圆区半径长度正负偏差不大于5 mm；曲直分界线间，直跑道长度正负偏差不大于5 mm。

(4)跑道内、外侧的无障碍距离不小于1 m；110 m栏起跑准备区长度不小于3.00 m，重点缓冲区长度不小于17.00 m。

(5)内凸沿的高度为50～65 mm，宽度为50～250 mm并保持水平；可采用铝合金材料或其他合成材料制成，但不影响场地排水；内凸沿应结实并可拆卸；两条直跑道上可不设凸沿，用宽度50 mm的白线代替。

直跑道划线的要求如图5.1.2所示。

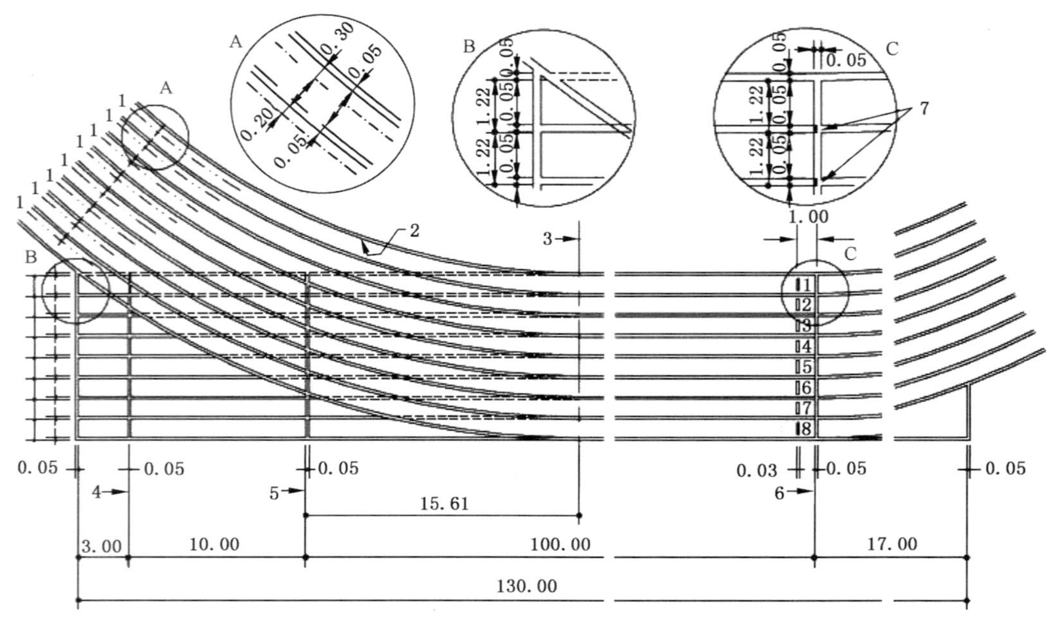

图 5.1.2　直跑道划线(单位:m)

1:环形跑道的测量线(实跑线)　2:跑道内沿　3:通过半圆圆心的轴　4:110 m 栏起跑线　5:100 m起跑线　6:终点线　7:黑色方形标记(终点摄像标定点,最大为 0.05 m×0.02 m)

基准桩方面,场地两个半圆圆心点作为基准桩应永久保留,其间距的偏差应不大于±5 mm。

(二)田赛项目设施规格

各跳跃项目设施规格如下:

(1)助跑道宽度应为(1.22±0.01)m。

(2)跳远设施应包括:助跑道(不短于 40.00 m)、起跳板[长为(1.22±0.01)m,宽为(0.20±0.002)m,厚度不超过 0.10 m,安放在距落地区近端 1~3 m 处]、落地区(宽度不小于 2.75 m,从起跳线至落地区远端的距离不小于 10.00 m)。

(3)三级跳远设施应包括,助跑道、落地区及起跳板,这些设施的规格要求与跳远相同,起跳板安放在距落地区近端至少 13.00 m(男子)或至少 11.00 m(女子)的位置。Ⅱ类场地可根据运动员的水平选择适当的起跳板安放位置。

(4)跳高设施应包括助跑区(长度不小于 15.00 m,宽度不小于 16.00 m)和落地区(不小于 66.00 m×4.00 m)。

(5)撑竿跳高项目应包括助跑道(不小于 40.00 m),用于插入撑竿的穴斗和一个具有前伸部分的落地区(不小于 6.00 m×6.00 m)。

各投掷项目设施规格如下：

(1)掷铁饼设施包括投掷圈[直径(2.50±0.005)m]、护笼和落地区(半径 80.00 m，弦长 48.00 m)。

(2)掷链球设施包括投掷圈[直径(2.135±0.005)m]、护笼和落地区(半径 90.00 m，弦长 54.00 m)。

(3)掷标枪设施包括助跑道(不小于 30.00 m×4.00 m)、起掷弧(半径 8.00 m)、落地区(半径 100.00 m，弦长 50.00 m)。Ⅰ类场地的助跑道长度应不小于 36.50 m。

(4)推铅球设施包括投掷圈[直径(2.135±0.005)m]、抵趾板[(1.21±0.01)m×0.112 m×(0.10±0.02)m)]、落地区(半径 25.00 m，弦长 15.00 m)。

(三)400 m 标准跑道点位线、障碍赛跑道和田赛设施

1.400 m 标准跑道点位线

400 m 标准跑道分道起跑点前伸数据如表 5.1.2 所示。

表 5.1.2　400 m 标准跑道分道起跑点前伸数据　　单位：m

实跑距离/m	标记区	分道起跑的弯道数	第二分道	第三分道	第四分道	第五分道	第六分道	第七分道	第八分道
200	C	1	3.519	7.352	11.185	15.017	18.850	22.683	26.516
400	A	2	7.038	14.704	22.370	30.034	37.700	45.366	53.032
800	A	1	3.526	7.384	11.260	15.151	19.061	22.989	26.933
4×400	A	3	10.564	22.088	33.630	45.185	56.761	68.355	79.965

400 m 标准跑道 800 m 跑抢道线划定时，在 800 m 跑第一弯道出口处应以 0.05 m 宽的线与分道线相交来明显标示，如图 5.1.3 所示，抢道标志线的计算值如表 5.1.3 所示。

表 5.1.3　400 m 标准跑道上 800 m 抢道标志线测量线抢道切入差　　单位：m

实跑距离/m	标记区	第一分道	第二分道	第三分道	第五分道	第六分道	第七分道	第八分道
800	D	0	0.007	0.032	0.134	0.211	0.306	0.417

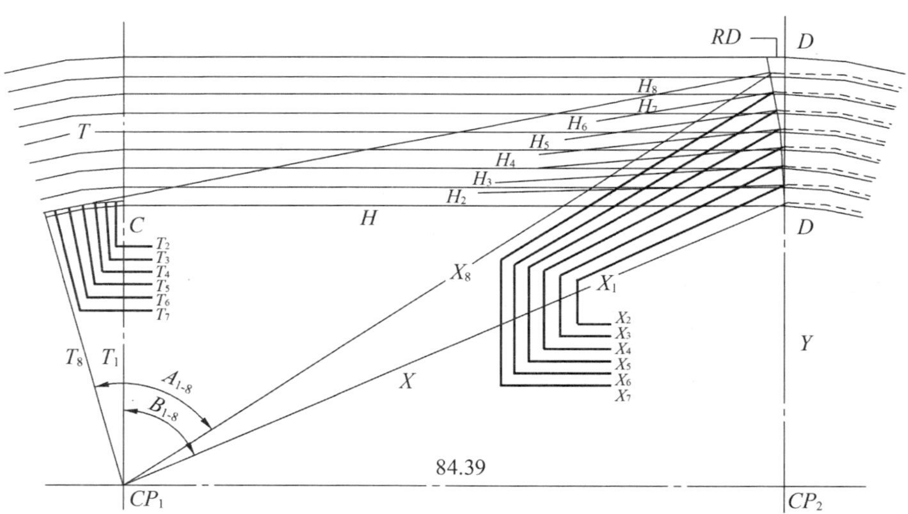

图 5.1.3　400 m 标准跑道 800 m 跑抢道标志线(单位:m)

X:CP_1 至 $D_1 \cdots D_8$ 的距离　Y:CP_2 至 $D_1 \cdots D_8$ 的距离　H:$H_2 \cdots H_8$ 至 $T_2 \cdots T_8$ 的距离

T:切点 $T_2 \cdots T_8$　RD:从 D/D 分界线到抢到标志线的偏差　C 和 D:跑道凸沿上的点

400 m 标准跑道第一弯道 2000 m 跑和 10000 m 跑起点线和分组起跑线如图 5.1.4 所示。

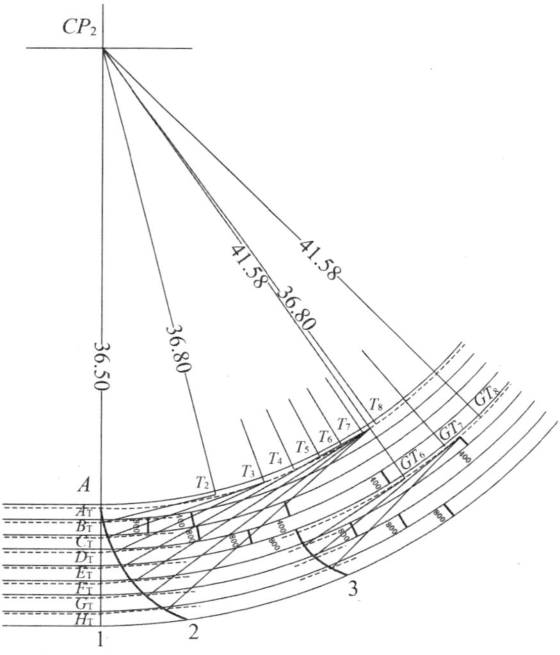

图 5.1.4　400 m 标准跑道第一弯道上的 2000 m 跑和 10000 m 跑起点线和分组起跑线(单位:m)

1:终点线　2:2000 m 跑和 10000 m 跑的起点线　3:2000 m 跑和 10000 m 跑的分组起跑线

CP_2A:36.50 m　CP_2A_T:36.80 m　CP_2B_T:36.80 m+1.12 m　$CP_2C_T \cdots H_T$:37.92 m+每道1.22 m

$T_2 \cdots T_8$:切线点　$GT_6 \cdots GT_8$:分组起跑线的切线点

400 m 标准跑道第二弯道上的 1000 m 跑、3000 m 跑和 5000 m 跑起点线和分组起跑线如图 5.1.5 所示。

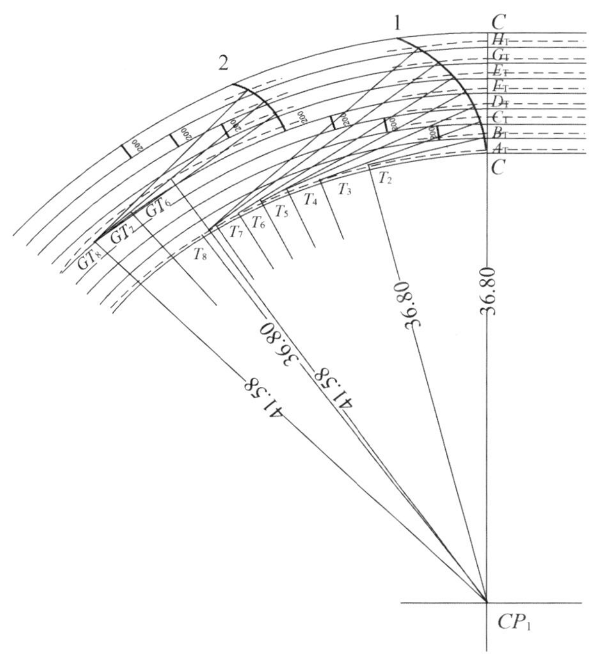

图 5.1.5 400 m 标准跑道第二弯道上的 1000 m 跑、3000 m 跑和 5000 m 跑起点线和分组起跑线(单位:m)

1:1000 m 跑、3000 m 跑和 5000 m 跑的起点线 2:1000 m 跑、3000 m 跑和 5000 m 跑的分组起跑线

CP_1C:36.50 m CP_1A_T:36.80 m CP_1B_T:36.80 m+1.12 m $CP_1C_T \cdots H_T$:37.92 m+每道 1.22 m

$T_2 \cdots T_8$:切线点 $GT_6 \cdots GT_8$:分组起跑线的切线点

400 m 标准跑道跨栏跑道布局与标记方面,跨栏跑项目的栏架位置应在跑道上采用 100 mm×50 mm 标志线表示,从起点到标志线边缘接近运动员一侧的测量距离应符合表 5.1.4 的规定。

表 5.1.4 400 m 标准跑道栏架位置、标志线颜色和数量

赛跑距离	起点至第一栏架的距离	两个栏架间的距离	最后一个栏架与终点间的距离	标志线的颜色	栏架数量
女子 100 m 栏	(13.00±0.01)m	(8.50±0.01)m	(10.50±0.01)m	黄色	10 个
男子 110 m 栏	(13.72±0.01)m	(9.14±0.01)m	(14.02±0.01)m	蓝色	
女子 400 m 栏	(45.00±0.03)m	(35.00±0.03)m	(40.00±0.03)m	绿色	
男子 400 m 栏					

4×400 m接力跑接力区中，第一接力区的中点标志线与800 m跑起跑线相同。每个接力区都是以此中点标志线标示的20 m为一区域，这个区域应以沿跑进方向靠近起点的标志线边缘为开始和结束。第二接力区和最后接力区应以起/终点线为中心，向两边各延伸10 m做标记。

2.400 m标准跑道障碍赛跑道

弯道内部的障碍水池位置如图5.1.6所示，弯道外侧的障碍水池位置如图5.1.7所示。

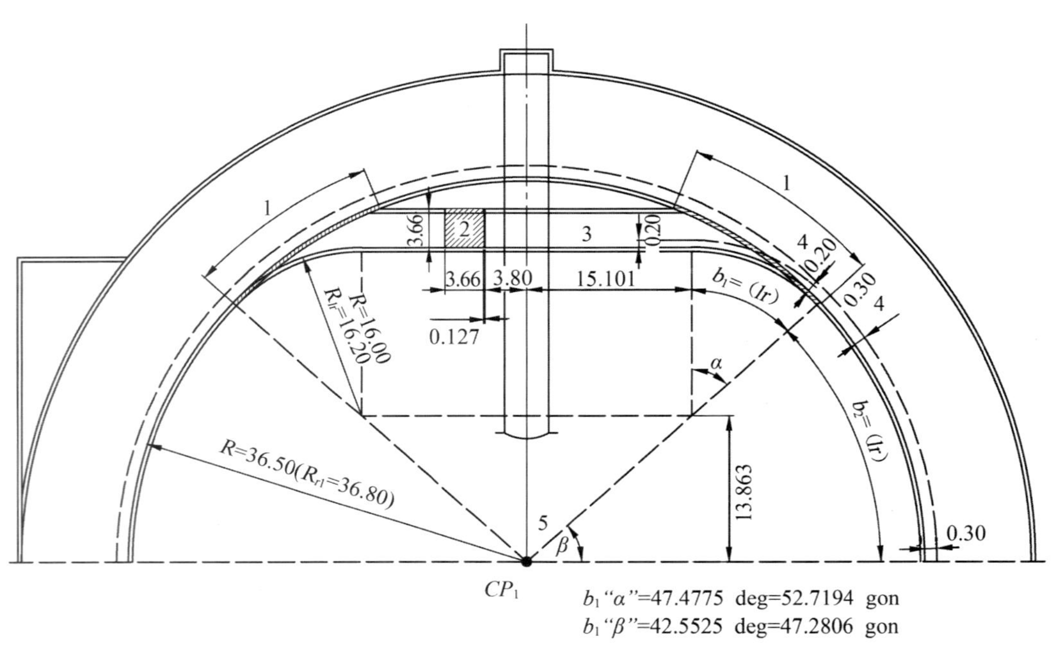

图5.1.6 位于弯道内部的400 m标准跑道障碍水池位置(单位：m)

1：可移动的跑道边沿 2：障碍水池 3：直段 4：测量线与跑道内沿的间距 5：半圆圆心

注意，在上图中$b=r\times\pi\times(\alpha/180°)$(障碍赛跑道曲断长度计算的测量线与标志线的间距为0.20 m)；$b_1(lr)=16.20\times3.1416\times(47.448°/180°)=13.415$ m；$b_2(lr)=36.80\times3.1416\times(42.551°/180°)=27.331$ m；直段$=2\times15.101=30.202$ m；障碍水池弯道的长度为$2\times(13.416+27.33+15.101)=111.694$ m；半圆弯道的长度为$36.80\times3.1416=115.611$ m；障碍水池弯道长度比半圆弯道短3.916 m；过度弯道半径为16 m。

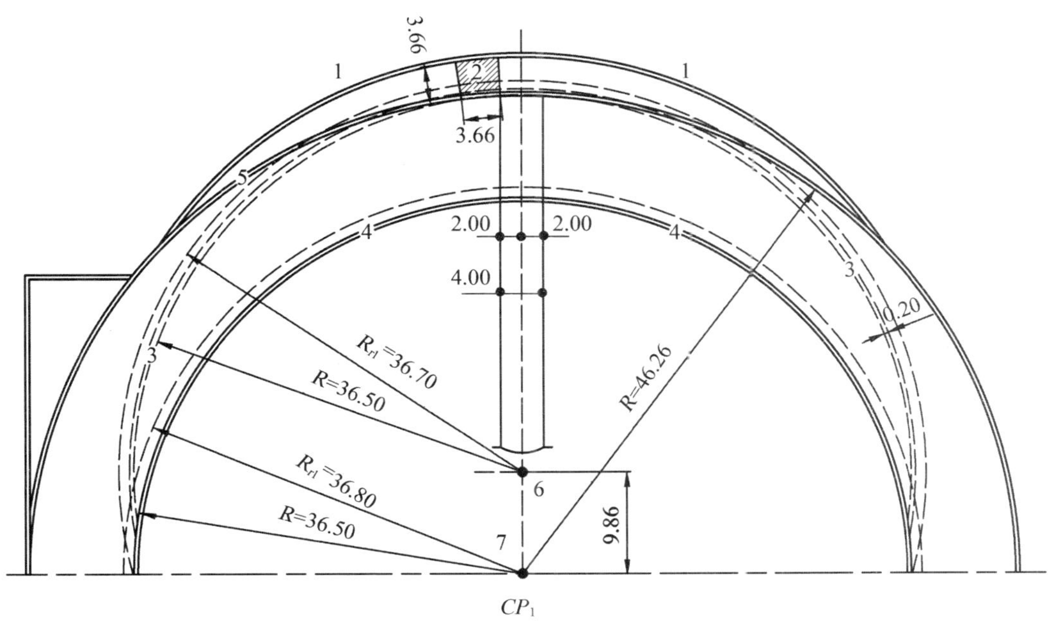

图 5.1.7　位于弯道外侧的 400 m 标准跑道障碍水池位置

1:跑道的外边沿(下设排水)　2:障碍水池　3:标记线(跑道表面)　4.内跑道边沿(0.05 m 高)　5.可移动的跑道边沿　6:附加圆弧圆心　7:半圆圆心。

注意,在上图中测量线至内侧跑道标志线的间距为 0.20 m,测量长度为:9.86×2＋36.7×3.1416＝135.017 m;障碍水池的弯道测量长度应比标准跑道半圆弯道的长度(115.661 m)长 19.407 m。

障碍赛跑道标记方面,起点与栏架位置取决于水池的位置,栏架位置应标在跑道内沿上。

障碍水池的长应为(3.66±0.02)m,宽应为(3.66±0.02)m,深应为 0.50～0.70 m,新建场地障碍水池的深应为 0.50 m。池边应圆满平顺,相邻的合成面层向下弯曲,与水池边沿平顺过渡,如图 5.1.8 所示。

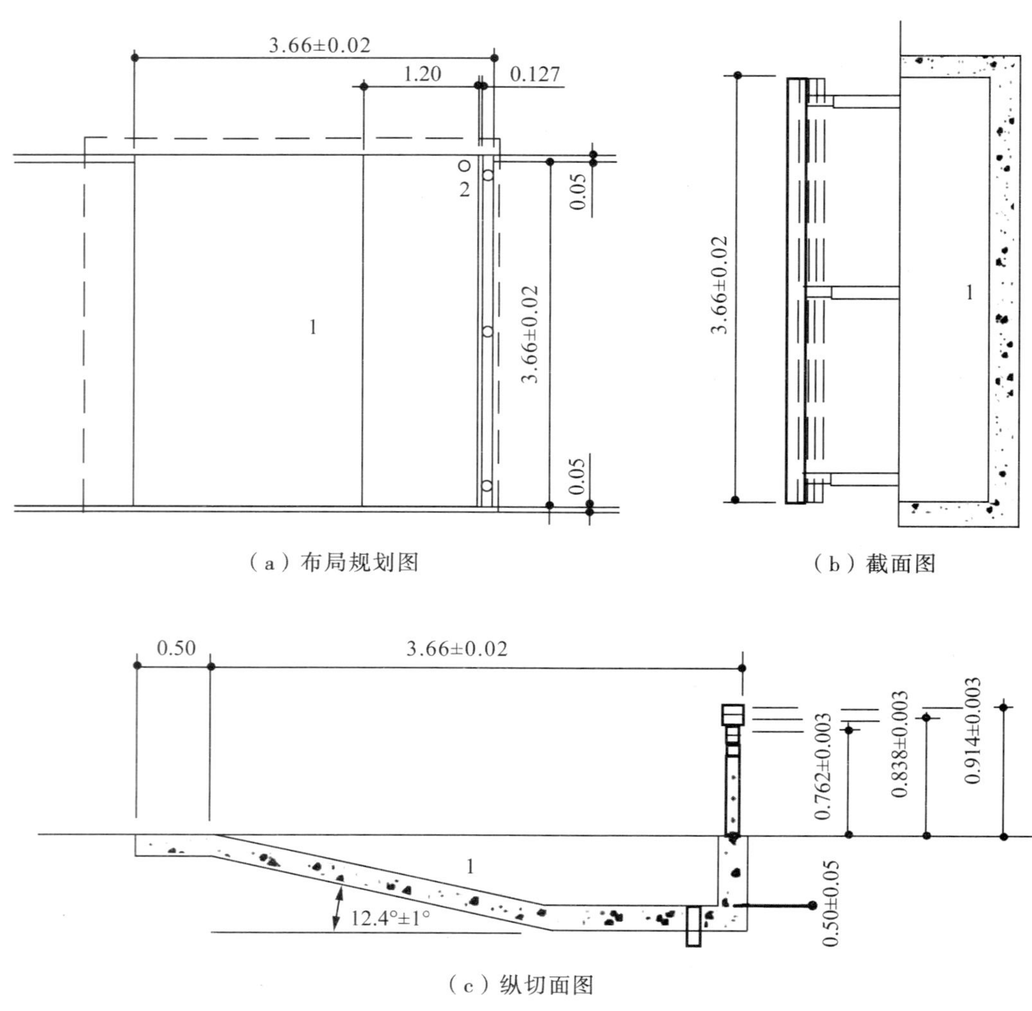

（a）布局规划图

（b）截面图

（c）纵切面图

图 5.1.8 障碍水池设施(单位:m)

1:合成面层,厚度为 25 mm 2:排水管

3.田赛设施

跳高设施应包括半圆形助跑道、起跳区和落地区,如图 5.1.9 所示,具体要求如下:

(1)助跑区。跳高助跑区的宽度应不小于 16 m,长度应不小于 15 m,Ⅰ类场地助跑道长度应不小于 25 m。

(2)落地区。Ⅱ类场地跳高落地区保护垫应不小于 6 m(长)×4 m(宽)×0.7 m(高),Ⅰ类场地跳高落地区保护垫应不小于 5 m(长)×3 m(宽)×0.7 m(高),应将其放置在高度为 0.10 m 的格栅上,格栅的边缘应在保护垫边缘向内 0.10 m 处。

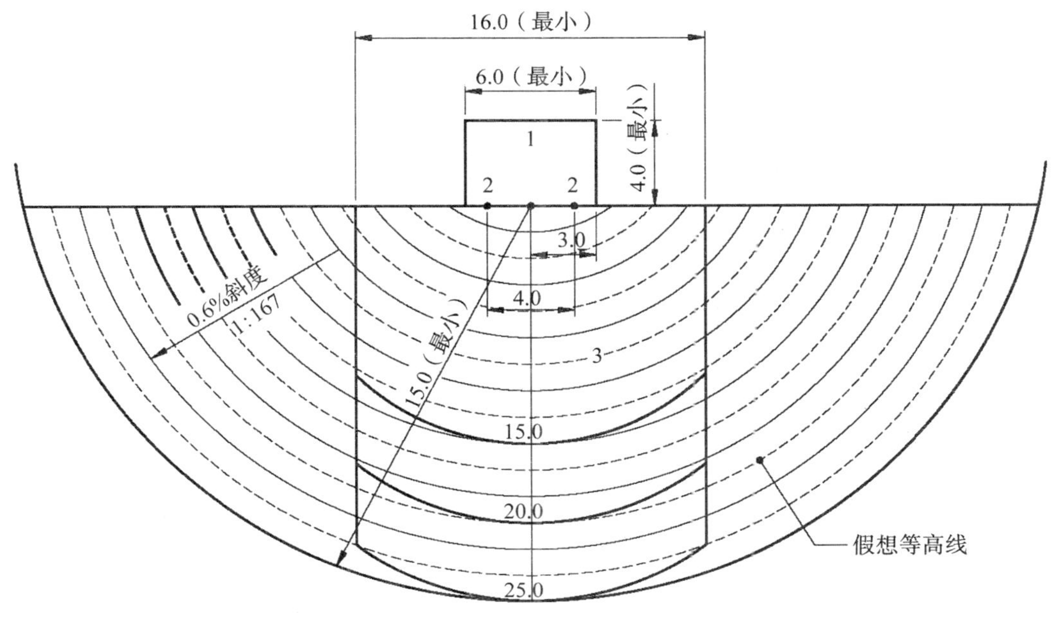

图 5.1.9　跳高设施(单位:m)

1:落地区　2:支架　3:助跑道区

撑竿跳高设施如图 5.1.10 所示,具体要求如下:

(1)包括插斗的助跑道。助跑道长度(即助跑道起点至零线的距离)应不小于 40 m;助跑道宽度为(1.22±0.01)m,以 0.05 m 宽的白线标示,或以段长 0.10 m、段间距约为 0.50 m的分隔线标示。插斗上沿宜为弧形或软性材料,将插斗埋入地下,上沿与地面齐平,尽头内边上沿应与零线(延伸至支架以外,宽 0.01 m 的白线)吻合。助跑道两端可以各设置插斗和落地区,两个方向使用。

(2)落地区。Ⅱ类场地保护垫长应不小于 7 m(前端 2 m 为凹状斜坡垫),宽应不小于 5 m,垫厚应不小于 0.8 m;Ⅰ类场地保护垫长应不小于 8 m(前端 2 m 为凹状斜坡垫),宽应不小于 6 m,如图 5.1.11 所示。

(3)零线。零线应以宽度约为 0.01 m 的白线标示,并延伸至支架以外。

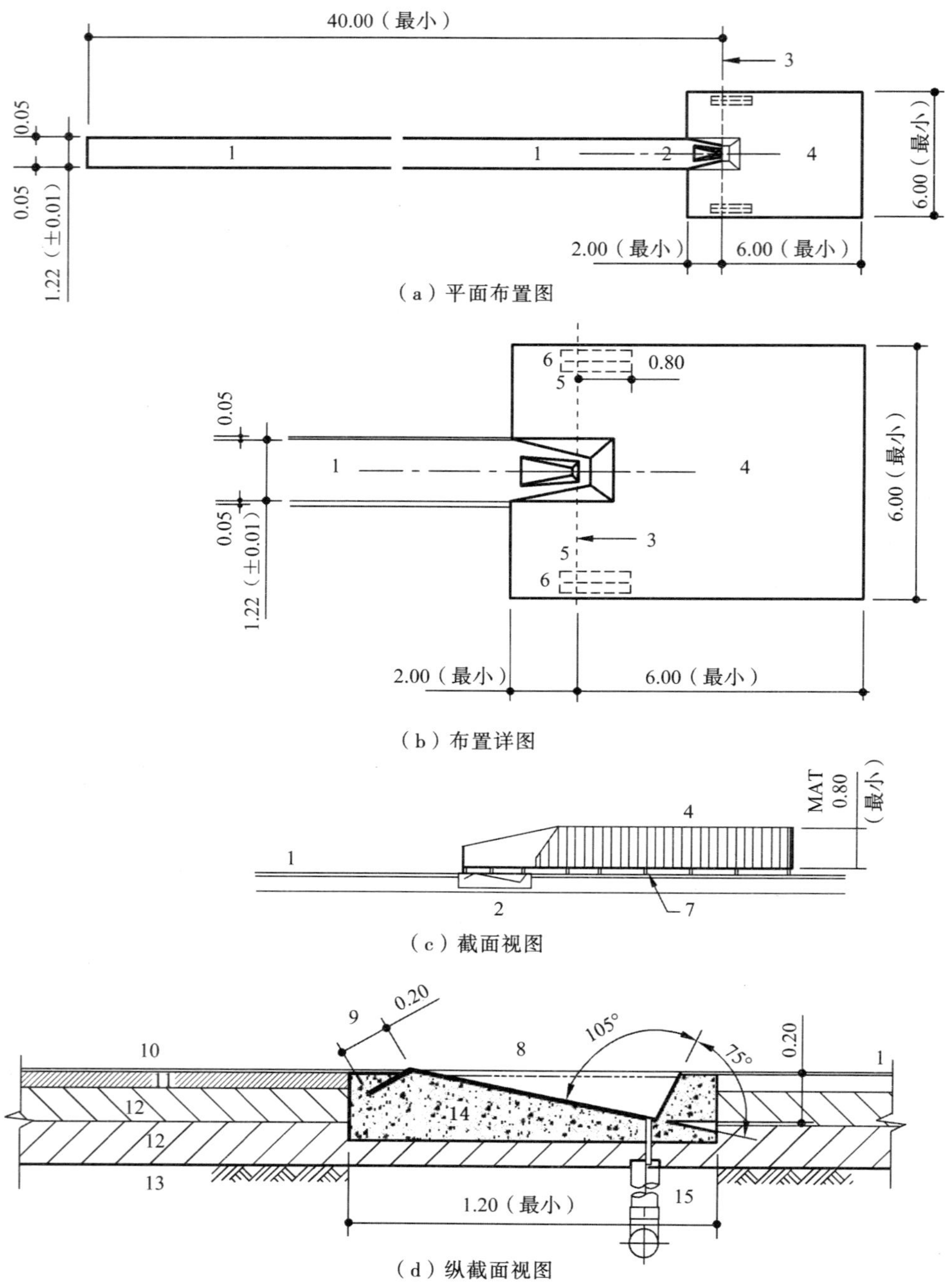

图 5.1.10 撑竿跳高设施(单位:m)

1:助跑道 2:起跳插穴 3:零线 4:落地垫 5:支架安装区或地面插孔 6:保护垫 7:格栅 8:盖板 9:凸沿 10:合成表面 11:沥青混凝基础面层 12:沙砾底层 13:地基层 14:混凝土 15:排水管

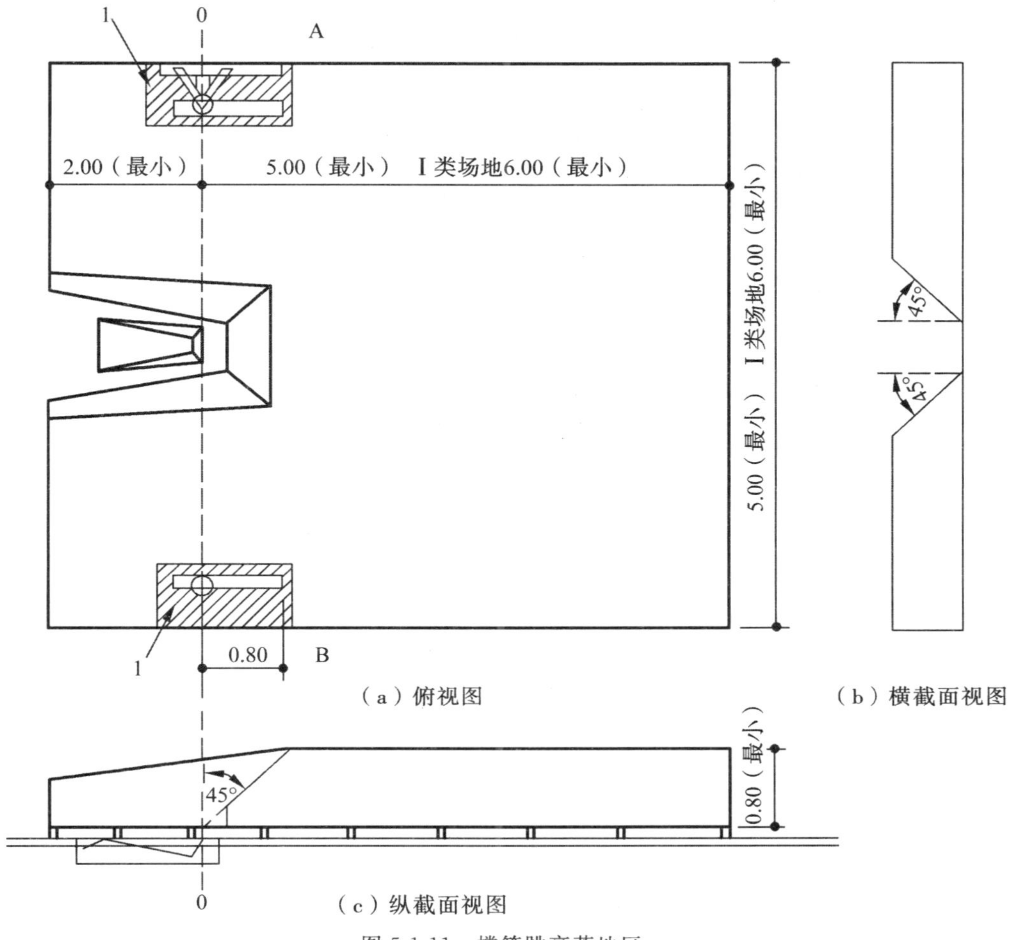

图 5.1.11 撑竿跳高落地区

A:轨道上的支架 B:固定支架 0:零线 1:保护垫

跳远和三级跳远设施应包括助跑道、起跳板和落地区(沙坑),除起跳板的放置跳远与三级跳远设施相同外(见图 5.1.12 和图 5.1.13),其他的具体要求如下:

(1)助跑道。助跑道从起点至起跳线的长度应不小于 40 m,宽度为(1.22±0.01)m,并应以 0.05 m 宽的白线标示,或者以宽为 0.05 m、长为 0.10 m、段间距为 0.50 m 的分隔线标示。助跑道两端可各有一个落地区,两个方向使用。

(2)起跳板。起跳板为漆成白色的矩形木板,长(1.22±0.01)m,宽(0.20±0.002)m,厚不大于 0.10 m。起跳板表面应与助跑道表面平齐(见图 5.1.14)。起跳板的一面可为合成面层表面,并作为助跑道的一部分。根据需要,跳远助跑道上可安装 2～3 块起跳板。跳远起跳板与沙坑近端的距离为 1～3 m。

三级跳远起跳板与沙坑近端的距离:Ⅰ类场地男子项目至少为 13 m,女子项目至少为 11 m；Ⅱ类场地可根据运动员的水平选择适当距离设置起跳板。

起跳板或盖板的合成面层厚度及平整度应符合所在区域的要求。

(3)落地区。落地区设施要求如图 5.1.15 所示。

(4)跳远设施的安全。落地区两侧相邻沙坑间的无障碍距离应大于 0.30 m，落地区远端无障碍距离应大于 3 m，助跑道两侧无障碍距离应大于 1.8 m，如图 5.1.16 所示。

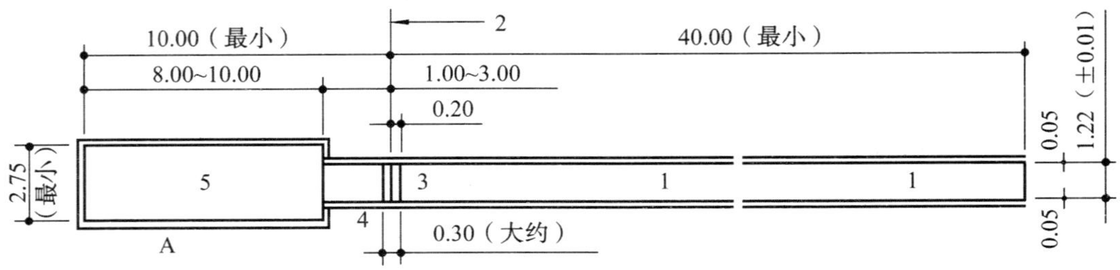

图 5.1.12　跳远设施平面布置图(单位：m)

1：(至少)40 m 的助跑道　2：起跳线　3：起跳板　4：嵌入的底盘　5：落地区

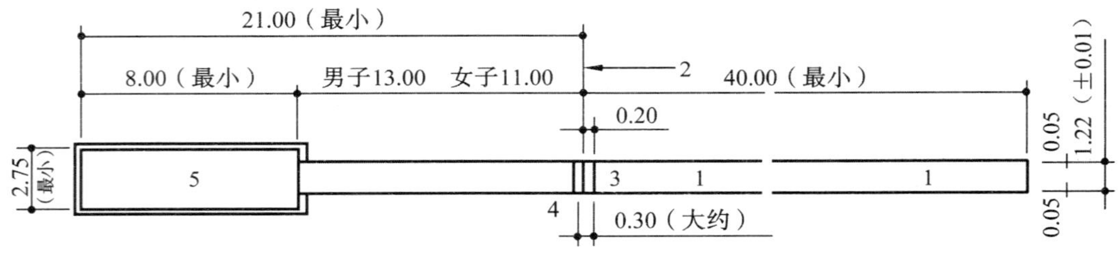

图 5.1.13　三级跳远设施平面布置图(单位：m)

1：助跑道　2：起跳线　3：起跳板　4：嵌入的底盘　5：落地区

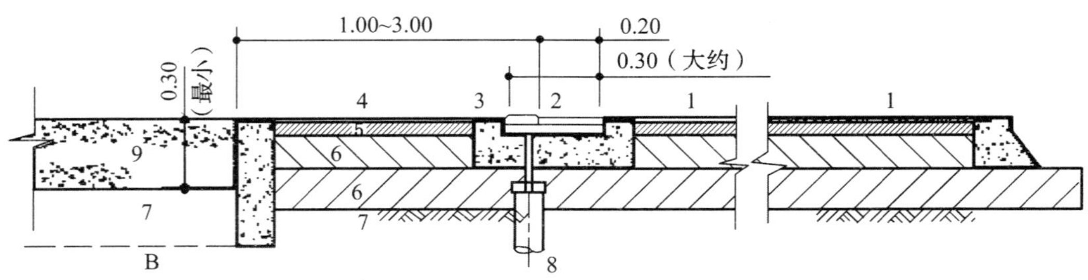

图 5.1.14　跳远和三级跳远设施用于起跳板嵌入的底盘(单位：m)

1：助跑道　2：有可调节支架的可移动起跳板　3：嵌入的底盘　4：合成面层　5：沥青混凝土基础面层　6：弹性基础面层下的基层　7：地基层　8：底盘排水通道　9：落地区

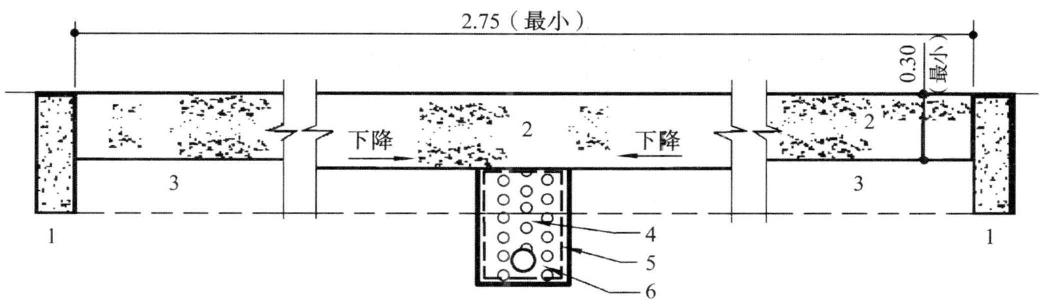

图 5.1.15　跳远和三级跳远设施落地区(单位:m)

1:沙坑边沿　2:洗净的河沙,小于 2 mm 的颗粒不超过总重量的 5%　3:地基层　4:排水沙砾层　5:矿物纤维材料　6:地下排水管。

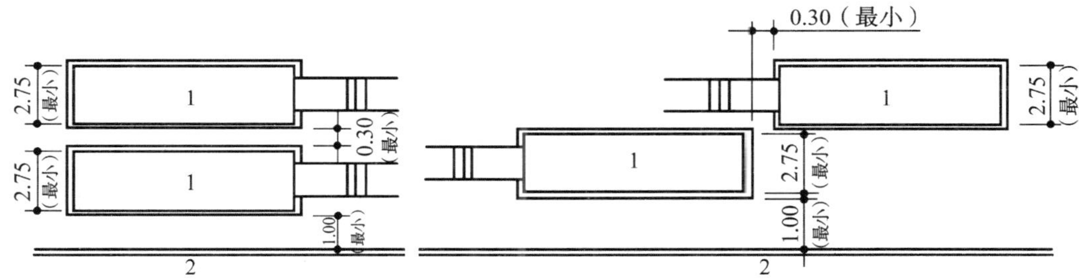

图 5.1.16　两个平行的跳远与三级跳远设施间的最小距离(单位:m)

1:落地区　2:跑道

推铅球设施包括投掷圈、抵趾板和落地区(见图 5.1.17),具体要求如下:

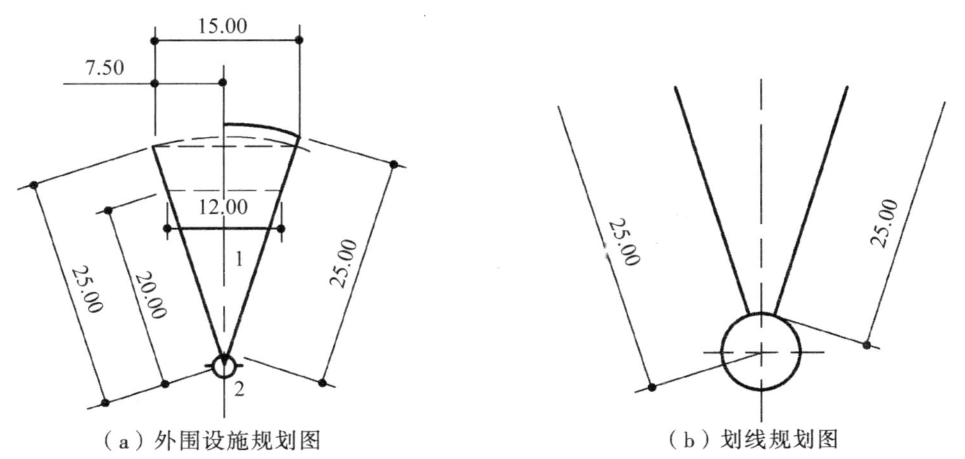

(a)外围设施规划图　　(b)划线规划图

图 5.1.17　推铅球设施(单位:m)

1:落地区　2:投掷圈

(1)投掷圈。铅球投掷圈如图 5.1.18 所示。

(2)抵趾板。抵趾板应牢固安装在落地区分界线之间的中央地面上,内沿弧长(1.21±0.01)m,最窄处宽为(0.112±0.002)m,高为(0.10±0.002)m。

(3)落地区。落地区表面应允许铅球留出痕迹,可为草地或其他适宜材料表面。落地区标志线的内沿延长线经过投掷圈圆心,夹角为 34.92°,并以 0.05 m 宽的白线标示,线的内边为落地区的分界线;落地区长度为 25 m,25 m 处的两条分界线相距 15 m。

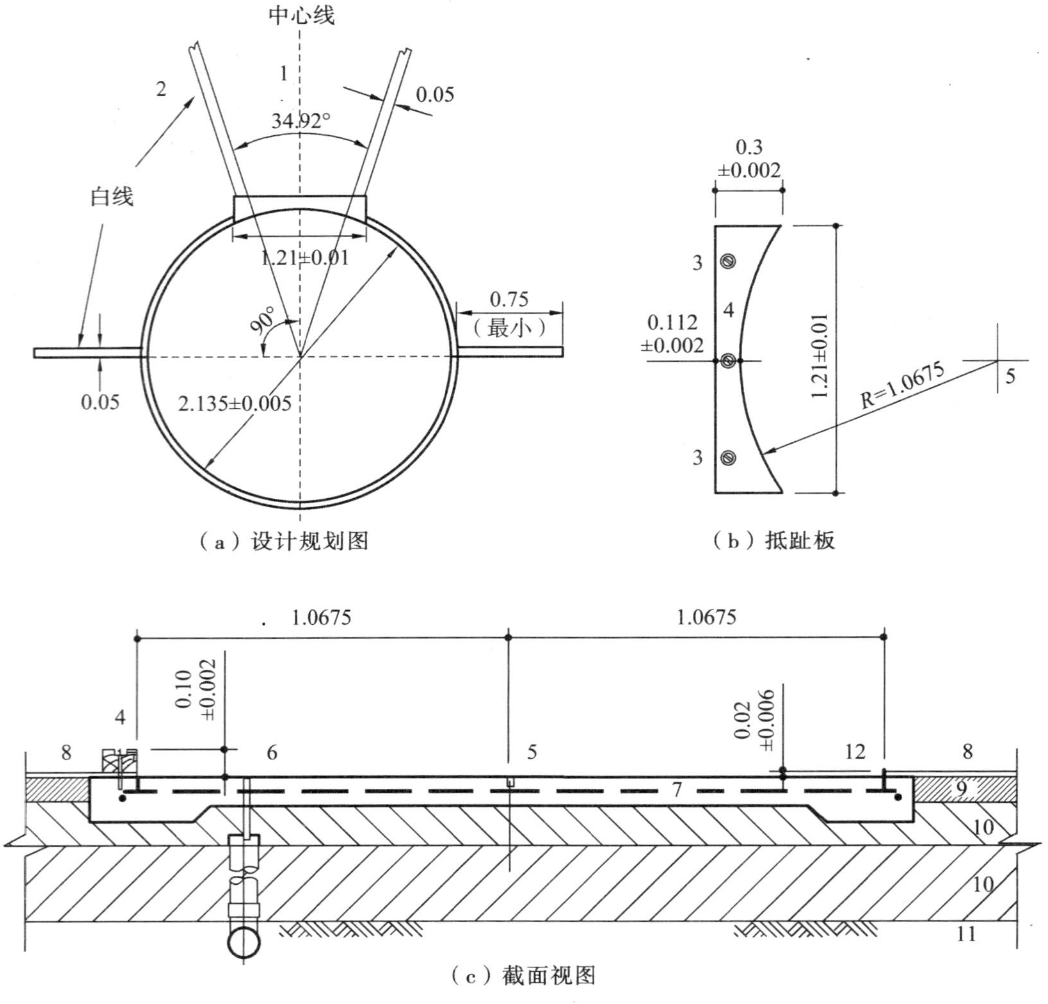

图 5.1.18 推铅球投掷圈(单位:m)

1:落地区 2:投掷扇形区的标记 3:固定物 4:抵趾板 5:中心点 0.004 m 直径(黄铜管) 6:排水管弧形抵趾板 7:建在金属网上的混凝土(至少 0.15 m 厚) 8:合成面层 9:沥青混凝土 10:沙砾底层 11:地基 12:环形金属边沿

掷铁饼设施包括投掷圈、护笼和落地区(见图 5.1.19),具体要求如下:

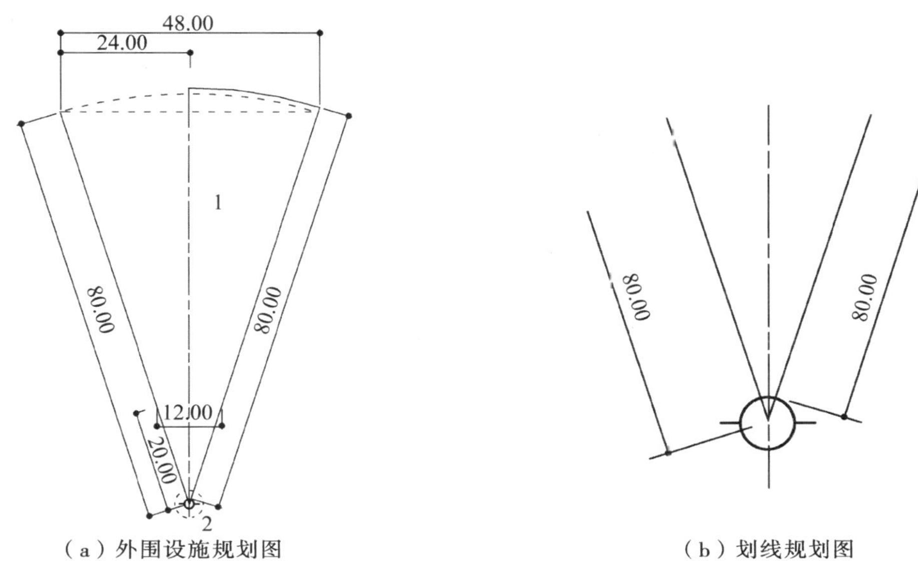

(a) 外围设施规划图　　　　(b) 划线规划图

图 5.1.19　掷铁饼设施(单位:m)

1:落地区　2:投掷圈

(1)投掷圈。投掷圈直径应为(2.50±0.005)m。

(2)落地区。落地区长度为 80 m,80 m 处的两条分界线相距 48 m。

(3)掷铁饼护笼如图 5.1.20 所示。

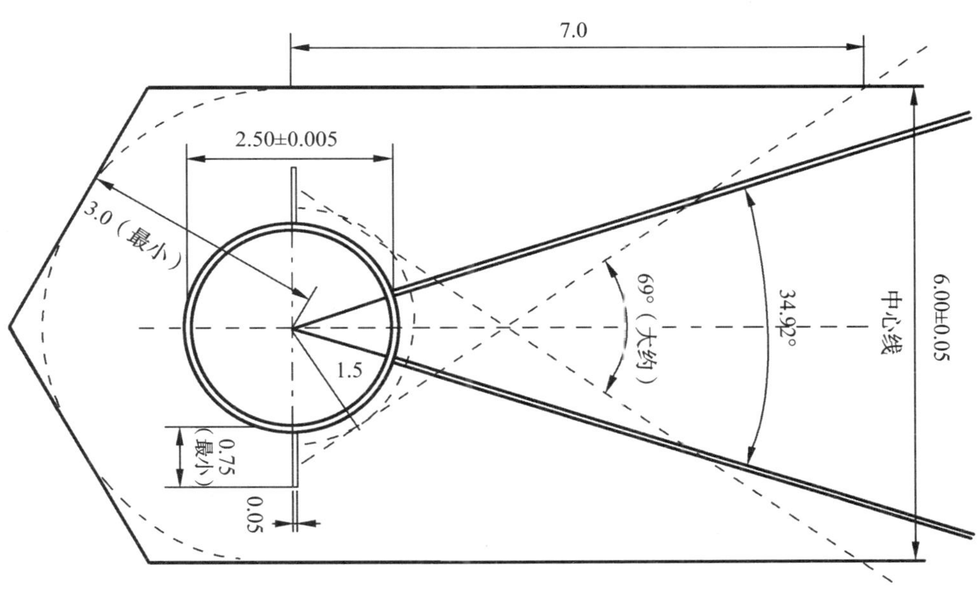

图 5.1.20　掷铁饼护笼(单位:m)

掷链球设施包括投掷圈、护笼和落地区(见图 5.1.21)。掷链球设施通常与掷铁饼设施结合使用,具体要求如下:

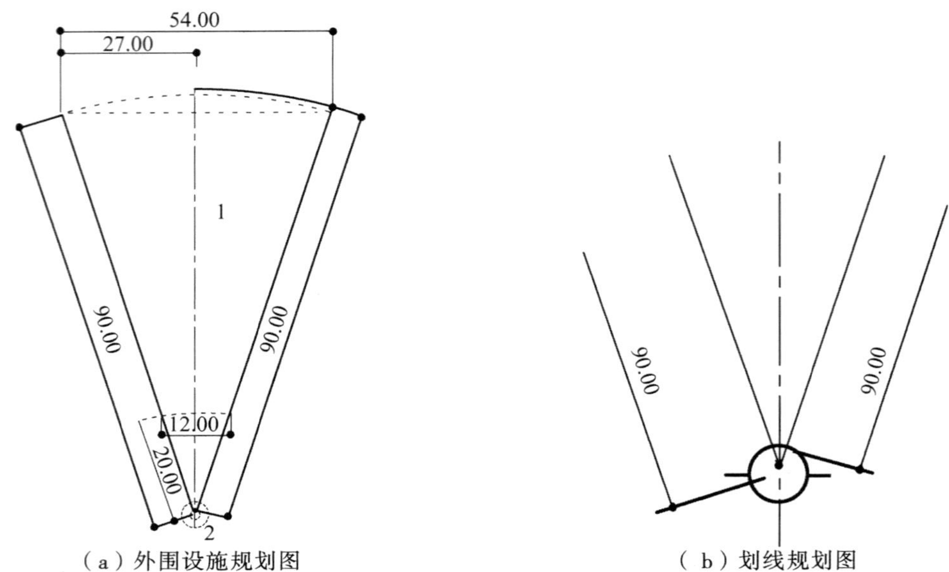

(a)外围设施规划图　　(b)划线规划图

图 5.1.21　掷链球设施(单位:m)

1:落地区　2:投掷圈

(1)投掷圈。投掷圈直径应为(2.135±0.005)m,其他要求同掷铁饼设施。

掷铁饼、掷链球可共用直径为(2.50±0.005)m 的投掷圈,用于掷链球时,插入一个直径为(2.135±0.005)mm、宽约 0.1825 m、高约 0.02 m 的环,该环应固定在投掷圈内,漆成白色,其高度应与外圈环的高度一致,并且不会对运动员造成危险,如图5.1.22所示。

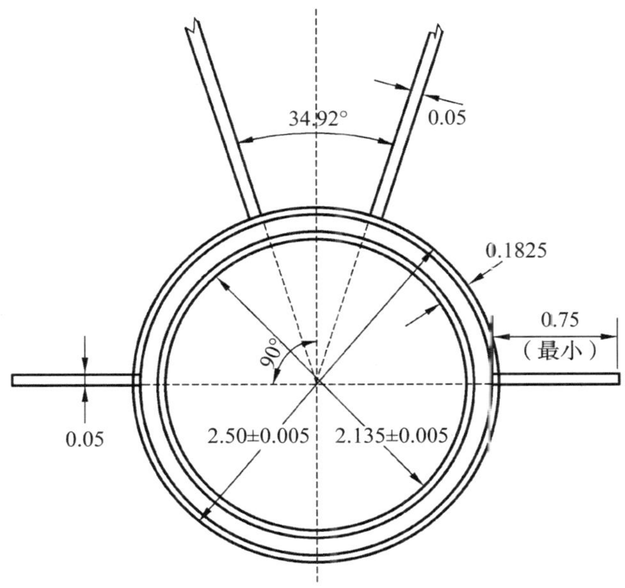

图 5.1.22　掷链球与掷铁饼共用投掷圈（单位：m）

(2)落地区。落地区长度为 90 m，90 m 处的两条分界线相距 54 m。

(3)掷链球护笼。落地区的中轴应与护笼开口的中心相重合，护笼后部挡网或挂网的最低点高度应不小于 7 m，开口处应设置两块宽 2 m、高不小于 10 m 的活动挡网，绳索或金属丝的最小断裂强度为 300 kg。护笼形状和规格如图 5.1.23 及图 5.1.24 所示。

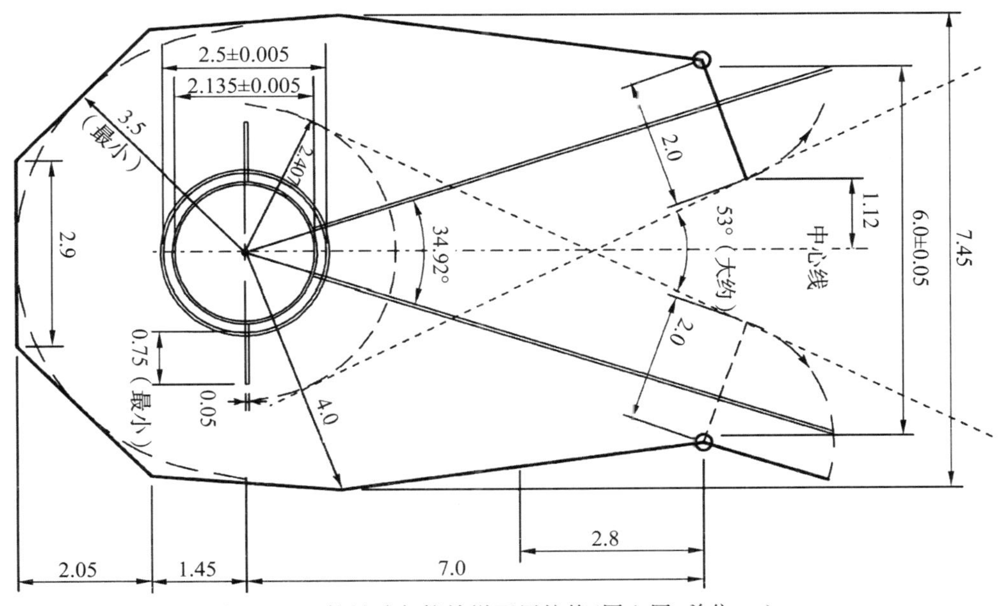

图 5.1.23　掷链球与掷铁饼两用护笼（同心圆，单位：m）

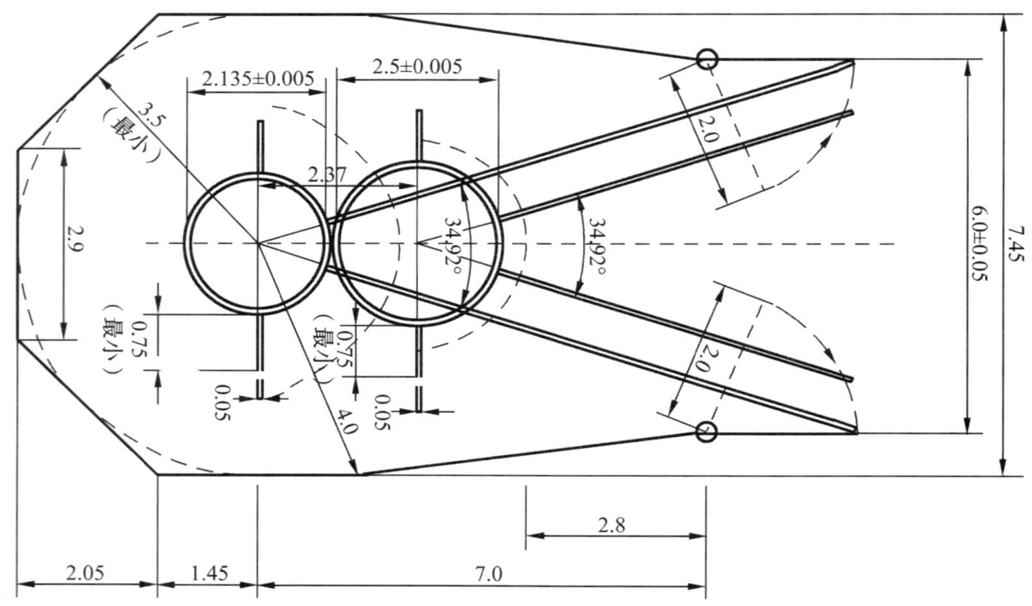

图 5.1.24　掷链球与掷铁饼两用护笼(外切圆,单位:m)

掷标枪设施包括助跑道、起掷弧和落地区(见图 5.1.25),具体要求如下:

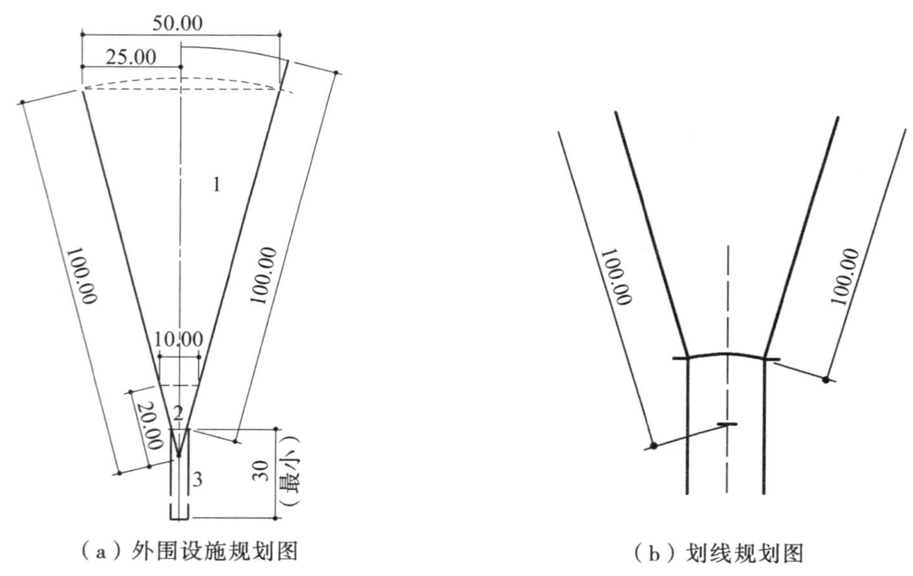

(a)外围设施规划图　　(b)划线规划图

图 5.1.25　掷标枪设施(单位:m)

1:落地区　2:起掷弧　3:助跑道

(1)助跑道。助跑道长度应大于 30 m,宽度为(4.00±0.01)m,以 0.05 m 宽的白线标示。助跑道可超出扇形半圆区,延伸至跑道外沿以外,应平坦过渡且无障碍。

(2)标枪起掷弧。起掷弧线宽 0.07 m,是一个圆心在助跑道中线上、半径为 8 m、朝向投掷方向的白色圆弧。圆心可用不同于助跑道面层颜色的合成插入物标示,圆弧直径为 0.20 m,宽度为 0.30 m。在起掷弧的两个端点划出垂直于助跑道平行标志线的两条白线,长 0.75 m,宽 0.07 m,如图 5.1.26 所示。

(3)落地区。落地区长度 100 m,100 m 处分界线内沿连线长度约为 50.00 m。

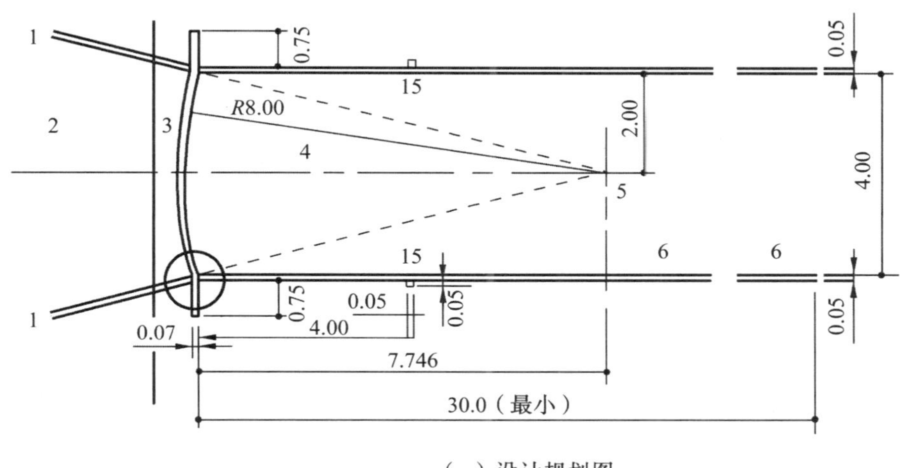

（a）设计规划图

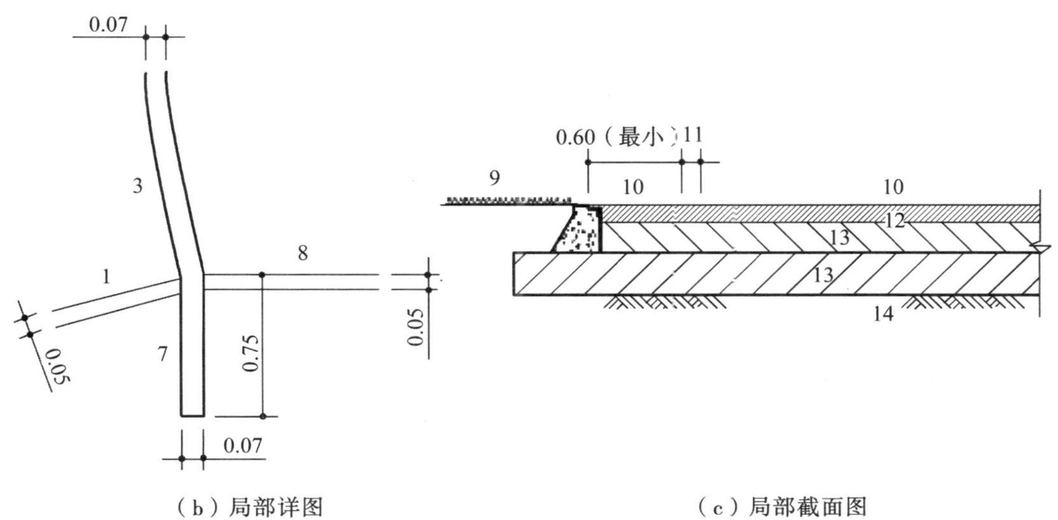

（b）局部详图　　　　（c）局部截面图

图 5.1.26　掷标枪的助跑道和起掷弧(单位:m)

1:投掷扇形区标记　2:落地区　3:起掷弧　4:加固投掷区　5:中心点(外围设置规划的交叉点)　6:助跑道　7:标志线　8:侧面边沿标记　9:草皮　10:合成面层　11:起掷弧标记　12:沥青混凝土　13:沙砾层　14:地基层　15:白色方块标记 0.05 m×0.05 m

八、合成材料运动面层材料

(一)面层材料选型

Ⅰ类和Ⅱ类场地应使用非渗水型合成面层材料,Ⅲ类场地宜使用非渗水型合成面层材料。

(二)无机填料

所有类型的合成面层材料中,无机填料的用量应不超过60%,有害物质的限量应符合《中小学合成材料面层运动场地》(GB 36246—2018)的要求,面层材料的物理机械性能应符合《中小学合成材料面层运动场地》(GB 36246—2018)的规定。

(三)面层材料的耐久性能

按《塑料 实验室光源暴露试验方法 第2部分:氙弧灯》(GB/T 16422.2—2014)的规定要求进行测试。老化试验方法:采用《塑料 实验室光源暴露试验方法 第2部分:氙弧灯》(GB/T 16422.2—2014)中规定的方法A、循环序号1,处理500 h后,按《塑料 实验室光源暴露试验方法 第2部分:氙弧灯》(GB 36246—2018)中的6.4项的规定测定拉伸强度及拉断伸长率。面层材料在标准老化箱内加速老化试验500 h后,拉伸强度和拉断伸长率应满足《中小学合成材料面层运动场地》(GB 36246—2018)的要求。

第二节　中小学运动场地的维护保养

中小学运动场地田径设施的使用寿命依赖于日常保养。运动员和观众的满意程度也受场地保养程度的影响。缺乏保养会导致体育场设施的损耗,从而要花大量费用予以维修;同时,缺乏保养会损害运动场地的形象,也导致每年的开支超预算。要使运动场地达到最佳状态,需要运动员、观众和各类保养人员都发挥积极作用。

一、一般内容

负责每年划拨预算的主管部门一定要为保养提供足够的资金,包括清理、翻新和重建的费用。每年的预算都要考虑到下列各项支出:资金费用、经营成本、场地设施、保养和维修设施、保养和维修材料、运动场地面层的翻修。

不能坚持定期的保养与维修会导致昂贵的重建,其费用几乎与原来建设的费用一样高。

保养和维修工作必须及时制订详细的计划,而且每年都要复查审核。要按时通知所有的保养人员执行好这些计划。

对各层次工作人员的培训必须定期进行。关于适宜的保养、新的方法、新的材料的讲座，一定要使之成为工作的组成部分。

二、比赛和训练场地面层的保养与维修

要想实现高质量的保养和维修，重要的因素包招：

(1)设计优秀、建造良好的田径设施。

(2)有力的管理。

(3)合格的、受过培训的场地管理人员和其他人员。

(4)足够的年度预算和不间断的各种保养的财政控制。

(5)为保养准备好的可利用的、适宜的设备。

(6)足够数量的必要材料。

(7)所有保养的细节性计划(天、周、季节、年)，包括采用“记录册”记录下所有的保养工作。

(8)及时通知所有参与人员。

(9)体育场状况的技术监察以及对建议采取的行动。

(一)合成面层跑道

1.概述

作为运动设施的合成面层跑道同样需要保养。为了满足高标准的保养要求，必须采取日常和季节性的保养措施。必须考虑在适当的时间进行翻修，如替换用坏的面层或重新铺设，还要考虑保证有足够的预算资金。

2.适宜的设备

要想完成对一个合成面层场地的正常保养，下列设施是必须具备的：

(1)人工清洗的手工工具(水管、刷子)。

(2)带旋转式尼龙(非金属)刷的坐骑式清扫车。

(3)坐骑式高压(水)清洗机(带高压和水箱的拖拉机械设备)。

(4)喷冰盒。

(5)合成材料的修理用具。

(6)划线与喷洒工具。

(7)便携喷头。

3.必要材料

建议在运动场建设完成后，留存小修小补所需要的划线颜料、合成材料和胶水。

4.面层性能要求

最重要的工作是跑道的清洁、保持跑道表面的整体颜色和白色划线的准确，以及标准地进行标记（确保形式与颜色的准确）。妥善的保养能保证这些目标的实现。

5.常规程序

日常保养时，每天都要检查损坏、松动和要清洁的地点，然后由人工或用清洗车、水龙头进行部分或全部冲洗，清除残片和堆积物，如垃圾、玻璃片、叶子和落地区的沙子。

6.基本程序

合成面层跑道的基本养护程序包括：

(1)用水管或刷子进行人工清洗。

(2)用坐骑式清洗车进行机械式清洗（根据需要选择大小）。

(3)用被认可的化学药剂处理野草、藻类和青苔，然后做高压冲洗清除。

(4)用喷冰冷冻清除口香糖。

(5)检查面层最上层是否安全地和底层黏合在一起，松掉的地方要立即固定。

(6)在钉鞋经常跑过的地方实行专门控制。

(7)检查所有的划线与标记，需要时进行更新。

(8)设置可供训练的跑道。

7.季节性保养与维修

季节性的保养包括每年应进行两次大规模的清洗，冬季一定要将积雪清扫干净。

8.使用限制

严禁在合成材料面层场地燃烧废弃物；严禁在合成材料面层场地上吸烟；场地跑道的内侧分道用栅栏封闭，不得对外开放训练；为防止运动鞋的泥土带入跑道面层，应将场地过渡区用覆盖物盖住。

9.场地改造

场地面层更新有不同的程序，一般来说有以下几种：

(1)用新材料完全替换用坏的合成面层。

(2)在部分损坏的场地进行局部更新。

(3)重新用足够的合成材料进行置盖或封住。

(4)在特别磨损部分进行覆盖。

下面是可能的排列组合中的一部分：

(1)浇注的合成面层更新为预制材料系统：如现有面层状态仍然良好，那么可以在现有面层上再铺设符合产品证书要求厚度的预制材料。增加的厚度可能要求重建凸沿、垂直跳跃落地区凸沿和起跳板等；或者可以将现有面层全部拆除，在需要处修补沥青层，然后安装新的预材料系统。

(2)浇注的合成面层更新为相同材质和类型的浇注合成面层：如现有面层状态仍然良好，那么可以将现有面层碾磨掉，再铺上适当厚度的新材料，并确保相关指标符合国际田联田径设施测试证书的要求。严重损坏的喷涂面层通常无法更新，但是如果顶层没有损坏，则可以在碾磨后重浇"三明治"系统。

(3)浇注的合成面层更新为不同材质的浇注合成面层：如现有面层拥有产品证书且总体状态良好，那么可以将现有面层碾磨掉，再铺上适当厚度的新的(不同产品证书的)材料，并确保相关指标符合国际田联田径设施测试证书的要求。

(4)不具备国际田联产品证书的浇注面层更新为不同材质的浇注合成面层：如现有面层状态仍然良好，那么可以将现有面层碾磨掉，再铺上适当厚度的具有产品证书的材料，并确保指标符合国际田联田径设施测试证书的要求。

(5)预制型合成面层的更新：如现有面层状态仍然良好，那么可以用相同面层材料重铺至必要高度。不建议铺设厚度低于产品证书要求的厚度，因为这样磨损很容易达到原来的面层，特别是在跑道起点和跳跃区域，增加的厚度可能要求重建凸沿、垂直跳跃落地区凸沿和起跳板等。

如计划更新现有的合成面层，则建议设施业主向国际田联测试实验室等专业机构寻求有针对性的解决方案。如实验室方面认为现有面层状态良好，与下面的沥青层黏合牢固，则可对现有面层加涂不同厚度新材料的代表区域进行测试，来确定究竟需要加铺多少新面层才能保证符合国际田联田径设施测试的要求。

在完成全面维修后，场地要重新做标记。应该指出的是，对于渗水的合成面层，用封口或喷洒涂料的方式维修会减弱场地面层的渗水功能。

(二)自然草地面层跑道

1.概述

自然草地面层主要用于内场投掷项目。对草皮需要特别保养，因为草是一种生物材料且使用频繁，故更要予以特别关心。

2.适宜的设备

常规保养需要使用的设施包括拖拉机、坐骑式割草机、施肥机、喷沙机、播种机、手工工具、维修器械。翻新时，推荐使用的器械为顶层剪整机、带铲子/管子的吹风机、铣槽机、纵向除草机、纵向排水机、播种机。

3.必要的材料

必须提供的材料有备用草皮、种子、肥料、专门梯度颗粒要求的沙子、标准质量的培植媒介。

4.面层性能要求

面层性能要求方面，最重要的因素有草的平整度、密度、生长情况和高度。

5.常规程序

每天要检查草地表面，标准程序包括割草、浇水（不同的频率）、面层的维修（需要时）。

6.基本程序

基本保养计划承担的主要任务是割草时，对于草的高度应考虑运动动作对使用草皮面层的要求。在田径比赛前，草皮应剪至1.5～2.0 cm高，对此应注意以下方面：

(1)所有剪掉的草应被清理，保证不散落在合成面层或非合成矿物面层跑道上。

(2)施撒养料的数量、质量、时间应确定下来。

(3)建议直接喷水。

(4)损坏部分应立即修补，所有的杂草必须清理。

(5)需要时要用特殊的工具疏松和播撒微粒大小0.2～0.4 mm的沙子。叶子、垃圾和其他堆积物应被清理掉。

(6)对植物的保护必须和国家法律规定相一致。

7.季节性保养与维修

季节性的草地面层保养是很重要的。应制订春季工作（全面准备）计划、秋季工作计划和每次训练课后的保养计划。

8.使用限制

一定要保护好自然草地。对草地的使用频率一定要有规章制度的约束，要有足够的时间使草皮生长和进行保养（修理坏的草皮，全面维修、翻新）。草皮场地禁止车辆进入，且只能用于链球的比赛而非训练。

9.再植与更新

即便有一个良好的计划和保养过程，自然草皮在使用后，仍然需要有周密的再植计划。通过分析草皮生长媒介、密度、渗透性和草的状况，有多种不同的再植和更新方式，现举例如下：

(1)简单的场地维修。建议对被大面积损的不平整的草皮面层采用自然维修方法。整个程序包括把草割去1 cm高，纵向清理面层和清除死草，然后拌以生长素平整，把结块的区域弄松，随后在顶层再覆盖一层沙，最后播种。

(2)面层和深层组合修理。在较大结块的情况下，易出现排水不畅，草皮生长不良。这层草皮应剪去，清理并平整。另外，在铺沙子和播种之前，应垂直排水至15～30 cm深。

(3)更新。更新的程序是清除大约5 cm厚的顶层。要检查排水设施，必要时予以更新。场地要用粒状物疏松和平整，使颗粒物达到所要求的一致性标准。标准沙质组成的新地面应厚8～12 cm，地面应平整和播种。

（三）技术设备的保养与维修

田径场内的所有技术设备都需要适当和经常地照看及维修，以防止出问题。

1.技术系统

(1)排水。全面检查排水管(下水管)，用棍棒或水喷射设备清洗所有的排水道，清洗干净所有的排水沟和蓄水坑。

(2)消防栓。控制水压，检查所有的消防栓接头，检查障碍水池处的注水接口。

(3)喷水设施。喷水设施有移动系统(管道、水龙头、喷头及接口的控制)及自动系统(管道、接口、水压和弹出式喷头的控制)，都要检查。

(4)电缆管道。检查所有的电缆管道。

(5)电视和电子设备电缆通道。检查所有的插入口。

2.竞赛设备

(1)场地设备。对跑道凸沿进行检查，并用液体清洁剂进行清洗。跳远和三级跳远的落地区方面，沙子应有0.2～2.0 mm的颗粒梯度，没有锋利的边沿；可加些盐；沙坑应经常翻转、整平和保持湿度。跳远和三级跳远起跳板没有不规则的边沿；基础稳固；喷涂成白色；提供额外的起跳板、橡皮泥显示板和足够的橡皮泥；有排水孔可经常清洗的可移动跳板的托架。

投掷圈稍有毛糙的平坦表面，无疏松区域；检查尺寸及清洁用具(水管、刷子、布)；排水孔要保持干净、畅通；有擦鞋器具；推铅球的抵趾板要固定，位置要正确，涂成白色。

安全护笼的所有支架、面板、网绳和网结都要经常检测；出现任何故障都必须及时维修；地面的插座内没有泥沙等其他杂物；所有的网都要牢固地钉住。

跳高和撑竿跳高架立柱必要时进行校准和修理，检查硬度。撑竿跳高插斗的排水孔要清理，检查硬度。跳高和撑竿跳高落地区落地垫一定要经常地检查，防止滥用；要堆放在垫板上，收藏在干燥处，用移动盖套保护好，需要时进行修理。移动时要用正确的操作方法进行移动。

掷标枪投掷弧一定要涂成白色，障碍跑水池要控制好排水道出口，检查充水的注水管，比赛结束后要排掉水；落地区要经常检查，以确保合成面层的状况良好和安全；检查栏架的稳固程度；栏架要有良好的涂漆；对混凝土护墙进行损伤检查；检查可移动的凸沿。

(2)径赛设备。栏架要定期检查，保持清洁，活动部分要润滑，必要时重新涂漆，检查重量。起跑器要保持清洁，活动部分要润滑，收藏在干燥的地方。障碍跑栏架要仔细地收藏和涂漆，检查其牢固度与稳定性。计时和测量设备的所有器材都要妥善保管，使用前进行检查，每年校准一次。对栅栏和大门的硬度与磨损情况进行检查，损坏的部分必须及时修复。

参考文献

[1] 本书编写组.体育场馆规划设计建设管理实务全书[M].长春:吉林科学技术出版社,2002.

[2] 徐梅芳主编.市政工程监理员入门与提高[M].长沙:湖南大学出版社,2011.

[3] 郝凤山主编.市政工程最新数据手册[M].北京:化学工业出版社,2013.

[4] 陈于山,陈琳,编著.田径场地设计计算测量和画法[M].北京:人民体育出版社,2016.

[5] 中国田径协会评审.国际田径协会联合会田径场地设施标准手册[S].北京:人民体育出版社,2002.

[6] 中国田径协会审定.田径竞赛规则[S].北京:人民体育出版社,2002.

[7] 中小学合成材料面层运动场地(GB 36246—2018).

[8] 体育场地使用要求及检验方法・第6部分:田径场地(GB/T 22517.6—2020).